# LB

## 244+1

李鳳宇

目次

本書に掲載されている「244」本の映画は、シネカノン、スモモ（レスペ）、マンシーズエンタテインメントのいずれかによって配給、または共同配給、製作、または共同製作した作品である（また、配給調整と劇場営業を手伝った作品を含む）。「＋1」は李鳳宇が初プロデュースする舞台「パラサイト」を指す。

表2：「JSA」（パク・チャヌク）
表3：「バタフライキス」（マイケル・ウィンターボトム）

# 僕は、これまでに大凡２４４本の映画に関わってきた。

李鳳宇

一本の映画が完成するまでには沢山の人が関わる。漫画や小説の原作であっても、企画を立ち上げ、脚本を練り、映画を製作するまでには、それなりの時間を要する。制作が開始されると監督をはじめ多くのスタッフが集まり、俳優たちは現場に駆けつけ、制作部、演出部、美術部、撮影部、照明部、録音部、衣装部、ＣＧ合成、メイク部、操演、特機、車両、編集、等々膨大な人達が映画にクレジットされていく。

加えて公開までには配給会社、宣伝会社、デザイン会社、興行会社のスタッフが関わり、やっと映画は初日を迎える。

この共同作業、または連動作業こそが映画の要であり、ある種の〝美徳〟がそこにある。映画は完成したら終わりではなく、公開して観客の目に触れてこそ完結する。

僕はこれまでに大凡２４４本の映画に関わってきた。

この本は、過去30年間、僕が何を考え、どう歩んできたかを記した日記のような内容になっている。カーナビゲーションなら正確な距離や所用時間が記録されるだろうが、その時に感じた風向きや天候といった、どちらかというと自分自身が感じた〝風景〟を記録した。だから関わった映画は、僕にとっては全てが貴重なメモワールであり、かけがえのない宝だ。読者が、ここに挙げた映画に興味を示して、検索したり鑑賞してくれれば嬉しい限りだ。

この本の出版を決めたもう一つの理由は、これまで僕が関わった映画に、共に関わった沢山の人達のことを書き留めておきたかったからだ。シネカノン、スモモ（レスペ）、マンシーズ・エンターテイメントのスタッフの素晴らしい働きと情熱があってこそ、映画は生み出され、公開に至った。それらの映画に出資し共同製作者の一員になっていただいたスポンサー企業、そして様々な形でバックアップしてくれた方々にも感謝を申し上げたい。

僕自身、今も何本か作品を抱えて準備しているが、これまでの足跡をまとめ、ここに記すことで、映画を志す人たちの参考になれば幸いだ。

将来、映画の配給業はこの世から姿を消すかもしれない。監督や製作会社が、クラウドやインターネットを使って、直接上映まで行う時代になるだろう。「配給」は「アレンジ」に変わり、やがて単なる「リコメンド」に落ち着くのだろうか。この先、〝売れる映画〟と、〝売れない映画〟の隔たりはどんどん拡大していくだろう。その頃にはもはや「映画」とは違う呼び名の「映像コンテンツ」――この呼び方が気には入らないけれど――が我々の生活に定着しているかもしれない。常に映画を発掘し、紹介する役割は必要だし、ＡＩによるリコメンドは、時に「押し付けがましい感動」や「いつか観た作品」になってしまうだろう。

兎にも角にも、一緒に映画に関わってくれた仲間達に感謝を述べて、書き出してみたい。「あなたの努力と力添えがあり、これらの映画は無事出来上がり、そして観客に届けられました。本当に有難うございました」

# 第1部 — 1990—1996

初配給作品「アマチュア」からプロデュース作「月はどっちに出ている」、「風の丘を越えて」でのアジア映画との邂逅、そして、エドワード・ヤン、ケン・ローチ、是枝裕和。

**1990年**

001　アマチュア

**1992年**

002　穴
003　赤い手のグッピー
004　エドワールとキャロリーヌ
005　わが家の問題
006　嫁の問題
007　姉の問題
008　赤と黒の接吻

**1993年**

009　人生への回帰（二百萬人還る）
010　犯人は21番に住む
011　貴婦人たちお幸せに
012　白い足
013　密告
014　この空は君のもの
015　ジャンベフォラ〜聖なる帰郷
016　月はどっちに出ている
017　リフ・ラフ

**1994年**

018　レイニング・ストーンズ
019　春にして君を想う
020　飾窓の女
021　風の丘を越えて / 西便制（ソピョンジェ）
022　苺とチョコレート
023　ギターはもう聞こえない
024　月より帰る
025　恋愛小説
026　裸足のマリー

**1995年**

027　ガルシアの首
028　平成無責任一家 東京デラックス※
029　天使が隣で眠る夜
030　エドワード・ヤンの恋愛時代
031　さよなら、ニッポン！
032　コールド・フィーバー
033　幸福の設計
034　幻の光

**1996年**

035　デカローグ
036　月の瞳
037　ケス
038　ロマンス
039　レディバード・レディバード
040　ビリケン
041　十二人の怒れる男
042　ウォレスとグルミット（シリーズ第1弾）
043　カップルズ
044　私の男

# LB

『月はどっちに出ている』（崔洋一）

# 1990年

## 001 アマチュア

Amator／1979年／ポーランド／112分
監督・原作・脚本：K・キシェロフスキ
出演：イエルジー・スチュエル、マウゴジャータ・ジャブコウスカ
日本公開日：1990年4月27日

### はじめての挑戦

記念すべき配給第1本目は敬愛するポーランドの巨匠、クシシュトフ・キシェロフスキの『アマチュア』だった。パリにいた1985年夏、サン・ミッシェル界隈の映画館で特集上映が行われていた。シネマテークやパリの映画館で観る映画は毎日が発見の連続だったけれど、中でも『No End 終わりなし』と『偶然』はショッキングな映画体験だった。

89年初頭に映画配給を始めようと思い立ち、最初に向かったのはフィルムマーケットではなく、ベルリンの壁が崩壊する前のワルシャワだった。僕は国営映画会社フィルムポロスキの試写室でキシェロフスキの映画を全て観た。臨月を迎えた産休中のフランス語が堪能なフィルムポロスキのスタッフに隣で通訳して貰いながら、10数本の映画を観た日々が懐かしい。

僕は無謀にもホテルを予約せずワルシャワ駅に近いワルシャワ・ホテルに飛び込みで入った。フロントの電気は消えており、スタッフは予期せぬ来客に戸惑いを見せながらも何故か最上階の広い部屋の鍵をくれた。荷物を解いて一息ついていたら、ノックする音がしたので扉を開けると、目の前に見知らぬ女性が立っていた。彼女は片手を開いて「50ドル」と早口で言った。いささか驚いたが丁寧にお断りして帰ってもらった。

次の日、僕はフィルムポロスキのスタッフから教わったホテルに部屋を移した。ワルシャワの空は寒さに相まって澄んでいて、戦後復元された旧市街の街並みがとても美しかった。ポーランドで公開される映画は、スチール写真を使わずに独自のポスターを制作する伝統がある。幾何学的な構図に凝ったデザインから、印象的なイラストをあしらったモノまでバリエーションも豊かで、ついつい沢山買い込んでしまった。ホテルから試写室までの道にザピエカン

カというホットドッグ屋台があって、それが思いの外おいしくて、滞在中は毎日食べていた。

1週間後、僕はキシェロフスキの長編映画第一作の『アマチュア』を2万ドルで契約した。映画の中で、主人公が映画撮影にのめり込み自宅でイギリスの映画雑誌を眺めているシーンがある。彼が食い入るように見つめているのはケン・ローチの『ケス』のスチールだから、思い起こすと妙な偶然だと思う。当時は滞在日数に応じて通貨のズオッティを使うルールがあり、タクシー運転手がドル両替を求めてくるので、日に日に使いきれない程のズオッティが溜まってしまう。街の商店にめぼしい商品は少なく、残ったズオッティは全部名産品の琥珀に替えて帰って来た。

帰国して『アマチュア』の公開劇場を探すのは一苦労だった。

経験のない僕は友人の紹介で、銀座テアトル西友の支配人、榎本憲男に会った。今や小説家として活躍している榎本は、僕に会うなり「映画配給の経験がないのに無謀だよ」とストレートに言った。いつだってぶっきらぼうな物言いで正論をぶつける榎本は、業界で最初に出来た友人だ。「それは解っています」と言うと、彼は半ば呆れながら配給のノウハウをあれこれ教えてくれた。マスコミ試写状、プレス、チラシ、ポスター、パンフレットの作成、そして試写会場のブッキングや地方映画館へのアプローチ、等々。やることは山積みだったけれど、そのどれも億劫ではなかった。雑誌「マリ・クレール」に映画批評を書いていらした蓮實重彦氏に電話したら、奥様が出てこられたので、僕は映画をアピールして試写会を伝言した。律儀にも、みゆき座の中二階にあった東宝第二試写室という小さな試写室に来て頂けた。「あまり好きではないが」と前置きされながら雑誌に取り上げて頂いたのは有り難かった。

僕はフィルムをタクシーで字幕制作会社のテトラ社に運んで、字幕翻訳のルールや字数の制限などを教わり、シナリオ台本から字幕翻訳をした。数年前に『アマチュア』をBunkamuraル・シネマで見かえす機会があったのだが、当時の訳文の拙さには赤面した。でもチラシからパンフレット、広告営業まで全部、自分で手掛けた最初の映画になった。

夜20時45分からのレイトショー。158席の座席は初日から3割程度しか埋まらなかった。ガッカリした僕に、榎本は「こんなものだよ」と肩を叩いて酒を奢ってくれた。

配給第一作は興収190万円という惨敗に終わった。

# 1992年

002

## 穴

Le Trou／1960年／仏／132分
監督・脚本：ジャック・ベッケル
出演：ミシェル・コンスタンタン、ジャン・ケロディ
日本公開日：リバイバル

1985年冬、パリで観て一番好きになった映画の一つだ。ジャック・ベッケルが残した言葉も好きで、「映画のジャンルは主要キャラクターを設定したら自ずと決まる」というものだ。ラブコメディ、サスペンス、児童映画、伝記映画とどんなジャンルを撮っても完璧な作品に仕上げる職人監督は、53歳の若さで世を去った。短い創作期間にフランス映画史に宝石のような映画を幾つも残した。13本目にして遺作になった『穴』は、脱獄映画の傑作として長く語り継がれる映画だ。1947年に実際に起きたサンテ刑務所での脱獄事件を描いているばかりか、その事件の実行犯の1人であるジョゼ・ジョヴァンニの小説を原作に採用している。それぞれのシーンのリアリティや演出には目を見張るものがあり、手に汗握るサスペンス映画に仕上がっている。ヌーベルバーグの若い作家たち、特にF・トリュフォーが絶賛したそうだが、そんな逸話も頷ける。

サンテ刑務所でもとりわけ厳格な牢獄の一室に、新顔が入所する。地下を掘って脱走を計画していた4人は、戸惑いながらも彼を仲間に加えることにする。緻密な準備のもとに脱獄計画は着々と進むが……。息をのむラストシーンにこれこそフィルム・ノワールの原点だ、と興奮した映画だ。

公開は六本木ヒルズ辺りに在った渋いミニシアター、シネ・ヴィヴァン六本木で「ジャック・ベッケルの穴」というタイトルで行なった。趣きの違う『赤い手のグッピー』『エドワールとキャロリーヌ』を加えて、職人監督ベッケルの片鱗が垣間見られる特集上映にした。上映を記念して、我らの師でありアイドルである淀川長治氏をお招きして記念講演を行った。

淀川先生は当時すでに脚元がおぼつかないご様子だった

が、講演は最後まで立ったままで務められた。講演後の会食でしゃぶしゃぶを元気に召し上がって、「ベッケルは偉い、偉い」と仕切りに仰っていた。

淀川先生のお力添えもあり、特集上映は思い掛けずヒットした。

この成功を機に僕はフランス映画の隠れた名作を発掘上映する作業をしばらく続けることになる。

それから19年後、僕が「淀川長治賞」を受賞するとは想いもよらなかった。

003

# 赤い手のグッピー

Goupi Mains Rouges／1942年／仏／104分／
監督：ジャック・ベッケル
出演：ロベール・ル・ビギャン、リーヌ・ノロ
日本公開日：リバイバル

この作品はベッケル作品の中では珍しくジャンルに収まりにくい映画だ。

片田舎に暮らすグッピー一族。パリのデパートで働いていた息子のムッシュが帰還した日、森で殺人事件が発生して一家の隠し金1万フランも消えてしまう。ムッシュにかけられる嫌疑。アウトサイダーの〝赤い手〟は犯人探しに乗り出し、事件の確信に近づく……。

この映画はマルセル・パニョルの小説に似た古典的なコメディになっていて、最近ならライアン・ジョンソンの『ナイブスアウト』に近い様式のコメディ・サスペンスだと思う。

注目すべきは、映画の撮られた時期がドイツ占領下のヴィシー政権時代であることから、深読みするとベッケルはフランスの伝統的価値観を重んじる作品を残すことに主眼を置いていたように思える。そんな見方をすると古典にも新発見がある。

004

# エドワールとキャロリーヌ

Edouard et Caroline／1951年／仏／85分
監督：ジャック・ベッケル

出演：アンヌ・ヴェルノン、ダニエル・ジェラン
日本公開日：リバイバル

たわいのない物語だ。でも大好きな映画であり、ジャック・ベッケルここに在りと再確認するラブコメディの傑作だ。

パリの小さなアパルトマンに暮らす若い夫婦。駆け出しのピアニストであるエドワール（ダニエル・ジェラン）の為に、キャロリーヌ（アンヌ・ヴェルノン）の叔父が社交界の面々を集めてパーティーを開いてくれる。そんな大事な日にエドワールはタキシードのチョッキが見当たらずイライラし、一方のキャロリーヌは露出の多い大胆なドレスを選んでエドワールの怒りを買う。さあ、大事なパーティーはどうなるのでしょう？って、こんな安易な設定でも面白い映画になる。映画はやっぱり物語じゃない、キャラクターだとベッケル先生から教わるお手本のような映画だ。スクリーン（モニター）の前で85分後にはアンヌ・ヴェルノンに恋すること請け合いだ。ベッケルの『エストラパード街』でも同じ風合いを感じられて愉快だ。

005

# わが家の問題

1973年／北朝鮮／95分
監督：キム・ヨン
出演：キム・セヨン、ハン・ギルミョン
日本公開日：1992年6月4日

「わが家の問題」シリーズは1973年から始まった北朝鮮のコメディシリーズだ。

12作まで製作されたホーム・コメディの主人公夫婦を演じるキム・セヨン、ハン・ギルミョンはこの映画の絶妙な掛け合いで、人気を博した。第1作から脚本を担当したリ・ヒィチャンはコメディドラマを得意とする人気シナリオライターだ。松竹の「寅さん」シリーズに匹敵するほどの人気シリーズは、永年にわたって主人公を演じてきキム・セヨンが1989年に癌のため他界し、製作が途絶えてしまった。シリーズで扱われる「問題」はどこの社会でも起こり得る、息子の就職、嫁姑の確執、出世や転職、上司との軋轢といった類の、庶民の生活に根ざした日常的問題であり、どちらかというと寅さんよりも「渡る世間」シリーズに近い感じだ。

## 006

# 嫁の問題

1980年／北朝鮮／81分

主人公の郵便局長は街で評判の働き者。1時間でも早く家庭に新聞を届けることに生きがいを感じている。一方、妻であるキルスンは虚栄心の強い性格で、自宅に電話を勝手に引き、郵便局の配達車を買い物のタクシー代わりに使う。最初は妻を咎める局長も次第にキルスンのペースに合わせるようになって、ついつい彼女の言いなりになり、賄賂を受け取って妻の友人に配置転換で便宜を図ってやる。ついに局長は、職場で同僚の批判に晒されて辞職する羽目になる……。

ストーリーを説明すると、こんな腐敗の有様を北朝鮮が映画を通じて描いた時代があったのかと驚くばかりだ。この種の啓蒙映画は、現在の中国でも盛んに製作されていて、その匙加減を測る作業は映画関係者たちの大問題だ。裏を返せば腐敗の構造が続く限り、啓蒙映画はいくらでも作れるということになる。

監督：リン・チャンボン
出演：キム・セヨン、ハン・ギルミョン
日本公開日：1992年6月4日

シリーズ2本目の作品だ。郵便局長の夫妻は休暇でソンドウオン海岸に一家でやってくる。気晴らしに妻の実家のあるこの街を選んだ局長は、実家で暮らす年老いた母が息子夫婦と折り合いが悪いことを知る。嫁のヨンスは地元でピアノ教師をしているが、漁船の船長である夫をどこか見下していて、新婚当時の二人からは想像できないくらいギスギスしていた。一方、姑は決して多くを語らない頑固な性格の典型的な農家の女だ。嫁姑の軋轢は日を追うごとに激しくなり、解決に乗り出した夫妻は空振りするばかりだ。ある日、ヨンスの夫が操縦する漁船が危うく暗礁に乗り上げそうになり、事態は大きく動き出す。雨降って地固まるという古典的な展開だ。

## 007

# 姉の問題

監督：チョン・ゴンジョ

出演：キム・セヨン、ハン・ギルミョン
日本公開日：1992年6月4日

郵便局長夫妻は久しぶりに外食に出かけようとしていた。そこへ局長の姉、プンニョが嫁からアパートを追い出されたと現れる。プンニョの息子夫婦は最近新築アパートへ越すことになっているが、プンニョは自分を邪険に扱う家には住めないと愚痴を言う。引越し当日、息子夫婦はプンニョを迎えに来て、迷惑を詫びて彼女を連れて帰る。ところが実は問題はプンニョの側にあった。嫁のスニョンは仕事を持ちながらも、家事の一切をサボらない献身的な嫁だが、対するプンニョはいつまでも嫁を他人扱いして小姑と一緒に嫁いびりしていた。今度は家を飛び出したスニョンが局長の家にやって来る……。

1992年、日本で初めての本格的な北朝鮮映画の特集上映を行なった。

今なら難しいだろうが、当時はまだ拉致問題が社会に表面化していなかったので、映画ファンの間に、北朝鮮の映画を観ようとする肯定的なムードがあった。

渋谷西武百貨店のモヴィータ館7階に、多目的催事場のシードホールがあった。支配人の門間貴史は、現在明治学院大学芸術学部の教授を務めるが、当時このホールのキュレイター兼運営管理者だった。彼の計らいで実現した特集上映の期間中、何度かトークショーを行った。

韓国映画に詳しく著作も多数ある佐藤忠雄氏と周防正行監督を招いて北朝鮮の家族ドラマを語ってもらった。立教大学の落研出身である周防監督は、落語的な興味で北朝鮮の市民生活を面白く見たと言っていた。佐藤氏は北朝鮮の映画に強い関心を示して、北朝鮮映画最大のヒット作と言われる『花を売る乙女』や『安重根が伊藤博文を撃つ』といった映画についても熱心に語ってくれた。朝鮮民主主義人民共和国の映画を、また日本の映画館で観られる時代は来るのだろうか？

008

## 赤と黒の接吻

Le Brasier／1991年／仏＝ポーランド＝ベルギー／124分／
監督・脚本：エリック・バルビエ
出演：ジャン＝マルク・バール、ウラジミール・コトリアロヴ
日本公開日：1992年11月14日

1930年代のフランス北部の炭鉱を舞台に、ポーランド移民の苦難に満ちた人間模様を描いた映画だ。エリック・バルビエの初監督作品であり、リュック・ベッソンの『グラン・ブルー』で人気を博したジャン＝マルク・バールとゴダールの『カルメンという名の女』で高く評価されたマルーシュカ・デートメルスが主演した力強い家族ドラマだ。

何よりも、この頃から僕は「炭鉱を舞台にした映画」に強く惹かれていた。

『わが谷は緑なりき』から始まり『リトル・ダンサー』に至るまで世界中には炭鉱を舞台にした秀作は数多く存在する。93年には、クロード・ベリ監督がエミール・ゾラの原作を映画化した『ジェルミナル』を製作した。こちらは19世紀の労働運動に着目し、ストライキが大きな柱になっている。僕は、その後『ブラス！』を配給することになり、そこから着想を得て『フラガール』を製作することになった。

公開は新宿のシネマスクエア東急で行われた。今、東急歌舞伎町タワーが立つ場所にあった老舗ミニシアターだ。

# 1993年

009

## この空は君のもの

Le Ciel est à Vous／1943年／仏／105分
監督：ジャン・グレミヨン
出演：マドレーヌ・ルノー、シャルル・バネル
日本公開日：リバイバル

シネマ・オタンティック・シリーズNo・2と称して、知られざるフランス映画を特集上映する企画を行った。シネマテークで沢山のフランス映画を観た中でも印象的な監督たち、ジャン・グレミヨン、アンリ＝ジョルジュ・クルーゾー、アンドレ・カイヤットの代表作をピックアップして特集上映した。

ジャン・グレミヨンの『この空は君のもの』は、1938年にフランスのランド県モン＝ド＝マルサン市の長距離飛行大会で、世界新記録を樹立したドゥペロン夫人の実話を映画化した。この映画は、H＝G・クルーゾーの『密告』と共にナチス占領下で撮られたフランス映画の最高傑作と賞賛される。マドレーヌ・ルノー扮する主人

公が、狂気スレスレの冒険にチャレンジする姿を、家族の絆に支えられながら、感動的に描きだす。

真の自由とは、夢とは、そして夫婦にとっての友情とは何かを問う、模範的な夫婦映画だ。彼女を支えるシャルル・バネルがいい味を出している。

少し脱線するが、2019年の韓国映画白書では全映画の中で、女性監督の率は19%だったと明かしている。そして女性が主人公を演じた映画は全体の18%しかないと報告している。こうしたデータを毎年、小まめに発表するシステムが韓国映画界全体の改善を促している。韓国では最近、特にドラマ分野で女性の活躍が目覚ましい。韓国ドラマが世界規模で支持されている背景には、女性参加率の増加が一因かもしれない。

韓国の映画振興委員会（KOFIC）がフランスの国立映画センター（CNC）をお手本にして発足したのは有名な話だけれど、女性の参画や登用といった政策でも、両国の取り組みは似ている。『この空は君のもの』は当時のフランス映画界において女性を主人公に据えた稀な作品だった。今や女性が主人公を務めるフランス映画の割合などは、数字すら発表しなくなった。

010

# 犯人は21番に住む

L'assassin habite au 21／1942年／仏／84分
監督・脚本：アンリ＝ジョルジュ・クルーゾー
出演：ピエール・フレネ、スージー・ドゥレール
日本公開日：リバイバル

変な趣味を告白するようだけど、僕は海外に行くと尊敬する監督や映画人の墓巡りの散歩をすることがある。モンマルトル墓地に行くと、ほぼ中央にアンリ＝ジョルジュ・クルーゾーの綺麗な大理石の墓がある。これは2番目の妻のイネス・ド・ゴンザレスが2011年に亡くなり、墓石を作り替えたからだ。

彼は世界三大映画祭（ベルリン、カンヌ、ヴェネチア）でグランプリを受賞した映画史上最初の監督であり、『恐怖の報酬』をはじめ数々の傑作を残した大監督だ。

クルーゾーの名を一躍有名にした記念すべき第一回監督作品が、この『犯人は21番に住む』だ。奇想天外なストーリーと随所に散りばめられた不気味なカット、そして殺人犯の斬新な描き方などは当時はどれも新鮮な驚きを与えた。現在の映画では、もはや常識のようだけど、当時はク

ルーゾーのサスペンスこそが最先端だった。モンマルトルで異常者デュランが連続殺人を引き起こす物語だが、映画に使われたアパルトマンは今も立派に建っている。

この界隈の街並みはまるで時間を止めたように変化していない。

011

## 貴婦人たちお幸せに

Au Bonheur des Dames／1943年／仏／88分
監督・脚本：アンドレ・カイヤット
出演：ミシェル・シモン、アルベール・プレジャン
日本公開日：リバイバル

アンドレ・カイヤットが好んで取り入れた、裁判を通じて社会の不条理を浮き彫りにする手法が、ここでも発揮されている。この作品は珍しくカイヤットのオリジナルシナリオではなく、エミール・ゾラの小説が原作になっている。

19世紀中頃、商店街に突然デパートの建設計画が持ち上がり、商店主たちとデパート経営者の間で生活をかけた争いが繰り広げられる。イノセントな商店街の店主たちが司法に救いを求めるシーンは、ロマン・ポランスキーの『オフィサー・アンド・スパイ』で、作家ゾラ当人が体験した不条理な体験を小説に持ち込んだように思えてならない。当時の衣装や風俗を再現した舞踏会のシーンがとても煌びやかだ。

最近、パリの有名百貨店「サマリテーヌ」が、日本人建築家の妹島和世＋西沢立衛の設計によって、生まれ変わった。ポン・ヌフのほとりに位置するデパートは１８７０年に創業された。

012

## 白い足

Pattes Blanches／1948年／仏／107分
監督：ジャン・グレミヨン
出演：フェルナン・ルドゥー、スージー・ドゥレール
日本公開日：リバイバル

この映画は元来、作家のジャン・アヌイが監督するはずだったが撮影の8日前に病に倒れたため急遽、ジャン・グレミヨンが撮ることになった。

人間嫌いで周囲から煙たがられている伯爵が、魅惑的な悪女に翻弄された末に愛を見出すまでを描く。老婆から教えられるまま媚薬になる薬草を摘む若い女性の描写など、20世紀初頭のフランスらしく、随所に幻想的なシーンが散りばめられたバロック風味溢れた作品になっている。最近、シネマヴェーラ渋谷で上映があった。気になって出掛けたら、パブリックドメインになっている本作の16ミリ上映だった。

映画ファンを広げるには、この方法しかない気もする反面、著作権者や遺族に一円も支払わないで上映するスタイルって、許されるんだろうか？　クラシック作品の著作権をいつまで保護するのかは難しい問題だ。

013

## 密告

Le corbeau/1943年/仏/93分
監督：アンリ=ジョルジュ・クルーゾー
出演：ピエール・フレネ、ジネッツ・ルクレール、エレナ・マンソン
日本公開日：リバイバル

クルーゾーの第一級心理サスペンスであると同時にフィルム・ノワールの記念碑的作品。1923年、田舎町トゥールで起こった事件（ユダヤ人を密告する匿名手紙事件）をもとに作られた映画は、ドイツ占領下のフランス市民の不安と恐怖を見事に浮かび上がらせ、公開当時一大センセーションを巻き起こした。

田舎町で暮らす医師ジェルマン（ピエール・フレネ）のもとに、ある日一通の手紙が届く。手紙は彼を堕胎医として中傷するもので、「からす」と署名されていた。次には町の一般家庭に、ジェルマンと彼の同僚であるヴォルゼ医師の妻ローラが愛人関係にあることを暴露した手紙が届く。その後も主治医師、病院の会計係などが次々に「からす」の標的にされていく。差出人の嫌疑が広がるにつれて人々はパニックに陥っていくが、とある癌患者の自殺をきっかけに、魔女狩にまで発展する……。

1951年、日本ではマリリン・モンローの『帰らざる河』で有名なオットー・プレミンジャーによって『十三通目の手紙』と改題されてリメイク版が製作された。

014

# 人生への回帰（二百萬人還る）

Retour à la Vie／１９４９年／仏／１２０分
監督：ジャン・ドレヴィル他
出演：ルイ・ジューヴェ、ノエル・ノエル
日本公開日：リバイバル

アンリ＝ジョルジュ・クルーゾー、アンドレ・カイヤット、ジョルジュ・ランバン、ジャン・ドレヴィル。オムニバス形式で描く、４人の監督による5つの物語だ。舞台は第二次世界大戦直後のフランス。ドイツ軍の捕虜になった兵士たちのそれぞれの帰還がテーマになっている。

収容所から九死に一生を得た男が、ゲシュタポで拷問を与えていた男と出会うストーリーなど、サスペンス、コメディ、人間ドラマと多彩なジャンルが一本の映画の中に凝縮されている。のちにフランス映画の傑作と謳われるアンリ・コルピの『かくも長き不在』のテーマにも通じるプロットが見られる。

こちらはマルグリット・デュラスのシナリオがあまりにも完璧だ。

015

# ジャンベフォラ～聖なる帰郷

Djembefora／１９９１年／仏＝ギニア＝米／65分
監督：ロラン・シュヴァリエ
出演：ママディ・ケイタ
日本公開日：１９９３年9月10日

「聖なる帰郷」という副題が気に入っている。

ママディ・ケイタは「キング・オブ・マンディンカ」と呼ばれる最も偉大なパーカッショニストの1人だ。7歳にしてハリー・ベラフォンテの映画『アフリカ・ダンス』でその才能を認められた彼は、14歳にして国立ジョリバ楽団に選ばれた天才で、その後ヨーロッパ各地を演奏旅行する。さらなる志を胸にベルギーに亡命したママディは、現在ブリュッセルで家族と一緒に暮らしている。そんなママディ・ケイタが26年ぶりにギニアの故郷、バランデュグ村に帰る旅をカメラに収めたドキュメンタリー映画だ。

ジャンベ（ジンベともいう）とは西アフリカのセネガル、マリ、ギニアを中心とする地域で演奏される伝統的な打楽器で、イロコと呼ばれる木を使い、紐と山羊の皮で出来ている。ジャンベは冠婚葬祭の儀式、祭り、無病息災の祈念、誕生祝いとあらゆる行事で登場する。ジャンベフォラはジャンベを演奏することで村のカウンセラーであり、セラピストであり、エンターテイナーであり、歴史の伝承者であり、さらには先祖の魂と現世の人々を繋ぐ媒介者でもある。その存在はパーカッショニストという言葉ではとうてい言い尽くせない。

初めて配給したドキュメンタリー映画であり、ジャンベという打楽器やギニアの歴史を勉強しながら宣伝を進めた。何よりもポスター・ヴィジュアルを担当してくれた、高橋雅之と沢田としきに出会えたのは幸運だった。彼自身、ジャンベの奏者でもあり、アフリカン・イラストレイターの第一人者で、「アフリカの音」で日本絵本賞を受賞した絵本作家でもある。黒田征太郎と長友啓介が主宰するK2に勤務していた縁で繋がりデザインを依頼した。彼が描いてくれたイラストは素晴らしい仕上がりで、バーコ印刷を施した特別なポスターは、これまでの配給作品の中で最も売れたポスターになった。

僕は、映画の中でママディが帰郷して姉に再会するシーンで姉が地面を転がりながら喜ぶ様が大好きだ。人がそれ程までして歓喜する姿を見たことがなかったから、初めて観た時は思わず目を疑い、そして感動した。ジャンベフォラの役割を考える時、ママディの亡命はどれほど大きな痛手だっただろう。そして彼の帰還で村は何を取り戻したのだろう？　それを想像するだけで泣けてくる映画だった。

ジャンベのリズムは、心を浄化してくれる心地よい響きだ。

六本木のシネ・ヴィヴァンで公開した。この劇場の支配人だった伊藤重樹氏はその後、縁あって一緒に仕事することになり、今はコピアポアという配給会社を経営している。

016

# 月はどっちに出ている

All Under The Moon／1993年／日本／109分
監督・脚本：崔洋一
出演：岸谷五朗、ルビー・モレノ、絵沢萠子、小木茂光
日本公開日：1993年11月6日

## 初回81人の謎も、大ヒットを記録
## 崔洋一監督との想い出

公開されたのは１９９３年11月６日だった。崔洋一監督、鄭義信脚本、梁石日原作の映画『月はどっちに出ている』は公開初日を迎えた。生まれて初めて製作した映画の公開日に、柄にもなく早起きして新宿ピカデリーの向かい側にある花園神社にお参りした。土曜日早朝の花園神社に参拝客は誰もおらず、鈴を鳴らし小銭を投げ入れると、乾いた音が辺りにこだましていた。神社の階段に腰を下ろして、僕は遂に公開に至った映画の道のりを振り返った。

先ずシネセゾンの榎本憲男が崔洋一と引き合わせてくれ、崔さんの紹介で「前借り文学の大家」を自認していた梁石日と出会い、強烈な「在日文学」の洗礼を浴びた。そして新宿梁山泊に所属していた鄭義信を交えたシナリオ執筆の日々が始まった。我々は毎週のように事務所に集まり映画を語り、お互いを語り、酒を呑み、現状を嘆き、夢を語った。シナリオの改訂は実に26回を数えた。

僕は製作費を集める為に沢山の「在日経済人」に会ったし、企画書をもってさまざまな配給会社に出向いて協力を依頼した。最終的にはビデオ販売権をパイオニアＬＤＣに譲渡して、なんとか製作に漕ぎつけた。その橋渡しをしてくれた真木太郎にはとても感謝している。いわばギリギリの船出だった。

新宿ピカデリー２の初回は10時25分。初日の初回が、その後の興行成績を測るバロメイターになるのは言うまでもない。ピカデリー２のキャパは２６１席だから、僕はざっくり60％の１５０人を予想したが、結果は81人と厳しい数字だった。

更にその81人の客の殆どが男性の一人客、いわゆる「ザコ」だ。彼らは映画を批評家のように分析して、自分だけの感想を胸にしまい込む。映画観客の理想は「ドラえもん」客で、１人で３～４人の子供を連れて来てくれるお母さんとそのお友達だ。放送禁止用語が飛び交う「ヤバくて、切ない恋愛模様」など、彼らの眼中にはないだろう。

初回の上映が始まってしばらくして御大、崔洋一がやってきた。自信に満ちた表情と大きな声で「初回はどうだ？」と訊くから、僕は「ダメだよ」と小声で応えた。

崔さんと２人で、当時新宿の南口にあった立ち飲み屋に向かった。ほぼ24時間営業の呑み屋で僕らは枡酒を呷り、悔しさを噛み締めてため息をついた。

その日は山田洋次監督の『学校』の初日でもあり、ピカデリー１で上映される映画を観る為に長蛇の列が出来ていた。靖国通りのＤＵＧの前で崔洋一は酒の勢いもかりて、並んでいる客を睨みながら大声で「この国はいつまでも山田洋次かよ！」と叫んだ。僕は無視して足早に劇場に向かったけど、崔さんはこの出来事をついぞ認めなかった。

しかし階段を降りて劇場に入場する最前列がピカデリー1ではなく、ピカデリー2に入って行くのを確認すると、崔さんは急に機嫌が良くなった。2回目は舞台挨拶が行われる回でもあり、1回目よりは数字が上がるのは当然だった。主演の岸谷五朗は当時あまり知られていない役者だったし、ヒロインのルビー・モレノに至っては無名のフィリピーナだから、舞台挨拶の回は多分、岸谷五朗が所属するSET（スーパー・エキセントリック・シアター）の動員だとばかり思っていた。

結果、2回目は満席になった。そして3回目は2回目の上映中に完売し、4回目も早々に完売した。打ち上げの途中、松竹第一興行の奈良専務から電話を貰った。

「大ヒットおめでとうございます！」と叫んだ奈良さんの第一声をよく憶えている。土曜日の夜から日曜日の朝まで、僕たちは勝利の美酒を酌み交わした。

画期的だったのは翌日曜日の4回全部が満席になり、月曜日、火曜日、水曜日と平日になっても満席が続いたことだ。連日、主要新聞の映画欄や週刊誌に『月はどっちに出ている』の映画評が載った。どれも画期的な映画が誕生した、と手放しだった。評判が評判を呼び、崔洋一の渾身の映画は新宿ピカデリーで26週間のロングラン上映という新記録を打ち立て、1館で1億6千万円というとんでもない記録をうち立てた。

公開日の初回81人の謎は、今も解明出来ていない。

僕の先輩であり、恩人でもある崔洋一は２０２２年11月27日に自宅で亡くなった。最後に会ったのは22年6月に新宿テアトルで行われたイベントの日だった。武田砂鉄氏と壇上で対談していた崔さんは、客席に座っている僕を見つけて、「私の信頼する優秀なプロデューサーです」とわざわざ起立を促して紹介した。

『月はどっちに出ている』は２０１９年9月にキネマ旬報社が選出する１９９０年代の日本映画の第一位に選ばれた。

017

# リフ・ラフ

Riff-Raff／1991年／英／94分
監督：ケン・ローチ
出演：ロバート・カーライル、エマー・マッコート
日本公開日：1993年12月23日

## 日本で最初にケン・ローチを紹介

1991年カンヌ国際映画祭コンペティションで、最終作品として上映された『リフ・ラフ』に、上映後割れんばかりの拍手が鳴り響いた。その拍手に力強い拳を挙げて応える小柄な男。僕がケン・ローチを初めて見た瞬間だった。ヨーロッパやアメリカではすでに確固たる地位を築き、回顧上映も行われている程だが、日本では一本も上映された形跡がなかった。ケン・ローチは一貫してイギリス社会の底辺に生きる人々の日常を描き続けてきた。

この映画のタイトルは「下層に漂う人」を意味するが、貧しいながらも人間的な温かみやプライドを失わない彼等の生き様が見事に表現された映画だった。主演のロバート・カーライルの名前を一躍有名にした映画でもある。

ロンドンの建設現場を舞台に、ひたむきに生きる〝リフ・ラフ〟たちを活写した映画はカンヌ国際映画祭で批評家連盟賞を受賞し、続くロカルノ映画祭でも絶賛を博して91年のヨーロッパ映画大賞を獲得した。

『リフ・ラフ』はケン・ローチの評価を決定的なものにした記念碑的な映画であり、全く新しいストリート・ムーヴィーだ。

僕は日本で最初にケン・ローチを紹介できてとても幸せだった。当時、出会う人には必ずケン・ローチの話をしていた程に傾倒していた。90年台のヨーロッパ映画界には綺羅星のような作家たちがいた。ビクトル・エリセ、K・キシェロフスキ、ジャコ・ヴァン・ドルマル、レオス・カラックス、ベルナルド・ベルトリッチ、ヴィム・ヴェンダース、そしてケン・ローチがいた。

# 1994年

018

## レイニング・ストーンズ

Raining Stones／1993年／英／90分
監督：ケン・ローチ
出演：ブルース・ジョーンズ、ジュリー・ブラウン
日本公開日：1994年1月22日

この映画のプロットが大好きだ。失業中のボブは同じく職のないトミーと羊泥棒の真最中。彼等は慣れない手付きで羊を追い込み、やっとの想いで羊一匹を捕まえて、知り合いの肉屋に頼んで幾つかの塊におろしてもらう。塊をパブで売り歩く2人だが、思惑とは裏腹に全く売れず挙げ句の果てに、駐車していてバンを盗まれてしまう。ボブの奮闘の目的は一人娘コリーンの初めての聖餐式（コミュニオン）のためで、7歳の祝日に白いドレスを買ってやるのが親の務めと信じている。友人の神父はボブにそんな必要はないと諭すが聞き入れない。ボブは懲りずに下水道の清掃からディスコの店員まで、必死に奔走するが一向に金は貯まらない。やむなく高利貸しの金に手を出したボブが、その高利貸しとトラブルになる。そして彼は取り返しのつかない罪を犯すことになるが、その罪に対して神父は驚くべき答えを出す……。

『レイニング・ストーンズ』は1993年のカンヌ国際映画祭で審査員賞に輝いた。親子の愛情を軸にリアルな会話と痛烈なブラックユーモアが詰まった本作は、『リフ・ラフ』の続編的な要素を含んでいるといわれた。フランスではアートハウスながら公開1週目に56000人という記録的な動員を記録した。「ユーモアとポエジーに満ちたシネマ・ヴェリテ」と評価され、フランスでのケン・ローチの評価を決定付けた。

『リフ・ラフ』と『レイニング・ストーンズ』は岩波ホールに上映を断られて、映画の上映と演劇の上演を交互に行なっていた千石の三百人劇場で公開した。劇場支配人の福島さんに救って貰い、各作品2週間ずつ公開する限定公開だった。

惨敗を覚悟したが、意外と興行成績も良くホッとした記憶がある。この映画を機に、僕たちはケン・ローチの映画を連続して配給することになり、実にその数は9作品に及んだ。

019

# 春にして君を想う

Children of Nature／1991年／アイスランド＝独＝ノルウェー／82分
監督・脚本：F・T・フリドリクソン
出演：ギスリ・ハルドルソン、シグリドゥル・ハーガリン
日本公開日：1994年2月11日

アイスランドの映画は珍しく、単独公開は初めてかも知れない。だから僕はアイスランドの映画監督は、フリドリック・トール・フリドリクソンしか知らない。

アイスランドの風土は名前の通り氷に覆われているが、そればかりではない。その特異な風土は目を見張るほど美しく、違う星にいるような幻想的な光景に魅了される。

78歳のソウルゲイルは農夫をすることに疲れて、田舎を捨て首都レイキャビックに住む娘夫婦の元を訪ねる。だが孫娘は彼にとって宇宙人のように遠い存在だし、都会の生活の全てが彼には合わない。そんなソウルゲイルはある日、偶然、ステラと再会する。

79歳のステラはかつて彼と同じ村で育った。お互いを想いながら離れ離れになった2人は、互いを忘れていなかった。故郷に帰りたいと願うステラの夢を叶えるためにソウルゲイルは彼女の手を引いて、施設を脱出し、盗んだジープを走らせる。

検問や難所をかいくぐった2人は一歩一歩目的地に近づき、とある農家の納屋に潜り込んで一夜を過ごす。「昔と同じ月ね」「どうかな」「あれから人間が降り立ったから、ずいぶん月も荒れているだろうね」、そんな会話を交わし2人が目指す故郷は、人が踏み荒らした月のようになっているのだろうか……。

フリドリクソン監督は語る。

「10年前に高齢者のドキュメンタリーを撮ったことがある。その時に彼等から感じた超自然的なもの、自分が彼等に抱いている思いを込めたつもりだ」

讃美歌が低く流れ、岩がむき出した丘に霧がたなびくアイスランドのSF的な雰囲気が超然として立ち込める。こんな自然を見たことがない僕は、映画を観終わった後しばらく景色に陶酔していた。本作はケイブルホーグの根岸邦明さんから勧められた。共同配給を決めて、根岸が推していたスペイン坂のシネマライズ渋谷で上映した。

根岸さんは『砂漠の流れ者／ケーブル・ホーグのバラード』というサム・ペキンパー監督の映画をこよなく愛する

男で、社名もそこから付けてしまった程だ。髭を蓄えた顔立ちはどことなくメキシカンな感じが漂うし、酒はバーボン、住まいは逗子の秋谷海岸と様になっている。根岸さんの会社で働いていた圷茂夫は、縁あってその後、僕と一緒に働くことになった。

人間は皆、「自然の子どもたち」（原題）に過ぎないということを淡々と、そして詩的に語りかける映画だ。

020

# 飾窓の女

The Woman in the Window／1944年／米／99分
監督：フリッツ・ラング
出演：エドワード・G・ロビンソン、ジョーン・ベネット
日本公開日：リバイバル

ドイツの巨匠フリッツ・ラングの傑作をリバイバル上映した。

トリュフォー、ゴダール、リヴェットといった「カイエ」派の批評家たちが激賞したことからヨーロッパで起こったアメリカ時代のフリッツ・ラング作品の再評価の波は、日本になかなか伝わって来なかった。80年代後半になってようやく『死刑執行人もまた死す』や『恐怖省』が公開され、その巧妙なプロットの積み重ね、卓越したストーリーテリングにより、ドイツ時代をしのぐ完成された作品群が、日本でも多くのファンを魅了した。僕はその中でも〝幻のフィルム・ノワール〟として名高い『飾窓の女』をリバイバル上映することにした。これもパリで観ていた映画の一本だけど、特にジョーン・ベネットの微笑みで文字通り骨抜きにされるコワモテ俳優のエドワード・G・ロビンソンが好きだ。1953年以来の日本公開とあって、多くのフィルム・ノワール・ファンを魅了した。渋谷のシードホールで上映した。

021

# 風の丘を越えて／西便制（ソピョンジェ）

Sopyonje／1993年／韓国／113分
監督：林権澤
出演：キム・ミョンゴン、オ・ジョンへ、キム・ギュチョル

日本公開日：１９９４年６月25日

## 全国で1億円の興行収入を突破した初めての韓国映画

第一次韓流ブームが到来する前に、この映画が果たした功績はあまり知られていない。１９９３年４月10日の公開から10月末までにソウルの団成社劇場をメイン館にソウルだけで１００万人の動員を記録し、全国で２８０万人の動員記録を打ち立てた林権澤（イム・グォンテク）監督の伝説のパンソリ映画が、この『風の丘を越えて／西便制』だ。

93年のカンヌ映画祭監督週間に一本の韓国映画が出品されるという噂を耳にした。

僕はカンヌ映画祭のマーケットで韓国映画振興公社（現在の韓国映画振興委員会とは別組織）を尋ねて作品情報を調べるつもりだったが、ブースには誰もおらず仕方なくメッセージを残してホテルに戻った。翌日、再度ブースに行くと若い女性スタッフが出品は取り止めになったと教えてくれた。どうやらベテランのイム・グォンテク監督は監督週間への出品が不満だったようだ。スタッフから預かったＶＨＳをホテルの部屋で鑑賞することにした僕は、衝撃的な映画を体験した。

パンソリのリズムや唸り、そして映画の持つ独特の抒情性に僕は完全にやられてしまった。

これこそ僕が求めていた韓国の映画だ。是非とも配給したいと思い、帰国後に直ぐに麻布十番にある韓国領事館を訪ねた。ただ、僕は韓国に一度も行ったことがなく、また朝鮮籍を有する者は韓国への入国が実質的に不可能だった。領事館で対応にあたってくれた二等書記官に、僕は全身全霊でこの映画の素晴らしさを解説して、日本で公開する意義を説いた。

「韓国の映画が日本では成功しないでしょう」と薄笑いを浮かべて、書記官は僕を20分程度の短い対応で追い返した。翌日、僕はウイスキーを一本下げて領事館の閉まる18時前に再訪して、ロビーで待ち伏せした。書記官を誘って麻布十番の焼肉屋に繰り出し、僕は韓国映画の魅力や可能性を執拗に語った。説得の甲斐あって、彼は僕に「48時間有効の臨時パスポート」を発行してくれた。翌週、僕は緑色の臨時パスポートを携えて、生まれて初めて金浦空港に降り立った。入国審査のブースに入ると、係官は僕のパスポートを見るなり右端のCrewのブースに行けと指差した。僕はそのブースの前で待機していたスーツ姿の職員に付き添われて、地下の駐車場にとまっていた現代自動車の黒いバンに乗り込んだ。絵に描いたような黒いバンの中で僕は安全企画部部長と印刷された名刺を渡されて、面食らった。ここまでの展開を予想してなかったので、目の前の人物が俳優のように映った。

宿泊する新羅ホテルが偶然にも悪名高いＫＩＣＡの本拠地、南山に向かう途中にあったから、僕はドキドキしながらソウルに来た事情を明かした。部長はどうした訳か僕の学歴やパリに留学していたことなどを調べていて、済州島に暮らす叔父の住所までわざわざ読んで聞かせた。彼らはホテルの部屋まで付き添い、最後に今回の訪韓で「予定されてない人には会わないように」と念を押して帰って行った。

僕はカバンを置くと、早々にＵＮビレッジの一角の泰興《テフン》映画社に向かった。泰興映画社は当時、韓国映画界の最大プロダクションで、同時にコロンビアトライスター作品の配給を請け負う大手配給会社でもあった。代表の李泰元（イ・テウォン）さんは韓国映画人協会の会長も務める文字通りのビック・ボスだった。門が開き建物の中に通された僕は、李代表が大きな円卓テーブルで地方の映画館館主を怒鳴りつけている姿を目撃してど肝を抜かれた。電話を切って向き直ると、彼は笑顔で「あなたを待っていたよ」と言って立ち上がった。

彼は何の説明もせずに歩き出し、事務所を出て近所の冷麺屋に場所を移した。

彼は開口一番「昨日、安全企画部から電話が来て、『日本から北韓系の男が来るから適当に言いくるめて返しなさい』と言いやがった。ふざけるなって怒鳴ってやった。追い返すかどうかは俺が決めるんだって」。大声が、早い午後の客が疎な店内に響いた。

それから僕たちは店内に5時間近く居座って焼酎のボトルを7～8本空けた。彼は越北者と呼ばれる北出身の人だった。建設業で財を成し、20年前に映画製作を始めて今日に至るまでの道程を話してくれた。朝鮮戦争で兄弟3人が亡くなったこと、杉の木の輸出で大阪に度々出張した事、イム・グォンテク監督との出会い、そしてヒロインのオ・ジョンヘを全羅道のパンソリ・コンクールで発掘した幸運など、その全てがドラマチックだった。特に印象的だったのは李代表のイム・グォンテク監督への厚い信頼だった。監督は一貫して韓国人のアイデンティティーや韓国文化の本質を描き続けてきた。監督が追い求める映画の為に、イ・テウォンは東仁文学賞作家の李清俊の「南道の人」の原作を取得し、劇団アリランを主宰するキム・ミョンゴンに脚色を依頼した。そして韓国ニューミュージックの旗手として名高いキム・スチョルを音楽監督に起用する。撮影はもちろんイム・グォンテク映画には欠かせない鄭一成（チョン・イルソン）が『曼荼羅』に引き続き担当した。僕はこの企画から完成までの美しい道程を聞いて、感動ひとしおだった。イ・テウォンさんは、僕の両親が気になる様子だった。初対面の人に、あまり込み入った個人史などを話さない日本人とは違い、韓国ではそれが当たり前といった風だった。僕は京都で洋服プレス工場を経営していたアボジが「4・3事件」を逃れて済州島から避難したこと。李代表と同じく、母方の両親すなわち祖父母が2人共、朝鮮戦争で亡くなった事などを話した。

滞在時間が少ない僕の為に、李代表は林監督をはじめ助監督たちや主演のオ・ジョンへを、電話で呼び集めて引き合わせてくれた。ホテル地下のバー・ラウンジを占拠する形で宴会が始まった。オ・ジョンへが韓国民謡「七甲山」を切々と歌うと、僕も含め周囲の人全員が聞き惚れていた。夢のような宴は夜中まで続いた。明け方にお開きになり、僕はホテルに戻ると緊張が解け、脱力したようにソファーで寝てしまった。朝、ホテルをチェックアウトするとロビーで李代表の長男のイ・ヒョスン常務が待っていた。彼は不慣れな僕を空港まで送ってくれた。

車中で、肝心な配給契約の話を詰める余裕がなかったと打ち明けると、彼は「父から渡せと言われました」とA4の封筒を僕に手渡した。開封するとたった2枚の契約書が現れた。

その後さまざまな映画の契約書を交わしたけれど、こんな簡潔で短い契約書は後にも先にもなかった。僕は李泰元氏の信頼に感謝し、同時にこの映画に対する責任を強烈に感じた。

日本に戻って真っ先にアプローチしたのは銀座テアトル西友だった。それまで韓国映画が上映される映画館は主に中野武蔵野ホールが多かった。80席の半地下の映画館は中野ブロードウェイ商店街の中に位置して便利だったけれど、どこか物足りなさを感じていた。僕は韓国映画を銀座で公開することに主眼を置いた。

これほどのクオリティを湛え、本国で大成功を収めた傑作を、どうしても映画興行のメッカである銀座地区で上映したいと考えたからだ。そうでなければ、韓国映画はどうしたっていつまでもマイナー映画に分類されてしまう。

銀座テアトル西友の榎本支配人に見せると、彼は映画を絶賛して興行を決めてくれた。

でも試写会に映画評論家やライターはほとんど来なかった。当時の韓国映画は一般的な映画ファンが観る映画ではなく、インド映画と同じく研究者やマニアが主なターゲットだった。評論家は韓国映画の記事を掲載する媒体がないから、マスコミ試写会に寄りつかない様子だった。

佐藤忠雄氏や四方田犬彦氏らを除けば、韓国映画を語る批評家が極端に少ない状況に僕は頭を痛めた。

僕は、尹東柱の詩集から探した一節を使って「風の丘を越えて」という邦題を付けた。そして映画の特性を考えて、上映後にパンソリの実演やミニコンサートを度々行なった。プロモーションの為に主演のオ・ジョンヘとキム・ミョンゴンを招聘して各地で美声を披露してもらった。すると映画の評判は音楽業界から湧き出した。

沖縄ミュージシャンの喜納昌吉やネーネーズ、和太鼓の林英哲、ジャズミュージシャンの近藤等則、坂田明、そして歌手でもある原田芳雄らが高く評価してくれた。音楽雑誌ラティーナに記事が載り、遅れて映画雑誌も取り上げるようになっていった。

試行錯誤の末、公開された『風の丘を越えて／西便制』は大ヒットした。銀座テアトル西友で10週間のロングラン上映を果たし、全国で1億円の興行収入を突破した初めての韓国映画になった。

脚色を担当し、出演もしたキム・ミョンゴンはインタビューに答えて「外国の文化・芸能を模倣するのに夢中だったインテリ層や若者たちが、経済成長の中で立ち止まり、自分たちが失ってはならない価値にやっと気付いてくれた」と本国での大ヒットを冷静に分析していた。この映画の成功は、やがて日本に於いて韓流という大きな波を生み出すことになる。

022

# 苺とチョコレート

Fresa y Chocolate／1993年／キューバ＝メキシコ＝スペイン／110分
監督：T・G・アレア、J・C・タビオ
出演：ホルヘ・ペルゴリア、ウラジミール・クルス
日本公開日：1994年9月3日

## 劇場公開された初めてのキューバ映画

特集や回顧上映ではなく、ロードショーとして公開された初めてのキューバ映画だ。そして初めて岩波ホールで映画を配給した。1年前にケン・ローチの作品を断られて以来、作品を持ち込むこともないだろうと考えていたが、ベルリン映画祭で本作の契約をした際、ICAIC（キューバ映画芸術産業庁）の重鎮レオンが日本では岩波ホールで公開して下さい、と劇場を指定していた。彼は岩波ホールの総支配人、高野悦子氏とパリのイデックで同窓生だったらしく、キューバ映画界の実力者であったことも後で知った。

そんな事情で『苺とチョコレート』は岩波ホールで公開することになった。

キューバを含めたラテンアメリカ世界はマチスモへの憧れが根強く、同性愛者への差別感情が根深い。主人公がゲイという設定も前代未聞の上、会話の中に体制を批判するセリフが頻繁に登場することもキューバの観客を驚かせた。1993年12月に開催された新ラテンアメリカ映画祭ではセンセーションを巻き起こし作品賞、監督賞、主演男優賞をはじめとする8部門を独占し、キューバ映画史上最高の興行記録を打ち立てた。翌94年のベルリン映画祭では銀熊賞を受賞。スペインでの驚異的なヒットを皮切りに、ヨーロッパ各国でも絶賛を博した。

主演のホルヘ・ペルゴリアはキューバ映画界のみならずラテンアメリカの映画界を代表する名優で、プロモーションの為に彼を招へいした。ホルヘ・ペルゴリアは来日した翌日からホテルで3日間、インタビュー尽くめだった。誠実な彼は、熱心にキューバ映画の歴史や現状を語ってくれたけれど、どこか元気がないように見えた。観光もままならない強行軍だったから、最終日は彼を秋葉原か浅草に案内して、鮨をご馳走する算段だったけれど、彼はサルサバーに行きたいと言い出した。宣伝部の久保玲子が一生懸命

探し出した六本木のサルサクラブに到着すると、ホルへは目を輝かせてワクワクを抑えられないといった表情で早々にフロアーに出て行った。彼は取材の疲れも見せずに踊り続けた。一旦踊り出した彼はダンスを止めようとしないばかりか、スタッフや他の客にサルサのステップを教えだした。3時間、ノンストップでダンスを堪能したホルへはひとしきり踊った後、やっと店をあとにした。ホテルに送り届けたスタッフは、翌日「筋肉痛で脚が攣りそうになりました」って笑っていた。とても楽しい忘れられない一夜になった。

023

# ギターはもう聞こえない

J'entends plus la Guitare／1991年／仏／98分
監督・脚本：フィリップ・ガレル
出演：ブノワ・レジャン、ヨハンナ・テア・ステーゲ
日本公開日：1994年12月10日

孤高の映画作家、フィリップ・ガレルの作品だ。盟友であるジャン＝リュック・ゴダールが書いている。

「フィリップ・ガレルの映画は、唯一私が確かにこの目で見たいと言える最初の作品から、まるで歯と唇のように、自然の美と結び付いている。カメラが自然であるということはなんと美しいのだろう」

この映画が美しいのは更に理由がある。この映画は、88年に急逝したガレルの最初の妻であり、ヴェルヴェット・アンダーグラウンドの歌姫、ニコに捧げられている。ガレルとニコは、10年間を共に暮らし、ガレル自身が愛の産物と呼ぶ7本の映画を共に作り上げた。ニコの訃報を聞いた年、ガレルが実際のエピソードをもとに2人の愛の過程を映画化したのが本作だ。

ガレルは父であるモーリス・ガレルを主演に『自由、夜』（84年）を発表して鮮烈な印象を残した監督だが、息子で俳優のルイ・ガレルは『グッバイ、ゴダール』でゴダールの若き日を演じている。親子3代共に映画人という家系はフランスでは決して珍しくない。

024

# 月より帰る

Return from The Moon／１９９４年／日本／84分
監督・脚本：じんのひろあき
出演：満田幸一郎、高橋祐子、菅原務、石川秀樹
日本公開日：１９９４年12月10日

じんのひろあき監督。この作品は盟友である榎本憲男がプロデュースした映画だ。数百万円で製作するからと提案されて出資した映画で、配給も担当した。不思議なコンセプトのＳＦ映画だけど、サイエンス・フィクションから科学を取り除いたようなちょっとヘンテコな映画だった。堂々と僕が製作、配給したとは言えないけれどリストに残っている。

025

# 恋愛小説

Katia Ismailova／１９９３年／仏＝ロシア／88分
監督：ヴァレーリー・トドロフスキー
出演：インゲボルガ・ダプコウナイテ、ウラジミール・マシコーフ
日本公開日：１９９４年12月17日

有名、無名にこだわらず、映画の中で女優が輝く瞬間がある。そしてそんな映画は忘れ難い印象を残す。

僕が94年のカンヌで観た映画の1本もそんな映画だった。ロシア映画の新鋭、ヴァレーリー・トドロフスキーが初監督した『恋愛小説』の主人公、カチア・イスライモヴァを演じた女優のインゲボルガ・ダプコウナイテが強烈な印象を残す。

彼女はロシアの巨匠Ｎ・ミハルコフの『太陽に灼かれて』に出演して注目を集めた。

監督週間に出品された本作は多くの批評家が絶賛した。ルモンドは「『郵便配達は二度ベルを鳴らす』のフィルム・ノワール版、それが『恋愛小説』だ」と書いたし、リベラシオンは「主演女優のインゲボルガ・ダプコウナイテが極めて魅力的だ。見事なブロンド、自然な美しさ、そして何より陰影を感じさせる驚くほど微妙な表情。ヒッチコックの『めまい』を彷彿させる女優、彼女こそキム・ノヴァクの再来だ」と絶賛している。

僕には映画のトーンがタルコフスキーへのオマージュに感じられた。

オープン間もないＢＯＸ東中野で上映した。ドキュメ

ンタリー映画の制作をしていた山崎陽一と伏島治彦が番組編成を担当していた。現在はドキュメンタリー映画の聖地、ポレポレ東中野に生まれ変わった。

026

# 裸足のマリー

Marie／1993年／仏＝ベルギー＝ポルトガル／91分
監督・脚本：マリアン・ハントヴェルカー
出演：マリー・ジラン、アレッサンドロ・シゴナ
日本公開日：1994年12月17日

フランス語を主言語にして映画を製作する国はたくさんある。フランス以外だとカナダのケベック州で製作される映画もそうだし、北アフリカ諸国で製作される映画もフランス語圏の範疇に入るだろう。マリアン・ハントヴェルカーはベルギー映画界を代表する監督であり、本作でパリ映画祭のグランプリと主演女優賞を獲得した。主人公を演じたマリー・ジランは当時18歳で、次世代のフランス映画界を代表する逸材といわれた。

マリー・ジランはお父さんと一緒に初来日して、お気に入りの天麩羅を美味しそうに頬張っていた。彼女はその後、K・キシェロフスキが最後に残した原案をダニス・タノヴィッチが監督した『美しき運命の傷痕』でエマニュエル・ベアールやカリン・ヴィアールと共演した。

曇りがちのブリュッセルから、あたり一面に花が咲き誇るフランス郊外。金色の麦畑をハイクしたあと、淡い緑に包まれたピレネー山脈の国境を越えてスペインへ。ヨーロッパの南端ポルトガルに辿り着くと陽差しも強くなって、景色も人もみんな開放的だ。北から南へとどんどんと南下して、まるでマリーと一緒に旅している気分に浸れる、そんな青春映画だった。

# 1995年

027

# ガルシアの首

Bring Me the Head of Alfredo Garcia／1974年／米／112分
監督・脚本：サム・ペキンパー
出演：ウォーレン・オーツ、イセラ・ヴェガ
日本公開日：リバイバル

広大な牧場を支配するボスが愛娘テレサを妊娠させた悪党、アルフレッド・ガルシアの首を持ってきた者に100万ドルをやると言い渡した。場末のバーでピアノ弾きをしているベニーは、ガルシアのことを尋ねる怪しい男たちの背後に金の匂いを嗅ぎつける。恋人で娼婦のエリタがガルシアとできていた事を知って嫉妬するが、ガルシアはエリタと別れ話の後で酔っ払い交通事故を起こして死んでいた。ベニーとエリタは賞金欲しさにガルシアの墓を掘り返す。

奇想天外なストーリーのヴァイオレンス・アクションの傑作だ。言わずと知れた巨匠、サム・ペキンパーに影響されたタランティーノは、この作品のオマージュとして『トゥルーロマンス』を書き上げた。巨匠は『わらの犬』や『ゲッタウェイ』など多くの傑作を残した。ペキンパー映画と共に生きるケイブルホーグの根岸邦明の依頼で配給に至った。リバイバル上映用に新しいビジュアル・イメージを作成して、本国にアプルーバル依頼したら、ビジュアルを絶賛するコメントが戻ってきた。確かサイファの岡野登の仕事だったはずだ。

028

## 平成無責任一家 東京デラックス

Tokyo Deluxe ／ 1995年／日本／ 109分
監督・脚本：崔洋一
出演：岸谷五朗、絵沢萠子、高橋和也、岸部一徳
日本公開日：1995年1月28日

『月はどっちに出ている』の大ヒットを受けて、崔洋一監督、鄭義信脚本、主演、岸谷五朗で臨んだコメディ映画だった。

「騙されるより騙せ」が家訓の詐欺師一家の物語は、一風変わった「家族映画」に仕上がっている。母親のマツ（絵沢萠子）と父親の違う息子4人、それにマツの年下の愛人（岸部一徳）を加えた一家が東京に上京して仕掛ける詐欺の数々。今、見返すと是枝裕和の『万引き家族』にも通じる視点があるが、こちらの方は崔洋一らしい泥臭いギャグと無軌道な登場人物たちが続々と現れる。

連日、大笑いしながら詐欺の手口を研究したり、偽の金

塊や国債を作ったりして、遊びながら製作した。崔洋一らしい斬新なキャスティングと時代を笑うような毒に満ちた映画に仕上り、東宝洋画系で拡大公開した。

崔組に初めて参加した岸部一徳は「崔さんと組んでみたくて、訳も分からず飛び込んだ」と打ち明けたし、絵沢萠子、ルビー・モレノ、國村隼、麿赤兒は前作に続いて出演した。特に鰐淵晴子、七瀬なつみの妖艶な演技が印象的だった。この映画が縁で、岸部一徳はその後『ビリケン』『のど自慢』『ゲロッパ！』『フラガール』とシネカノン映画には欠かせない俳優の1人になった。

『東京デラックス』は『月どっち』の二匹目のドジョウを狙った企画だったが、僕はドジョウの捕獲は東宝に託すことにした。ただ崔洋一の作品カラーを考えると、東宝のラインナップに『東京デラックス』がフィットしないのは明らかだったし、何よりも興行成績を重視する東宝では崔洋一に2度目のチャンスは巡って来なかった。選択は明らかにミスジャッジだったけれど、崔さんは一度も僕にその事を責めなかった。

音楽は東京スカパラダイス・オーケストラが担当し、明るく能天気な詐欺師一家の活躍を躍動感たっぷりに盛り上げている。

029

# 天使が隣で眠る夜

Regarde Les Hommes Tomber／1994年／仏／100分
監督・脚本：ジャック・オディアール
出演：ジャン＝ルイ・トランティニャン、ジャン・ヤンヌ
日本公開日：1995年5月27日

後にカンヌ映画祭でパルム・ドールを獲るジャック・オディアールのデビュー作だ。カンヌ映画祭監督週間で初上映された2時間後に、配給契約を結んだ。多分、最速で買い付けた映画だったろう。女性がほとんど登場せず、フランス映画につきものの男女の恋愛や甘いロマンスが一切ないにも拘わらず、不思議なセクシャリティーが漂う映画だ。原作は女流作家テリー・ホワイトの「真夜中の相棒」。

この映画のプロモーションで来日したオディアールは、妻であり同じく監督のマリオン・ヴェルヌーと一緒に来日した。それは彼女が監督した『誰も私を愛さない！』の配給宣伝も兼ねて、我々が夫婦2人で来日することを勧め

たからだ。

映画談義をしながら六本木のバーをハシゴした夜は楽しかった。

映画館の都合で『誰も私を愛さない！』の公開は3年後の98年になってしまったけれど、マリオンはオディアールに引けを取らない程、才能溢れる監督だった。

本作の構成は小説と同じだが、二つの話を交互に語り、時間をずらしたりするスタイルは映画の方が、圧倒的にスピード感がある。勢いよく真っ逆さまに堕ちていく男たちのデカダンスを冷ややかに見つめるオディアールの演出手法は、この頃から確立されていたようだ。

映画の原題は〝奴らの堕ちていく様を見ろ〟という意味だが、大人になりきれない「子供のような大人たち」が悪あがきしながら支え合う姿がとてもフィルム・ノワール的だ。名優ジャン＝ルイ・トランティニャンとこの映画でセザールの最優秀新人俳優賞に輝いたマチュー・カソヴィッツとの演技合戦を見ているだけで楽しい。

030

# エドワード・ヤンの恋愛時代

A Confucian Confusion（獨立時代）／1994年／台湾／127分
監督・脚本：エドワード・ヤン
出演：チェン・シャンチー、ニー・シューチュン
日本公開日：1995年7月29日

## 原田芳雄とエドワード・ヤンの想い出

確か宣伝の青木かおりが付けたタイトルだけど、いいタイトルだと思った。原題は『独立時代』だったけど、邦題を伝えたらエドワード・ヤンはとても気に入ってくれた。

英語タイトルは「A CONFUCIAN CONFUSION」。センスの良いエドワードが好きそうなタイトルで直訳すると「儒者の困惑」。非常に内容に即した題名だ。映画は台湾版『若者のすべて』、または「台北ラブ・ストーリー」とも言える。伝統的な儒教道徳精神と、そこに急速に流入して来た西洋個人主義の混ざり合った社会の中、恋人、家族、友人、会社など「他人から独立したい」と願えば願うほど見えてくる「他人に支えられないと生きていけない」という

彼等の現実。その「独立」と「依存」のせめぎ合いの果てにやがて見えてくるものはなんだろう？　変わりつつある台北の喧騒に生きる男女十人の複雑に絡み合った人間関係を、二日間に起こる出来事で見事に綴った映画だ。

エドワード・ヤンが来日した時、たまたま原田芳雄邸で集まる機会があり、芳雄さんの誘いもあって、お互い面識もないエドワード・ヤンと原田芳雄が東北沢の原田家で呑むことになった。原田芳雄は懐の広い男で、誰に対しても常にオープンなスタンスを崩さない「みんなのアニキ」だった。映画をやっているというだけで、同じ種族だと認める芳雄さんは、みんなが「ヨシオ」と下の名前で呼んだ。原田家の幼い息子や娘までもがそう呼ぶ様は、台湾から来た映画監督もさすがに驚いたようだった。まさに「儒者の困惑」を感じたのはヤン自身だったかもしれない。

僕たちは楽しく飲んで、「いつか一緒に映画を撮ろう」と約束して別れた。

031

# さよなら、ニッポン！

Goodbye Japan／1995年／日本104分／日本
監督：堤幸彦
出演：緒形拳、藤真利子
日本公開日：1995年9月2日

妙な縁で配給することになった映画だ。

制作会社ＭＭＩに勤めていた石原仁美がシネカノンに転籍するキッカケになった作品でもある。ＭＭＩは今村昌平監督が主宰する今村プロ、そして緒形拳が所属する鈍牛倶楽部と同じ代々木上原のビルに事務所を構えていた。3社は連携して映画製作するケースが多かったが、今村監督の製作ペースが落ちてくると同時に、それぞれ独自の道を模索する様になった。写真集のブームに乗って台頭してきた、ぶんか社の製作支援を受けて、ＭＭＩが緒形拳を主演に制作した映画、『さよなら、ニッポン』は斬新な企画の実験精神旺盛な怪作だ。

「島民の皆さん、我々赤尾根古島の島民は古来、だれにも負けない誇り高い民族だった。……琉球王朝、薩摩藩、日本国に、アメリカにと、ことあるごとに虐げられ、ないがしろにされてきた。それはまさに屈辱の歴史だった。……我々は誇りを取り戻し、立ち上がるのは今だ。わたしは赤尾根古島の、日本国からの分離独立を断固主張する！」と村長が突然、宣言する。

　この映画は、沖縄県に所属するある離島が、日本国政府のあまりにも中央集権的な政策態度に辟易して独立を決定し、内外から立ち起こる様々な反発や圧力を克服して、独立を勝ち取るまでを描いた壮大な物語だ。

　かつて「吉里吉里人」で井上ひさしが夢見た建国神話に似た大胆な発想は、いまも続く沖縄の不平等な地位や歴史的背景から生まれたのは言うまでもない。企画段階から参加した緒形拳は島の村長（のちに大統領）役を熱演し、本来あるべき政治家像を具現化している。

　脚本、監督には堤幸彦が大胆な発想で取り組んでいる。実際の撮影は沖縄の離島である宮古島で2か月に渡り行われた。

032

## コールド・フィーバー

Cold Fever／１９９５年／アイスランド＝米／85分
監督・脚本：Ｆ・Ｔ・フリドリクソン
出演：永瀬正敏、リリ・テイラー
日本公開日：１９９５年10月28日

『春にして君を想う』を監督したアイスランドのフリドリック・トール・フリドリクソンの映画だ。ジム・ジャームッシュの『ミステリー・トレイン』をプロデュースした有名プロデューサーのジム・スタークが企画、製作した。『ミステリー・トレイン』の縁で日本から永瀬正敏が参加し、リリー・テイラーも加わって極寒のアイスランドで撮影した。

　物語は終始不思議で脈略があるようでない。平田（永瀬正敏）が両親の供養のために、氷と火の国アイスランドに降り立つ。アイスランドの荒涼たる大自然は時に厳しい表情を見せ、時に優しく男を包み込む。停めていた車は目を離した隙に一瞬で凍りつき走らなくなる。いくつもの出会いと神秘的な出来事に戸惑いながら、男は目的地に近づいていく。平田の目的とはなんなのか……。

　ＴＢＳに後援してもらって配給した映画だ。全編、観ているこちら側にも寒さが伝わる映画だった。映画の撮影はある意味、寒さや暑さとの闘いでもある。真夏に真冬のシーンを撮ることもあれば、その逆もある。現場での待ち時間を耐え凌ぐのが俳優の日課だ。それにしてもこれほどの氷点下の撮影は辛かったに違いない。永瀬正敏のインタビューの大半はこの話題が占めていた。アイスランド人は意外と日本人に親近感があるらしい。監督にその理由を尋ねたら、彼は日本とアイスランドには共通するモノが3つある、と答えていた。

一つは温泉、二つ目は鯨漁、そして三つ目は怪談話の多さだという。アイスランドのあちらこちらには幽霊が現れるらしい。彼らは意外と人懐っこく、それは先祖の霊かもしれないし、山や自然を守る精霊かもしれないという。なるほど、遠野物語のようだと納得がいった。

033

# 幸福の設計

Antoine et Antoinette／1947年／仏／89分
監督：ジャック・ベッケル
出演：ロジェ・ピゴー、クレール・マッフェ
日本公開日：リバイバル

ジャック・ベッケルが残した作品の中で最も好きな映画だ。もちろん彼の映画で最も知られている名作は『穴』だろうけど、個人的ベストワンは本作だ。僕はこの映画こそが、最もフランス的な映画であり、パリ庶民の営みや生活スタイルを正確に表していると思う。

あの皮肉屋のゴダールはこう残している。「フランス映画を撮るには、何通りかの優れた方法がある。ジャン・ルノワールのようなイタリア風があり、オフュルスに見られるウィーン式があり、メルヴィルのニューヨーク流もある。しかし、フランス的なフランス映画を撮り続けた映画監督といえば、ただ1人、ジャック・ベッケルだ」。

アントワーヌとアントワネットは、パリの下町のアパルトマンで慎ましく暮らすカップルだ。生活は苦しくても2人で一緒なら幸福なのだ。ある日、アントワネットが買ってきた宝くじで、なんと80万フランが当たった。大喜びの2人は賞金の使い道を一つ一つ、鏡にルージュで書いていく。翌朝、勇んで賞金を受け取りに出かけたアントワーヌは宝くじを失くしてしまう……。

もちろんベッケルの描くカップルはラスト、救われることになる。彼が描いたパリ三部作に共通するのは、パリに生きる人々に向けるベッケルの優しい視線だ。ユーモアと

愛情に溢れた、映画ファン誰もが大好きな古典だ。

034

# 幻の光

1995年／日本／110分
監督：是枝裕和
出演：江角マキコ、浅野忠信、内藤剛志、木内みどり
日本公開日：1995年12月9日

## 是枝裕和監督のデビュー作

渋谷に映画館を開設しようと決めて、準備している時、テレビマンユニオンの女性プロデューサー合津直枝さんと出会った。彼女は宮本輝の小説「幻の光」の原作権を、なんと十円で取得し、初めて映画を製作したという。その大胆な挑戦に興味を持った僕は、東京現像所で『幻の光』の初号試写に立ち会った。中堀正夫氏の撮影は照明を極端に抑えた画が身上で、人物の表情が読み取れないシーンすらあったけれど、それが能登半島の厳しい冬を描写する時、抜群の効果を生んでいた。自殺した夫を理解できないまま生きて来た女性が、別の男性と再婚した後もずっと抱えている喪失感までも表現した静謐な映画だった。

直ぐに配給することを約束して、映画に最適と判断した8月のヴェネチア国際映画祭に出品した。幸い「金のオゼッラ賞」という芸術貢献賞を受賞した。

この映画で女優デビューを果たした江角マキコらと一緒にパリ経由でヴェネチアまで飛び、リド島のホテル・エクセルシオールに宿泊した。朝食は人生で最高のブレックファーストと言っても過言ではない、グレードの高いビッフェだった。海岸に面したテラスには朝から新鮮な海の幸がズラリと並んで、極上の白ワインやシャンパンを給仕が注いでくれる。テラスではキアロスタミとショーン・ペンが挨拶を交わしていた。スパイク・リーが朝から精力的にミーティングしている会話の内容が聞こえてきて、気持ちが昂ったことを憶えている。

1995年12月9日に開館した渋谷シネ・アミューズのオープニング作品にした『幻の光』は大ヒットした。無名の新人監督、無名の主演女優の映画は12週間のロングラン上映を続けて7000万円の興行収入をあげた。シネ・アミューズは125席の2スクリーンを有していたが、

もう片方のシアターでは富田靖子とレオン・カーフェイが主演した香港映画『南京の基督』を上映した。

こちらの方も大ヒットし、両スクリーン共に連日たくさんの観客が足を運んでくれた。シネ・アミューズはシネカノンとアミューズが共同出資した興行会社、アミューズはシネカノンが運営した。代表は私が、そしてアミューズシネカノンが運営した。代表は私が、そしてアミューズの大里洋吉が会長を務めた。初代の劇場支配人はシネカノンの営業担当の吉田真理子が就任し、二代目は佐藤順子が引き継いだ。

# 1996年

035

## デカローグ

Décalogue／1989年／ポーランド／567分
監督：K・キシェロフスキ
出演：マヤ・コモロフスカ、アレクサンデル・バルディーニ
日本公開日：1996年1月20日

10時間に及ぶ上映時間と映倫の問題

ポーランドの巨匠、クシシュトフ・キシェロフスキの特別な映画だ。僕は念願だったこの映画の配給を通じてキシェロフスキを日本に招聘したかったが、公開直後の3月、彼は心臓病でこの世を去った。まだ54歳という若さだった。映画『アマチュア』で配給事業を始めた僕は、彼の映画に特別な思い入れがあった。後年、NHK教育テレビの番組「我が心の旅」でポーランドを訪れて、キシェロフスキの足跡を尋ね歩くナビゲーターを務めたことがある。ワルシャワ、ウッジ、グダニスク、クラクフ、とポーランド各地で縁のある人に会って話を聞いた。クラクフで音楽監督のプレイスネルが話してくれたエピソードが特に印象的だった。彼は「もし私が危機的な状況に陥ってしまった時、それは病気かも知れないし経済的な危機かもしれないけれど、どんな困難な状況でもキシェロフスキは必ず駆けつけてくれる。それは私が唯一この世の中で確信している事だ」と語ってくれた。

それを語るプレイスネルの表情は強張っていて、彼等の絆の強さに涙した。彼等が出会った時代、ポーランド映画界は非常に厳しい環境にあった。東西を隔てる壁がなくなると一気に西側の映画の波が押し寄せた。人々は憧れてい

たアメリカ映画やフランス映画に魅せられ、自国の映画が衰退する事態に関心すら寄せなかった。プレイスネルとキシェロフスキは貧しい環境で同志として出会い強い絆で結ばれた。どんな想いで、どんな状況で彼等が一緒に映画を撮ってきたのかを想像した時、僕は彼等に心の底から敬意を示したかった。翌日、予定を変更してキシェロフスキの墓を尋ねて花を手向けた。

日本映画は製作費が限られているから、良い映画が撮れないと主張する声を耳にすることがある。そんな時、僕はいつもポーランドの90年代を駆け抜けた、彼等のことを思い出すようにしている。1989年に製作されたポーランド映画『デカローグ』を豊かな国の監督たちがこぞって称えた。スタンリー・キューブリックは「この20年間で一本だけ好きな映画を選ぶとすれば、それは間違いなく『デカローグ』だ」と言ったし、『デカローグ』はパリで公開されるとほぼ2年間、96週間に及ぶロングランを記録した。この圧倒的な成功がキシェロフスキを『トリコロール、愛の三部作』へと導いたのは当然の成り行きだろう。

1話約1時間程度の10話で構成された1本の長い物語。各話それぞれ独立した1本の映画だけど、全話が密かにつながっている。第一話で息子を失った父親は第三話のクリスマスイブに憔悴し切った表情で登場するし、第五話のタクシー運転手は第二話の主人公である夫婦を乗車拒否したあと殺されてしまう。第十話の主人公が切手を買うのは第六話の主人公である郵便局の青年からだ。登場人物たちは10作品の間を自由に行き来する。まるで『デカローグ』全体が一つの巨大な広場であるように。

上映時間を考慮すると通しで観るためには一日一回の上映しか出来なかった。かといって映画料金を5倍にすることは無謀だから、料金設定が難しい興行だった。更に難しかったのは映倫審査料の問題だった。任意団体である映画倫理管理委員会の料金基準はフィルムの長さに応じて課金される。2時間の映画だと大体30万円前後の審査料が掛かるので、デカローグの場合は審査料が160万円という高い金額になってしまう。上映時間が長いと収入は減る訳だから、審査料が反比例して高くなるのは道理に合わないと考えたが、交渉は無駄だった。

036

# 月の瞳

When Night Is Falling／1995年／カナダ／94分
監督・脚本：パトリシア・ロゼマ
出演：パスカル・ビュシエール、レイチェル・クロフォード
日本公開日：1996年4月6日

カナダ人監督のパトリシア・ロゼマによるロマンチックなゲイ・ムービーだ。95年のベルリン映画祭で観て魅了された。女性同士の恋愛を描いた映画だけれど、そのスタイルはとてもオーソドックスで尚且つ説得力のある物語だ。

神話学の教師カミールは同僚との結婚を控えているが、ある日偶然遭遇した「幻想サーカス」の美しいダンサー、ペトラに魅せられる。カミールは自分とは全く違う価値観を持ち、何者にも縛られず自由に生きるペトラに引き寄せられていく……。

光と影を駆使したダンス・パフォーマンスや双子の空中ブランコなど、怪しく魅惑的なサーカス集団は、カナダの「シルク・ド・ソレイユ」の流れを汲むアーティストたちによるもので、その後「シルク・ド・ソレイユ」は日本でも頻繁に公演するようになる。

また音楽の使い方が絶妙で、レナード・コーエンやドヴォルザークの楽曲などを、登場人物の微妙な感情の動きに合わせて巧みに聞かせている。主演のパスカル・ビュシエールはモントリオール映画祭で最優秀女優賞を受賞した。レズビアン・カップルを最も美しく描いた映画の1本だと断言できる上質なエンターテインメント作品だ。

037

# ケス

Kes／1969年／英／112分
監督：ケン・ローチ
出演：デイヴィッド・ブラッドレー、コリン・ウェランド
日本公開日：1996年5月11日

ケン・ローチが自身で「最も好きな作品」

巨匠、ケン・ローチは『夜空に星のあるように』（1968年）でデビューを飾るが、翌年に撮った『ケス』が二本目になる。ローチが自身で「最も好きな作品」と公言する『ケス』は、ケン・ローチの撮影スタイルが確立された作品だ。

飄々とした愛すべきビリー役を好演した少年は、ロケ地バーンズレイに住んでいた素人のデイヴィッド・ブラッドレー。ビリーの心のざわめきを奇跡的とも言える自然さで演じている。

60年代後半のイギリス・ヨークシャー地方の炭鉱町。15歳のビリーは、母親と炭鉱で働く粗暴な兄と3人で暮らしている。ビリーは新聞配達をしながら牛乳をこっそり盗み、学校でも仲間や先生といざこざばかり起こしている。かといってビリーはスポーツが得意なわけでも、将来に希望があるわけでもない。彼の唯一の楽しみは、餌付けに成功したハヤブサと戯れることだった。大人たちの作り上げた世界や価値観に反発するビリーにとって、〝ケス〟はたった1人の友達だった……。

1970年にチェコスロバキアのカルロヴィ・ヴァアリ国際映画祭でグランプリを受賞した『ケス』は、東欧社会主義圏でもその名を知られていたに違いない。本作のスチール写真を、映画『アマチュア』の主人公が自宅でまじまじと眺めているシーンがある。偶然にも両方の作品を配給することになった僕は、このケン・ローチとキエシロフスキという2人の偉大な監督が共鳴し合っていた事実に鳥肌が立った。その同時代性をとても嬉しく思った。

## 038

# ロマンス

1996年／日本／94分
監督・脚本：長崎俊一
出演：ラサール石井、玉置浩二、水島かおり、内藤剛志
日本公開日：1996年5月25日

オフィス・シロオズの佐々木史朗さんから預かった映画だ。当時、僕は同じく日本映画製作者協会で専務理事を務めるオフィス・シロオズの史朗さんが手がけた映画を何本か配給した。そんな中で最も印象深い映画が、『ロマンス』だ。

長崎俊一監督の映画らしく、どこか洗練されたユーモアがあり、全員の役者が生き生きとしている。玉置浩二、ラサール石井、内藤剛志、水島かおりが、昔からの仲間のように映画の中に存在していた。

公開を控えた或る日、監督がそのタネを明かしてくれた。彼らは延べ4週間、15〜6回のリハーサルを繰り返した。

エチュードのようにシーンの設定だけがあり、会話は俳優の創意から生まれ、削られ、まとめられては次のリハーサルに向かう。そんなワークショップのような具合で撮った映画は一見、アドリブに見えるようだが、セリフは真逆の丹念なリハーサルの結果だという。こういう撮り方って、初期のスコセッシみたいだな、と思った。だから、ドイツ人の評論家リューディ・トムチャクに「キリコは私の隣にもいる。この映画にはそう思わせる力がある。映画が終わっても、登場人物たちの人生は続いていると強く思わせる」と言わせた。

039

# レディバード・レディバード

Ladybird, Ladybird／1994年／英／102分
監督：ケン・ローチ
出演：クリシー・ロック、ウラジミール・ヴェガ
日本公開日：1996年6月8日

社会問題に鋭く迫るケン・ローチ監督の真骨頂と言える作品だ。冒頭、ジャニス・ジョップリンをモデルにした映画『ローズ』のテーマソングを唄う主人公マギー（クリシー・ロック）のシーンから始まる。それはこれから始まる彼女の人生が逆風に見舞われる事を示唆している。

信じ難い実話をもとに、社会福祉という名の官僚的な制度を告発する本作は、撮影開始からイギリスで大きな反響を巻き起こした。

マギーは社会福祉局によって母親失格の烙印を押されて、愛する子供を次々に奪われてしまう。自暴自棄になったマギーは最愛の夫ジョージ（ウラジミール・ヴェガ）にまであたり散らしてしまう。打ちのめされた2人が、ラストに静かに手を繋ぐシーンが目に焼き付いている。

厳しい現実の中、家族を守ろうと必死に戦うマギーとジョージの物語は見事、1994年ベルリン国際映画祭で銀熊賞を受賞した。マギーを演じたクリシー・ロックはリバプール出身のコメディアン、一方パラグアイからの政治亡命者ジョージを演じたウラジミール・ヴェガは本当にチリからイギリスに亡命してきたミュージシャンで、共に映画初出演だった。

彼等を名優に仕上げるケン・ローチのアプローチはもは

や魔法使いの域に達していると舌を巻いた。

その後「児童養護施設」を舞台にした映画を撮ろうとした時、この映画を再見した。配給当時には気が付かなかった、「子は誰のものか?」という問いに対する疑問が晴れるようだった。全ての命は生まれながらに社会的養護の対象であるべきだ。だけど、社会的養護が必要なのは子供だけじゃない。これはケン・ローチの信念ではないだろうか?

040

# ビリケン

Billiken/1996年/日本/100分
監督・脚本:阪本順治
出演:杉本哲太、鴈龍太郎、山口智子、岸部一徳
日本公開日:1996年8月3日

## 幻の勝新太郎・主演作

阪本順治との初めての仕事だった。僕は阪本順治の『トカレフ』を観て、彼の作家性と演出力に強い関心を持っていた。パーティーで僕から声を掛けて、直ぐに2人で会うことになった。大阪で撮った彼の『王手』も大好きだったから、大阪で次回作を撮らないかと提案した。

彼は「大阪三部作の3本目にあたる映画」を企画し、僕たちは通天閣に棲む下町の神様ビリケンさんに焦点を当てた。当初から主演俳優には勝新太郎を想定していた。『悪名』の八尾の朝吉が着流し姿で颯爽と天王寺界隈を闊歩するシーンは、想像しただけで映画ファンをワクワクさせる。ハードルの高いトライだったけれど、勝プロに出向いて交渉を始めると、すでに勝さんは阪本順治の前作『王手』に出演した若山富三郎さんから阪本組の評判を聞いていた様だった。

勝さんは、新宿のうどん屋で「ビリケン」役に成り切って、みんなの前で台詞を朗読する程、役に入り込んでいた。けれど撮影の2カ月前に勝プロから、「勝新太郎の体調が良くないので、辞退させて欲しい」と衝撃的な断りの連絡が入った。どうすることも出来ない理由だったけど、どうすることも出来ない時期だった。僕たちは話し合った結果、勝新太郎とは似ても似つかない杉本哲太を主演に抜擢して『ビリケン』を撮ることにした。

主演に抜擢された杉本哲太は関西弁の習得と神様の役と

いう無理難題を突きつけられて、とても大変だったと思う。勝新太郎の長男、鴈龍太郎を悪役で起用し、岸部一徳、南方英二、國村隼らを通天閣観光の経営陣に据えて、牧冬吉、浜村淳、笑福亭松之助といった関西の俳優たちに大挙して登場してもらった。天王寺界隈には不釣り合いの山口智子が紅一点、爽やかな存在感を見せている。

シナリオにはその後、監督になった豊田利晃が共同で名を連ねている。

041

# 十二人の怒れる男

12 Angry Men／1957年／米／96分
監督：シドニー・ルメット
出演：ヘンリー・フォンダ、リー・J・コッブ
日本公開日：リバイバル

言わずと知れた名作だから、映画の説明は必要ないだろう。ただヘンリー・フォンダが特殊ナイフを出す、決定的なシーンがどうも納得できない。でもそんな事より、この傑作に影響された映画やドラマは枚挙に遑がない程世界中に溢れている。それが最も重要なのだ。

042

# ウォレスとグルミット（シリーズ第1弾）

Wallace & Gromit／1988－1994年／英／計66分
監督・脚本：ニック・パーク／〈クレイアニメ〉ペンギンに気をつけろ！
日本公開日：1996年9月14日

イギリスのアードマンス・スタジオのクレイ・アニメーションを初めて観た時は感嘆した。セルロイド・ドリームのハンガメ・パナヒから紹介されてカンヌ映画祭のマーケット試写会で、『チーズ・ホリデー』（23分）と『快適な生活』（5分）を観た。合わせても30分に満たない短編映画だったけれど、どちらも完成度が抜群に高いから「是非やらせて欲しい」とお願いした程だ。その後2年間待って、ついに完成した『ペンギンに気をつけろ！』（29分）を加えて、『ウォレスとグルミット』シリーズ第一弾として公開した。

ニック・パークが作り出したウォレス博士と愛犬グルミットの超絶可愛いキャラクターは、グリコのプッチンプリ

ンのコマーシャルにも起用されて、日本でも瞬く間に人気キャラになった。グッズの販売はソニー・グループのグローバル・ライツ社が保有していて、僕たちは彼等が製作したボール・チェーンやマグカップを映画館独占で大量に販売した。

来日したニック・パークは、すでに本国ではサーの称号を与えられている有名人だったが、とても真面目でシャイなクリエイターだった。粘土のわずか15センチの人形を1秒間に20数カット動かして撮影するには、驚異的なこだわりと繊細さが必要な気の遠くなる作業だ。CG合成を極力使わない彼の製作スタイルを知って、一段とこのシリーズの偉大さを痛感した。アードマン・スタジオはアカデミー賞で3作品連続受賞の快挙を果たした。

043

# カップルズ

Mahjong／1996年／台湾／121分
監督・脚本：エドワード・ヤン
出演：チャン・チェン、タン・ツォンシェン、ヴィルジニー・ルドワイヤン
日本公開日：1996年12月7日

## エドワード・ヤンは日本人女優を使いたかった

原題は「麻雀」だけど、この邦題は秀逸だと思う。決してカップルでは出来ないゲームだから、「カップルズ」なのだ。

『恋愛時代』の配給を決めた時、エドワード・ヤンから、この映画のプランを聞いていた。兄弟のように仲の良い4人の少年たち。彼らは台北の街の片隅にアジトを作って暮らしていた。誰かがアジトに連れて来た女の子は共有するのが慣わしだが、ある日アジトに異邦人の女の子、マルトが突然舞い込んでくる。マルトの出現により、家族以上に深い絆で結ばれていた彼らの関係が揺らぎはじめる……。

「ヒロインに日本人女優を起用したい」と言ってエドワードは早くからシナリオを送ってくれた。そして当時、台湾でも人気絶頂だった宮沢りえに読ませて欲しいと依頼された。言われるままに宮沢りえのマネージメント会社に提案したが、色よい返事は返って来なかった。エドワードはガ

ッカリした様子だったけれど、カンヌ映画祭で知り合ったフランス人監督のオリビエ・アサイヤスから紹介を受けて、ヴィルジニー・ルドワイヤンが役を引き受けてくれたと連絡があった。

僕たちは、ダニー・ボイルの『ビーチ』でレオナルド・ディカプリオと共演して話題を呼んでいたヴィルジニー・ルドワイヤンがキャスティング出来た事を喜んだ。その後台湾のみならずアメリカ映画や韓国映画にも進出して活動の幅を広げ、スターに成長するチャン・チェンが印象に残る演技を見せている。

エドワード・ヤンとは、その後もカンヌやベルリンで度々会って会食したりした。会うたびに彼は次回作のストーリーを熱っぽく、そして非常に楽しそうに話していた。彼の会社、アトム・フィルムは彼が大好きな手塚治虫の漫画から名付けたそうだ。

044

# 私の男

Mon Homme／1995年／仏／98分

監督・脚本：ベルトラン・ブリエ
出演：アヌーク・グランベール、ジェラール・ランヴァン
日本公開日：1996年12月21日

不思議なフランス映画だ。ベルトラン・ブリエ監督はある写真を観て、この物語を連想したという。写真家サラ・ムーンは女優アヌーク・グランベールを10代の頃から撮り続けている。その写真の1枚にインスパイアされて書かれたシナリオがこの映画になった。

娼婦のマリー（アヌーク・グランベール）は「愛」を与えることを天職の喜びとして生きている。ある冬の夜、アパートのエントランスで蹲うずくまっているある男（ジェラール・ランヴァン）を拾う。その男が気に入ったマリーは「私の男になって」と頼む。これまで不特定多数の男と自由な関係を続けてきたマリーは初めて一種の専属契約を結ぶ。

ベルトラン・ブリエ監督はこれまでにも『バルスーズ』や『メルシー・ラ・ヴィ』で、男と女の激しい愛や性を描いて議論を巻き起こしてきた。そんな監督が伴侶であるアヌーク・グランベールに、〝新しい娼婦〟の役を与えたのは信頼の証だと言えるだろう。

『ケス』（ケン・ローチ）

INTERVIEW

# ポン・ジュノと舞台「パラサイト」

ポン・ジュノ監督の決定的な一作『殺人の追憶』を配給した李鳳宇。その後、ポン・ジュノ監督は『パラサイト　半地下の家族』でアカデミー賞受賞という快挙を成し遂げた。その作品を世界で初めて、李鳳宇が舞台化する。

構成＝生嶋マキ
写真＝丸谷嘉長

映画界で、「ポンテール（ポン・ジュノ＋ディテール）」という造語もできるほどの社会現象をもたらしているポン・ジュノ監督。「ポンテール」とは、役者の台詞や動き、小道具、背景など画面に映し出されているあらゆる要素に、メッセージを込める監督の繊細さと緻密さを称賛するため、メディアや評論家が生み出した言葉だ。そんなポン・ジュノ監督の才能をいち早く見抜き、日本へ展開した李鳳宇——。ふたりの関係は濃密だ。そして、いよいよ李の手によって世界で初めて『パラサイト　半地下の家族』が舞台化される。

——ポン・ジュノ監督に最初に出会ったのは、いつですか？

『殺人の追憶』を、たまたま私が配給したのがきっかけです。海外の映画人、および韓国の映画人が選ぶ韓国映画の歴史ベスト１００で、圧倒的な票数でベストワンに選ばれた作品です。そもそものきっかけは、プロデューサーのチャ・スンジェと食事をしていた時のことです。〝今、ものすごい映画を撮っている。とんでもないシナリオで、とんでもない作家です。それも変わった名前で、ポン・ジュノというんです〟と、教えてくれました。ポンという苗字は珍しいのでよく覚えているんですが、そんなことを言われたらものすごく映画を見たくなりました。でも、チャ・スンジェいわく、〝撮影のこだわりが強く、なかなか進まない〟と。日本では映画の撮影は長くても2カ月で終わることが多いのですが、ポン・ジュノ監督の映画は、90日以上も撮影するというんです。撮休を加えると、およそ4カ月間撮影をしている状態。私は、〝新人でそんな撮影をよく許してもらえるね〟と言うと、〝とにかくそれくらいの価値はあるホン（脚本）で、しかもスター俳優のソン・ガンホも出るというので期待しているんだ〟と話してくれました。チャ・スンジェは、サイダスを作った優秀なプロデューサーです。

――そんな前振りがあったら完成が待ちきれないと同時に、期待値が上がる一方だったのではないでしょうか。

仕上がって観たときには、もう驚きです。こんな傑作はない、ぜひ紹介してほしいとお願いしました。それが、ポン・ジュノとの出会いです。当時はまだ少年のようでした。クセのある髪には手を入れた感じはなく、これまでの監督にはなかなかいない、独特の風貌の男でした。チャ・スンジェがなぜ彼をピックアップしたのかということも理解でき、すぐに〝この映画を買わせてほしい！〟とお願いをしました。当時の価格は1億円、100万ドルくらいですが、その価値のある作品だと感じました。ポン・ジュノと話をしていくうちに、脚本は3年以上かかっているということがわかりました。自ら現場に出向き、足で事件を調べ、いろいろな記録を読みながら、関係者に話を聞いたと言っていました。ひとりの映画監督がやるような仕事じゃないことを3年間もかけてしていたポン・ジュノには、感心しました。粘り強い人だということは認識しましたが、彼いわく、〝これこそもっとも韓国を表現できる題材、韓国史において恥部かもしれない犯罪だけど、関係する誰の立場で見るかによって、韓国社会が色濃く浮かび上がってくるもではないか〟と。話をすればするほど、ポン・ジュノに惹き込まれていきました。

――ポン・ジュノ監督は、今村昌平監督の影響を受けていると聞きます。『復習するは我にあり』を何度も見て、『殺人の追憶』をつくられた。

あえて言わせてもらうと、今村昌平監督よりもっと歴史的背景を深く掘り下げ、エンターテインメントによった作品を作ります。2003年であの傑作を撮ってしまった、あの才能はいったいどこから来たんだろうと、つくづく考えさせられます。素晴らしいタイミングで出てきた二作品目であんな傑作を作ってしまい、この先はいったいどうなっていくのだろうと気がかりでしたが、我々の予想をどんどん超えていきました。しかし、僕がポン・ジュノ監督の作品の中で一番好きなのは、2009年の『母なる証明』です。とにかくあれを観た時はぶっとびました。

——その前の『グエムル　漢江の怪物』も大ヒットしました。

チャ・スンジェプロデューサーがポン・ジュノに、「なんでいきなり怪獣映画をやるんだよ」と反対したらしいです（笑）。結果、CJエンターテインメントがひきとり、今もなお、ポン・ジュノはCJでの仕事がメインです。思えば、韓国のメジャーが好条件で作品を引き受けて監督を育てるというスタイルは、この頃から生まれていったように思います。

——『グエムル　漢江の怪物』も怪獣映画のようでいて、社会性がふんだんに入っています。それは『パラサイト　半地下の家族』まで続くスタイルですよね。問題やテーマがあります。

『殺人の追憶』もそうだし、『グエムル　漢江の怪物』もそうですよね。その2本を撮ったあと、とある記者に、〝あなたは反米主義者ですか？〟と問われたと話していました（笑）。そもそも、〝なぜグエムル（怪獣）が生まれたか〟というと、米軍基地から何かわからない物質が漢江へ流れ出したことによって生まれた〝負の産物〟です。それが怪物となって暴れ出すという物語は誇張だけど、ありえる話です。ポン・ジュノの発想の原点は、〝韓国はあくまでもアメリカの手のひらの上にいるんだ、そこで人生が左右されている〟ということ。そのあと、Netflixオリジナルで撮った映画『オクジャ』も、世界的大企業への挑戦でした。『パラサイト　半地下の家族』にも根底にそのメッセージがあると感じています。なんでも持っている家族と、何も持っていない貧しい家族。その貧しい家族よりもっと貧しい家族がいる。それぞれが何かと闘っている一方で、それぞれを国になぞらえているのかもしれない。ポン・ジュノの作家性は、時代にマッチしていると感じます。とくに哲学や思想を語るヨーロッパにファンが多いのが特徴です。

――ポン・ジュノ監督は、大の漫画好きで知られていますが、普段、お仕事以外でご一緒にいる際はどんなお話をされるのでしょうか。

漫画の話をしたことがあります。よく浦沢直樹さん、手塚治虫さんの話をしていました。漫画でも、社会性や時代性がある作品が好きなのでしょう。浦沢直樹さんの『20世紀少年』を撮りたかった、と話していたことがあります。堤幸彦監督、唐沢寿明主演で実写化され、ヒットしましたけど、〝ポン・ジュノのバージョン〟もちょっと観てみたかったです(笑)。

ポン・ジュノの絵コンテは、まさに一冊の漫画です。絵コンテ集が出版されるほどの腕前。撮影監督や美術監督とも一緒に描いて作り上げていくようですが、どこか黒澤明監督に似ています。このシーンの最後のカットは、この画で終わるんだというのが、頭の中に明確にある。だから演出もはっきりしているし、俳優に求める表情や照明など、すべてわかっているんです。日本の監督は、低予算で時間の限りがあるので、ほとんど絵コンテを描かないことが多いですが、現代韓国の映画界ではそれはあり得ないこと。中でも、ポン・

ジュノ監督はずば抜けて絵コンテにこだわっていて絵が上手なんです。次作のプロジェクトの一つはアニメーションで、そのシナリオを書いているところらしいです。

――第72回カンヌ映画祭でパルム・ドールを受賞し、第92回米アカデミー賞では非英語作品として史上初の作品賞を受賞しました。

アカデミーまでは想像していませんでした。あの作品が、というよりも韓国映画がアカデミー賞を取ることが想像できなかったんです。アメリカの映画会社が絡んでいない映画は、外国映画賞を目指す、あるいは、毛色は違うけれど、カンヌ映画祭のパルムドールを目指す、それがアジア映画の目標でした。それが、すべてを飛び越えてアカデミーの本賞を獲るなんて、奇跡に近いこと。一番驚いたのは、私たちよりもアメリカ人ではないでしょうか。英語のセリフではなく、韓国語なんですから。イギリス映画がそういった意味で過去にアカデミー本賞をとっていますが、イギリス映画はアメリカ映画と繋がっていますから。

その上さらにすごいのは、世界中の映画人が、アジア映画が本賞をとったことにブーイングがあるかといったら、そうではなかった。誰もがあの映画をすばらしいと感じた。どんな力も働かず、作品で説得させたというのは、たぶんアメリカの映画人たちが一番わかっているんです。何がすごいかって、一本の映画に様々のジャンルを詰め込んでいるのですから。それって、なかなかできないこと。一本の映画の中に、コメディ、サスペンス、社会問題、ホラー、家族ドラマ、最後はパニックまで織り込んだ。驚くべき映画です。アメリカ映画は100年以上かけて、ウエスタンから始まって、ホラーやメロドラマ、サスペンス、SFなど、映画のジャンルを作ってきたわけですが、それをひとりの映画監督が全て網羅してしまった。これは、新しい映画の到来だなと感じています。そういう意味でも、韓国映画の歴史を変えたどころか、世界の映画史までひっくり返し、世界の巨匠になりました。

――そんなオールジャンルをひとつに入れ込んだ名作『パラサイト　半地下の家族』。それを李さんが世界で初めて舞台にする。舞台「パラサイト」はいったいどのような作品になるのでしょうか。

実はこの企画は、映画『パラサイト　半地下の家族』の公開中から、着手して、今年ようやく実現します。コロナの終息が見えない中、日本を代表する名俳優たちが集まってくれました。おかげで、一般発売が開始されると、すぐにチケットは完売しました。東京と大阪の2都市で展開しますが、東京は、新しく歌舞伎町にできた『シアターミラノ座』で上演されるので、それも注目されている一因です。本当にありがたいことです。

今回、私は舞台製作に初めて携わるんですが、脚本、演出は30年来の仲間でもある鄭義信（チョン・ウィシン）さんです。

内容は、本家の〝パラサイト〟を日本に置き換えて、阪神淡路大震災を裏テーマにしています。記憶が薄れているものの、日本人にしかわからない悲劇を描いているので、それをどうやって演劇で見せるのか、義信さんの手腕に期待しています。ポン・ジュノが描いたアイロニーたっぷりの人間ドラマを日本で起きた震災をモチーフにすると、より悲劇性が際立ち、立体的な舞台になると考えています。

また、映画でONだったものは舞台でOFFだったり、映画でOFFだったものが舞台でONだったり。絵（画）的には映画の方が見せられることが多いとは思うのですが、一方で、舞台だから感じるものを追求しようと思っています。臨場感、声のかすれ、涙、息づかい、そこでしか感じられないものを舞台では楽しんでほしいですね。映画はリハーサルをやって、本番をやって、撮り直しをして、多くてもカメラをまわすのは10回ほどです。しかし舞台は、1カ月間ほどの稽古を経て、同じことを本番で何回もやる。俳優が同じセリフを何回くらい言うのかと想像すると、100や200回ではきかない。俳優は演じ切るというよりも、役が染み込むようになるんだろうと感じます。そのキャラクターに同化していくんでしょうね。
今回は、2都市で45回公演ありますが、舞台は生き物なので、初日から楽日までいろいろと変わっていくのも楽しみです。

――映画をやられてきた李さんならではのアイデアは何かあるのですか？

昔、ロンドンで観た舞台『フランケンシュタイン』が、渋谷のBunkamura ル・シネマで上映されていたことがあったんです。ベネディクト・カンバーバッチが主演で、ダニー・ボイルが演出をしているんですが、観ると舞台とは違うシーンがあって、ハッとしました。つまり、ダニー・ボイルがカンバーバッチを別のスタジオかどこかで、お芝居をさせて撮っている、そんなことが可能だと思うと、新しい可能性を感じました。今後そういったことにもチャレンジしてみたいですね。ひとつのコンテンツでまた違うコンテンツが誕生する、それがこれからの舞台の未来であり、映像の未来なのではないかと考えています。

――これからの映像の未来が「映画にとどまらない」という李さんの言葉が響いてきます。

私自身も初めてですが、『パラサイト　半地下の家族』の舞台化も世界で初めてです。もう、すべてが初めてづくしで、期待感もありますが、何かがこれを機に変わるかも、という緊張感もあります。それは、『シユリ』を日本で公開したときや、『フラガール』を撮ったときの高揚感に近い気がします。そんな瞬間が映画にはあるのですが、舞台「パラサイト」でも何かが起こるのではないかと感じています。

# LB | I
# Library

アンジェイ・ワイダ『灰とダイヤモンド』で
使用された逆さ十字架

『だれも私を愛さない！』
マリオン・ヴェルヌー監督と

原田芳雄家での
エドワード・ヤン（中央）

『アマチュア』に主演した
イエルジー・スチュエルと

# 第2部―1997―1999

マイケル・ウィンターボトムから、岩井俊二、中島哲也。『牯嶺街（クーリンチェ）少年殺人事件』から『のど自慢』まで。グローバルなその眼差しと、日本映画の先端と王道を往く――。

# LB

『のど自慢』（井筒和幸）

# 1997年

045

## ナッシング・パーソナル

Nothing Personal／1995年／アイルランド＝英／82分
監督：サディアス・オサリヴァン
出演：ジェームズ・フレイン、イアン・ハート
日本公開日：1997年2月1日

クレストとの共同配給だった。

2023年になっても依然収束が見えないウクライナとロシアの泥沼の戦争が、重なって見えてしまう。イデオロギーや宗教の違いで、同じ民族の根を持っていても激しく対立し、殺し合う愚かさは、アジアでもアフリカでも、そしてヨーロッパでも延々と繰り返されてきた。90年代のアイルランドの状況は凄惨を極めていた。アイルランドの〝紛争〟はU2をはじめ数多くのアーチストたちが歌にした。誰もが深い悲しみを訴え、〝同じ一つの国〟に住む人々が、どうしてここまで激しく憎しみをぶつけ合い、自分たちの生まれた土地まで破壊し尽くしてしまうのか……この映画の中でもシンプル・マインズが哀愁を湛えて歌っている。

ロイヤリストのケニー（ジェイムズ・フレイン）は、リーダーとして仲間を導いてきたが、最近、出口の見えない紛争に疑問を感じている。一方、狂犬と呼ばれるジンジャー（イアン・ハート）は暴力と怒りに完全に蝕まれている。二人がＩＲＡのメンバーを射殺した日、バスは焼き討ちに遭い町は完全に破壊される。騒ぎに巻き込まれたリアム（ジョン・リンチ）は負傷して立ち往生する羽目になるが、リアムはケニーの妻アンに助けられる。帰らない父リアムを心配して、幼いキャスリーンは敵対するプロテスタント地区に足を踏み入れる……。

世界中がアイルランド紛争の終結に期待を抱いていた1995年秋、この作品はヴェネチア映画祭で上映され、会場を深い感動に包んだ。名優、イアン・ハートは、その素晴らしい演技で最優秀主演男優賞を手にした。

しかし翌年2月、和平への道は打ち砕かれ、その影響からイギリス国内では急遽一般公開が中止になった問題作だ。

アイルランド人であるマーティン・マクドナーが『イニシェリン島の精霊』で、パードリックとコルムの絶縁関係

を全くの不条理劇として描いた真意が理解できる。紛争や戦争が何を生み出すのかが見えてくる。それは〝憎しみ〟と〝悲しみ〟であり、やがて解消しがたい〝痛み〟として刻まれていく。

046

# 夏時間の大人たち

Happy-go-lucky／1997年／日本／73分
監督・脚本：中島哲也
出演：岸辺一徳、菜木のり子、日高圭智、田口寛子
日本公開日：1997年3月15日

## 中島哲也監督のデビュー作

最初に監督した映画はこんなにも優しい、そして平和的で牧歌的な映画だったのかと改めて感心する。その後『告白』や『嫌われ松子の一生』などでキャリアを積む中島哲也は、CM監督からスタートして映画の世界に飛び込んだ。長い間、中島監督とCM制作をしていたサッソ・フィルムズが製作して、持ち込んだ企画だった。初のオリジナル脚本による長編映画だが、さすがの構成力と演出力のなせる技を感じる「子どもには見せられない子ども映画」になっている。

小学校4年生のたかしは体育の授業で逆上がりが出来ずに悩んでいる。他に5人の落伍者がいるが、先生は「これは人生の勉強だ。助け合って困難に打ち勝て」と励ます。たかしは首を傾げて「その人生ってなんだ?」と呟く。そしてたかしの父と母、それぞれの子ども時代が現在と重なり合う。そこで語られるのは、決して子供には解らない大人の悩みや不条理の数々だ。

この時代から中島哲也はぶっ飛んでいた。同時に確固とした自分のスタイルを持って映画に取り組んでいた。独特のキャスティングセンスが随所に感じられる。岸部一徳、中村久美、菜木のり子、石田えり、余貴美子、根津甚八、藤井かほり、青木典子といった個性的な面々が楽しく演じている。

047

# いちご同盟

One Five Federation／1997年／日本／117分
監督・脚本：鹿島勤
出演：大地泰仁、岡本綾、谷口秀哉、岸部一徳
日本公開日：1997年3月15日

『月はどっちに出ている』で世話になった青木勝彦が企画した映画だ。鹿島勤監督を起用して、芥川賞作家の三田誠広の人気原作を映画化した。原作は高校受験を控え、将来への希望と不安で揺れ動く15歳の少年たちの心情を瑞々しく描いている。91年に刊行されて以来、全国の学校図書で15万人以上が読んだとされる。感動と共感を呼んでベストセラーを続け、第37回全国青少年読書感想文コンクールにも選ばれている。

僕は青木氏に付き合う形で完成後に宣伝費用を出資し配給を請け負った。真っ直ぐな青春映画で、僕には企画できないほど誠実で繊細な作品だ。本作を観て、初めて「青ちゃん」の本当の姿を見たような気がした。新人俳優の大地泰仁を発見できたことが、映画の成功とリアリティを支えた様に思う。音楽の道に進みたいのに、自信が持てずに殻に閉じこもっている主人公の良一は、小学校5年生で自殺した少年の残した詩に影響され、生と死の間を常に揺れ動いている。そんな時に自分とは正反対の性格の野球少年、羽根木と、難病に侵され〝死〟という現実が目の前に迫っている直美に出会う。

コワモテの「青ちゃん」が、「日本人は10代で自殺する子供が世界で一番多いんだよ」と目を潤ませながら力説していた姿が印象的だった。キップのいい、無口で誠実な男だったな〜。

048

# 祝祭

Festival／1996年／韓国／102分
監督：イム・グォンテク
出演：アン・ソンギ、オ・ジョンへ
日本公開日：1997年4月26日

イム・グォンテク監督作品であると同時に、尊敬するアン・ソンギ先輩が主演を務めた映画だ。何故だか韓国人はアン・ソンギを「先輩」と呼ぶ。それはアン・ソンギとい

う俳優が常にみんなから尊敬を集める存在である証しだろう。思えば『風吹く良き日』のとぼけた田舎青年から地獄のようなベトナム戦争を必死に生き抜く『ホワイト・バッジ』の軍曹まで、アン・ソンギは数々の名作映画で、その存在感を示してきた。彼は半世紀にわたって、韓国人の顔として映画の中で生きてきた。

　韓国における〝お葬式〟を舞台に繰り広げられるさまざまな悲喜劇を描いた『祝祭』は、伊丹十三が描いた〝お葬式〟と共通項もありながら、明確な相違点も提示している。韓国的で土俗的なイム・グォンテク映画が日指すのは、「生と死が渾然一体となった世界観」であろうか。死者を送る残された者たちが施す「祝祭」の喪主という複雑な役所もアン・ソンギだから表現できる。

『風の丘を越えて／西便制』に続いてオ・ジョンへが出演し、音楽もキム・スチョルが雄大な自然を背景に伝統音楽を奏でている。

049

## フープ・ドリームス

Hoop Dreams／１９９４年／米／１６９分
監督：スティーブ・ジェイムス／〈ドキュメンタリー〉
日本公開日：１９９７年５月10日

僕は１９９５年に初めてニューヨークを訪れた。ニューヨークにあるジャパン・ソサエティが主催した上映会に招かれて、その機会を得た。ジャパン・ソサエティで『月はどっちに出ている』を上映した後、トークショーも行われた。イベントが終わってニューヨーク大学映画学部の教授だったクリスティン・チョイに会った。彼女は『誰がビンセント・チンを殺したか？』という衝撃的なドキュメンタリー映画を監督した、エイジアン・アメリカンを代表する映画監督で、父親が韓国人で母親が中国人という家庭で育った。彼女はミュージカルの「ミス・サイゴン」がエイジアン・アメリカンを侮辱していると怒っていて、明日ブロードウェイで抗議行動を行うと言っていた。当時から彼等の関心はアメリカ国内でのアジア系アメリカ人の地位向上と平等な権利獲得にあったようだ。僕は滞在中にニューヨークの映画館で映画を観たかった。フォーラム・シアターはとても特徴的な映画館だったし、リンカーンセンターの運営方法やプログラムには感心した。そしてリンカーンセンターで観た1本の映画『フープ・ドリームス』に感動した。

フープとはバスケットのゴールの輪っかのこと。驚くほどスリリングでかつ感動的な映像に心を奪われ、僕は直ぐに本作の権利者を探し出して契約した。ジャパン・ソサエティのプログラマーは、そんな僕の行動に半ば呆れていた様子だった。

バスケの本場シカゴでNBAを夢見る2人の少年を4年間追い続け、完成までに7年の歳月を費やした『フープ・ドリームス』は、1995年のアカデミー賞で無冠に終わったことが論争を巻き起こした。興行収入500万ドルという、ドキュメンタリーとしては驚くべき成功を収めた映画は、数々の主要映画賞を総なめにしながら、アカデミー賞だけは受賞を逃した。TV番組「ABCナイトライン」では放送時間をフルに使い、アカデミー賞選考委員会を〝老害〟だと批判したし、人気雑誌「プレミア」は本作を『パルプ・フィクション』『フォレスト・ガンプ／一期一会』などの大作を抑えて年間ベストワンに選出した。

NBAにスカウトされることは、彼等にとってただの成功や〝クール〟なだけじゃない。それは貧困からの唯一の出口でもある。14歳にして群を抜く才能でスカウトマンに発掘されたアーサーとウィリアムは10万分の1の可能性に人生を賭けた。

エリートアスリートが育っていく現場に密着し、少年たちの劇的な運命を捉えるカメラは秀逸だ。そして彼等に寄り添うスティーブ・ジェイムス監督の優しさが、映像の節々から伝わってくるリアルな青春映画だった。

日本ではナイキ・ジャパンが配給協力してくれた。

050

## 變臉(へんめん)
## この櫂に手をそえて

變臉 The King of Masks／1996年／中国＝香港／101分
監督：ウー・ティエンミン
出演：チュウ・シュイ、チョウ・レンイン
日本公開日：1997年5月17日

この映画を買い付けたのは、若松孝二だった。「若ちゃん」は独立系映画人のご意見番でもあるけれど、巨匠という雰囲気を感じさせない気さくな人だった。彼は赤軍派を支援した過去が災いして、アメリカへの渡航が制限されていたけれど、逆に中国ではとても尊敬を集める映画人だ。そんな若ちゃんが上海映画祭から帰って来て、「凄い映画を見つけた」と僕に勧めてくれた映画が『變臉（へんめん）』だ。

伝説的なテレビドラマ「大地の子」で日本人孤児の養父役を好演し、日本でも有名な朱旭が主演を務めた。東京国際映画祭でグランプリを獲った『古井戸』のウー・ティエンミンが9年ぶりに監督した。監督は西安電影製作所の所長を務めていた頃、チェン・カイコーやチャン・イーモウなどの次世代にチャンスを与えた功績を広く知られている。瞬時に色々な「面」を変える〝變臉の技〟を持つ老芸人は「變臉王」と呼ばれていた。この技は男子にしか引き継ぐ事ができない伝統があったが、彼は人買いを通じて或る女の子を、男の子と勘違いして買ってしまう……。

結局、若ちゃんの経営する名古屋シネマスコーレと共同配給する形で、東映系の劇場で公開した。予想以上にいい成績を上げて評判も良く、若ちゃんは映画を見る目も秀れていた。

051

# 未来世紀ブラジル

Brazil／1985年／英＝米／142分
監督・脚本：テリー・ギリアム
出演：ジョナサン・プライス、キム・グライスト
日本公開日：リバイバル

怪作『12モンキーズ』で一躍、ハリウッドのヒットメイカーにのし上がったテリー・ギリアムの伝説的なSF映画。圧倒的なイマジネーションと悪夢のような映像の連続劇は、CG全盛の現在でも、斬新なトリックに満ちている。ロバート・デ・ニーロの登場も意外な程、役にハマっていた。ジョージ・ミラーの世界が好きな映画ファンなら、必ず感動するはずだ。

052

# ウォレスとグルミット、危機一髪

A Close Shave in Aardman Collection 2／1995年／英／31分
監督：ニック・パーク／〈クレイアニメ〉

日本公開日：１９９７年8月2日

ニック・パークが待望の新作を作った。『ペンギンに気をつけろ！』に続き、96年アカデミー賞を見事に受賞した最新作は、ウォレスが出会った謎のヒロインとキュートな羊たちを交えて、三角関係ならぬ四角関係が炸裂する、ラブ・サスペンス。この作品をきっかけに『ひつじのショーン』シリーズが始まったのは言うまでも無い。懐かしのサンダーバードを思わせる出動シーンや『ターミネーター』を彷彿するスペクタクルなシーン満載の作品は、僕たちをワクワクさせてくれた。過去の短編『動物園』と一緒に「アードマン・コレクション第二弾」として公開して好評を博した。

053

# ロッキー・ホラー・ショー

The Rocky Horror Picture Show／1975年／米／99分
監督・脚本：ジム・シャーマン
出演：ティム・カリー、スーザン・サランドン
日本公開日：リバイバル

カルト映画の伝説とも言える1本だ。結婚式を終えたばかりのカップルが不気味な城に迷い込む。フランク・フルターは惑星〝トランスセクシャル〟（どんな星だよ！）からやって来た狂った博士だ。彼は今まさに、愛と夢の結晶である人造人間ロッキーを産み出そうとしていた。ロンドン生まれのロック・ミュージカルを舞台の迫力そのままに映画化し、世界各地で大ヒットした映画は、観客参加型映画のハシリとして、そのスタイルがいつしか定着した。脚本、作詞、作曲のリチャード・オブライエンの歌にやがて映画館はダンスホールと化す。この映画の配給は、延10年以上更新したように記憶している。

銀座の映画館で上映した際、ラストシーンで観客が米をスクリーンにぶちまけるパフォーマンスが話題になった。おかげでネズミが出る騒ぎになり、駆除と清掃が大変だったことだけが苦い記憶だ。

# GO NOW

Go Now／1995年／英／83分
監督：マイケル・ウィンターボトム
出演：ロバート・カーライル、ジュリエット・オーブリー
日本公開日：１９９７年10月4日

## マイケル・ウィンターボトム作品を初配給

マイケル・ウィンターボトムの映画を続けて配給するキッカケになった映画だ。タイトルになった「GO NOW」はベッシー・バンクスの隠れた名曲で、ポール・マッカートニーもウィングスでカバーしている程、イギリスでは有名な楽曲だ。また舞台になっているブリストルはブリティッシュ・ロックの新たな聖地として注目を集めた。本作に出演もしているトリッキーと彼が在籍していたマッシヴ・アタック等が活動拠点にしていた街だ。主人公ニックがブリストルでサッカーに講じるシーンは、イギリス人の日常を象徴的に表す絶好の導入だ。

サッカーの調子がどうも振るわないニック（ロバート・カーライル）はイライラしているが、その理由は段々と判ってくる。ニックはカレン（ジュリエット・オーブリー）に出会い恋に落ち、仲間たちに囲まれて幸せの絶頂だったが、やがて不治の病に冒されていることが分かる。

脚本家の実体験をもとに書かれたラブ・ストーリーは相手の苦しみを含めたすべてを受け入れることの難しさと、純粋な愛の美しさを湛えている。

ニックが冒されてしまう難病はＭＳと呼ばれる多発性硬化症だが、映画で苦しむニックを観ながら、18歳で死んだ兄、鳳基の事が度々、頭を過った。

僕の兄は6歳の時、筋ジストロフィー症を発病して若くして亡くなった。

そして母は誰よりも兄の病と闘った人だ。オモニは兄の「病を治す」為にあらゆる手を尽くしたといっても過言じゃない。ムーダンと呼ばれる祈祷師を呼んで来たり、奈良の奥地にまで行って「難病を癒す水」を運んできたりした。我が家は東北大学に専門医がいると知ると、一家で仙台に越した。そして数年後にまた東京へ、最後は京都府立医大を頼って京都に引っ越した。

兄はとても出来た子だった。優しくて聡明で、顔立ちは舟木一夫にそっくりだった。

あらゆる努力を傾けたにも拘らず、当時の医療技術では筋ジストロフィー症は進行を遅らせる事すら出来なかった。医者が予言した通り、兄は18歳でこの世を去った。兄の死を受け入れられなかったに違いないオモニは半年位、廃人のように寝てばかりいた。

そんなことをつらつらと思い出してしまう。

兄と似た病の多発性硬化症に冒されて苦しむ主人公ニックを演じるのは、名優として名高いロバート・カーライルだ。『トレインスポッティング』でも『リフ・ラフ』でも素晴らしい演技を披露していた彼を見るたびに、兄を思い出す。

055

## ヤング・フランケンシュタイン

Young Frankenstein／1975年／米／105分
監督・脚本：メル・ブルックス
出演：ジーン・ワイルダー、ピーター・ボイル
日本公開日：リバイバル

このユーモアをなんと表現するべきだろうか。ドラキュラ城で有名なトランシルバニアに狼男の遠吠えが響き、アメリカ生まれのフランケンシュタインの孫が、地下実験室で人造人間を完成させる。喜劇王メル・ブルックス監督と天才コメディアン、ジーン・ワイルダーのコンビが恐怖映画の元祖〝フランケンシュタイン〟をテキストに、クレイジーなコメディ・ホラー映画を完成させた。75年に作られた本作の大ファンだった僕は、配給できると知って真っ先に「キング・オブ・カルト・ショー」のタイトルに加えた。ゴッホ今泉のイラスト入りＴシャツが秀逸だった。

056

## 時をかける少女

1997年／日本／106分
監督・脚本：角川春樹
出演：中本奈奈、中村俊介、倍賞美津子、久我美子
日本公開日：1997年11月8日

大林宣彦監督の映画をリメイクした作品だ。タイムトラベルをテーマにした筒井康隆の傑作同盟小説を原作に、

1983年に公開され大ヒットを記録した映画を、飛騨古川と松本を舞台に、モノクロ映像であの角川春樹氏が自らリメイクした。僕は、『月はどっちに出ている』の原作本を角川書店から再販してくれた角川さんに借りがある。見城徹さんを通じて依頼した時、即決してくれ、大きな新聞広告を打って応援してくれた。その恩を返す意味で、引き受けた配給だった。中本奈奈がデビューし、野村宏伸、早見優、榎木孝明、渡瀬恒彦、原田知世ら角川映画の常連たちが再結集した映画だった。

057

# ブラス！

Brassed Off／1996年／英／107分
監督・脚本：マーク・ハーマン
出演：ピート・ポスルスウェイト、ユアン・マクレガー
日本公開日：1997年12月20日

## 『フラガール』の原型

かつて秋頃に、ミラノでも映画マーケットが行われていた。ミラノの帰り、ロンドンに寄って何日か宿泊する間、僕は必ず贔屓のアーセナルのホームグラウンド（当時はヘイバリー）で試合を観戦した。そして映画館を梯子する毎日を過ごすのだが、この年は公開中の映画『ブラス！』をピカデリー・サーカスの映画館でたまたま鑑賞した。とても感動したと同時に、僕はこの映画のタイトルを数日前までいたミラノのマーケットで見た記憶を呼び起こした。すぐさまミラノに残っている国際部のスタッフに連絡して、この映画がまだアベラブルかどうかを問い合わせた。奇跡的にアベラブルだった。これほどまでの傑作が、映画館で掛かるまでバイヤーに買われていないのは、今ではありえない珍事だ。

後で聞いたら、日本のバイヤーたちは炭鉱を舞台にして「暗い」し、おじさんたちがブラスバンドに講じる姿が「カッコ悪い」と判断して避けたらしい。可笑しな偏見のお陰で、この素晴らし映画の買い付けが出来た訳だから、偏見に感謝したい気分だった。

炭鉱閉鎖の波に揺れる街グレムリー、人々は生きる希望も失いかけている。ただ炭鉱夫の仲間たちで結成された伝統あるグリムリー・コリアリー・バンドは、街のそして彼

ら自身の尊厳と誇りをかけて全英選手権大会にチャレンジし、決勝大会が開催されるロイヤル・アルバートホールを目指す。

この映画のモデルになったのは、イギリスでも最高の人気を誇るグライムソープ・コリアリー・バンド。映画は彼等が実際に辿った運命を基に作られている。そして映画では、誰もが知っている数々の名曲は鳥肌が立つほどの迫力と繊細さで演奏される。ロイヤル・アルバートホールでのラストシーンは観るものを圧倒する音楽の迫力に満ちている。

主演のピート・ポスルスウェイトを日本に招いた。もちろんユアン・マクレガーも招待したかったけれど、多忙だったためにピートだけになった。

彼はバズ・ラーマンの『ロミオ&ジュリエット』や『ジュラシック・パーク ロスト・ワールド』などで知られる名優だけど、信じられない程、フランクな人だった。そして大のビール党で、パークハイアットホテルの冷蔵庫のビールをお代わりするほどだった。まだ幼い娘に日本製のおもちゃを大量に買って帰る、子煩悩な人でもあった。

何よりも、この『ブラス！』は後に製作することになる『フラガール』の原型になっている。『ブラス！』の配給がキッカケで、僕はイギリスで定番化していた、炭鉱を舞台にした数々の人間ドラマを研究するようになった。『リトル・ダンサー』や『遠い空の向こうに』といった映画の構図や物語をどうしたら日本映画で再現できるのだろうと考えていた。古くは『わが谷は緑なりき』といった名画もあるが、日本映画では近年、〝炭鉱映画〟は少ないと思っていた。

その後『マイ・スウィート・シェフィールド』のプロモーションで来日してくれたマーク・ハーマン監督から、僕は『ブラス！』の制作秘話やシナリオの執筆過程を熱心に聞いた。『ブラス！』から得た極意のようなものがあるとすれば、一人一人輝いている俳優が、アンサンブルによってさらにお互いを輝かせるという当たり前の積み重ねが大団円に繋がるということだろうか。過酷な状況に生きる登場人物の全員が主人公になり得る、これこそが僕たちが作る炭鉱映画の真髄ではないか、そんな事を『ブラス！』から教わったように思う。

映画は大ヒットを記録した。

# １９９８年

058

## 牯嶺街（クーリンチェ）少年殺人事件

A Brighter Summer day／１９９１年／台湾／１８８分
監督：エドワード・ヤン
出演：チャン・チェン、リサ・ヤン
日本公開日：リバイバル

### １８８分のバージョンで公開

僕はこの映画の版権を持っていたヒーロー・コミュニケーションと交渉して上映権を預かった。エドワード・ヤンの代表作をどうしても配給したいという一念だった。映画は１８８分のバージョンと２３６分のバージョンがあるが、エドワードが完成版だと断言する１８８分のバージョンで劇場公開した。１９６１年に台北で起きた、中学生男子による同級生女子殺傷事件をモチーフにした青春映画は、台湾の金馬奨で最優秀作品賞を受賞している。『カップルズ』（96）で現代の台北を舞台に、愛を求め夢や欲望に忠実であろうとする若者の姿を描いたエドワード・ヤンの最高傑作だ。『カップルズ』でブレイクしたチャン・チェン（張震）の15歳の瑞々しい姿が目に焼き付いている。

059

## 四月物語

１９９８年／日本／80分
監督・脚本：岩井俊二
出演：松たか子、田辺誠一、藤井かほり、留美
日本公開日：１９９８年３月14日

### 岩井俊二とのパリ旅行の記憶と共に

岩井俊二が脚本、監督した1時間7分の中編映画だ。新しいアパート、新しい学校、新しいお隣さん、新しい自転車、新しい本屋、そして桜の花びらが舞う、新しい風景。『スワロウテイル』以来、一年半ぶりの作品。21歳の松たか子が初々しい。彼女の父親役は松本幸四郎で、兄役は市川染五郎が務めている。満開の桜が舞う中、主人公が住宅地を自転車で走り抜けるシーンが美しい。日

本映画に桜が登場するシーンは数あれど、これほど美しい桜のカットは稀に見る。それほど主人公の心情にピッタリ寄り添い効果的だ。篠田昇カメラマンは、ここでも実に優美な画を残してくれた。岩井俊二と井筒和幸が同じカメラマンを信頼していたという事実に驚かされた。

この作品を通じて仲良くなった岩井俊二とは、その後パリに一緒に旅行したりした。たった3日間の弾丸旅行だったけれど、我々はオルレアンで展開していた移動映画館のトレーラーを見たいが為に、田舎までレンタカーでトレーラーを追いかけた。トレーラーが映画館にトランスフォームする様を、拍手して見上げる子供たちの目は輝いていた。「アレを絶対買うぞ」と意気込んで帰って来たけれど、値段が高すぎて手が出なかった。

それから13年後、僕は東北の地、福島県で独自の移動映画館を開業した。その時も岩井俊二は真っ先に電話をくれて、祝福してくれたっけ。

060

## バタフライ・キス

Butterfly Kiss／1995年／英／85分
監督：マイケル・ウィンターボトム
出演：アマンダ・プラマー、サスキア・リーヴス
日本公開日：1998年5月2日

主演の2人が最高に素晴らしく、今までになかった新しいイギリス映画の誕生にとても興奮した。『バタフライ・キス』はウィンターボトムの劇場長編デビュー作であり、ベルリン映画祭で大きな反響を呼んだ映画だ。

タランティーノの『パルプ・フィクション』でも圧倒的な演技を披露したアマンダ・プラマーが猟奇殺人犯、ユーニスを演じ、偶然彼女に出会ってしまった温和なレジ係の女性、ミリアムをサスキア・リーブスが演じている。無軌道で破滅的なユーニスを放って置けなくなったミリアムは彼女と行動を共にする。時に凶暴で残酷な行動をとるユーニスは、ミリアムに向き合う時だけは優しい素顔を見せる。殺伐とした北イングランド、ランカシャー州の風景は物悲しくて寒々しいけれど、2人の情熱的な愛がもたらす歓喜と絶望、そして痛みと癒しが観る者を釘付けにする。また映画を彩る音楽はビョーク、クランベリーズ、ＰＪハーヴェイといった個性豊かな女性ボーカルの心地よい響き

で、彼女たちの唄う言葉がそのままユーニスとミリアムの心情を語るかのようだ。

061

# だれも私を愛さない!

Personne ne m'aime／1993年／仏／95分
監督・脚本：マリオン・ヴェルヌー
出演：ベルナデッド・ラフォン、ビュル・オジェ
日本公開日：1998年5月2日

27歳のマリオン・ヴェルヌーのデビュー作だ。実はマリオンはパートナーであるジャック・オディアールと一緒に2年前に来日していた。とてもキビキビとした聡明な女性だ。マリオンは映画界で働く両親の、早すぎる引退に疑問を覚え、「映画監督になる」と一念発起して高校を中退し、バーで働いた金でアメリカへ渡る。そこで勉強しながら、執筆活動を続け、アルノー・デプレシャン監督作品でお馴染みのマリアンヌ・ドニクール主演のTVドラマの演出に抜擢され、待望の監督デビューを果たした。

決して出会うはずのなかった4人の女性たち、彼女たちの1人が、浮気した夫の居場所を突き止めようと、1台のキャンピングカーに乗り込んだことから、奇妙な冒険が始まる。家族から自立しようとする熱い想い、いつも身近に感じている母への想い、幼い頃から見てきた映画、そして俳優への憧れなど、27歳のマリオン・ヴェルヌーでしか描くことの出来ない心理や感性が随所に溢れている。F・トリュフォー映画で知られるベルナデット・ラフォン、ビュル・オジェ、ジャン＝ピエール・レオーら、ヌーベルバーグを支えた名俳優たちの共演も楽しい。元気を貰うコメディ映画だ。

062

# マルセイユの恋

Marius et Jeanette／1996年／仏／102分
監督・脚本：ロベール・ゲディギャン
出演：アリアンヌ・アスカリッド、ジェラール・メイラン
日本公開日：1998年6月

山田洋次監督は本作を、「働く人の汗が光る。悲しみと怒りと夢と、そして弾けるような笑いがある」と絶賛した。

もう若くない男と女。マリウスとジャネットが、癒し難い傷を乗り越えてささやかな幸せを手にするまでの物語だ。本国フランスで、300万人を動員した大ヒットコメディを監督したロベール・ゲディギャンとパートナーでもある、主演のアリアンヌ・アスカリッドは、横浜フランス映画祭の機会に来日した。横浜の船上で会った2人からは同志愛のような硬い絆を感じた。自らも貧しい家庭で育ったアスカリッドは、セザール賞で主演女優賞を受けると、壇上で「この賞を母に捧げます。そして世界を変え続けるすべての名もない女性たちに」と言って喝采を浴びた。マルセイユで生まれ、マルセイユで庶民の映画を撮り続けるロベール・ゲディギャンの真摯な姿勢には頭が下がる。

マルセル・パニョルの伝統と共に、「オシャレなフランス映画」とは違う、もうひとつのフランス映画を見つけた気分だった。

063

## SFサムライフィクション

SF Episode One Samurai Fiction／1998年／日本／111分
監督：中野裕之
出演：風間杜夫、吹越満、布袋寅泰、緒川たまき
日本公開日：1998年8月8日

ミュージックビデオの演出で名を上げた中野裕之監督のデビュー作だ。だから出演する俳優たちも布袋寅泰、藤井フミヤ、谷啓、ピエール瀧、近藤房之助とミュージシャンを多く起用していた。時代劇ながら会話が妙に現代的だったりするが、映像に凝る中野裕之らしくモノクロ映像が優美なほど美しい。また、カメオの顔ぶれが派手で、中嶋らも、中村有志、マルセ太郎、梅垣義明、佐藤正宏と豪華だった。ポニーキャニオンが制作し、高城剛がプロデューサーを務めている。シナリオライターの斉藤ひろしとはこの作品で出会った。

この作品で繋がった縁で、後に『シュリ』の予告編を中野裕之に依頼し、とてつもなく膨大な300カット以上の斬新な予告編が完成した。

# 犬、走るDOG RACE

Dog Race／１９９８年／日本／１１０分
監督・脚本：崔洋一
出演：岸谷五朗、大杉漣、香川照之、冨樫真
日本公開日：１９９８年9月26日

久しぶりに崔洋一から電話があった。「東映ビデオで映画を撮ったんだが、配給会社が決まらないんだ」という嘆き節だった。直ぐに製作会社セントラル・アーツの黒澤満さんと会って配給を請け負う事にした。実は請け負った後に映画を観たわけだけど、素直に面白い映画に仕上がっていて嬉しかった。

崔さんとは長い付き合いだけど、しばらく映画の方向性が違うと感じて仕事はしていなかった。『月はどっちに出ている』と『東京デラックス　平成無責任一家』。2本の濃厚な付き合いの果てにお互い少し距離を置いていた。久しぶりに崔洋一のワイルドな世界観が色濃い新作の宣伝プランを考案するのは楽しかった。聞けば、元々は丸山昇一が松田優作のために書いたシナリオが原作らしい。それを鄭義信が脚色し、物語の舞台を現在の新宿歌舞伎町に変えた。ヤクザと馴れ合いシャブも打つ不良刑事と情報屋の男、そして2人と関係を持つ謎の上海美人。刑事の岸谷五朗の疾走が心地よく、韓国人情報屋、秀吉を演じる大杉漣の才能には驚かされた。先輩刑事に翻弄されて徐々に壊れていく後輩刑事を香川照之が熱演している。崔洋一の世界観が具現化された力強い映画で、野良犬、韓国ヤクザ、売春、ヤク、賄賂、裏切り、と崔さんの好物がオンパレードの怪作だ。



# Beautiful Sunday

Beautiful Sunday／１９９８年／日本／93分
監督・脚本：中島哲也
出演：永瀬正敏、尾藤桃子、中村久美、ヨネヤマママコ
日本公開日：１９９８年11月21日

当時、J−phoneのＣＭを通じて中島哲也と永瀬正敏がコンビを組んでいた。ＣＭの評判も良く、2人が映画を作るという企画に、携帯電話の企業が支援を約束して出来上がった。中島監督のオリジナル脚本に、彼好みの俳優た

ちが駆けつけた。またしても岸部一徳、中村久美、それに大御所の山﨑努、ヨネヤマママコが加わり、新人の尾藤桃子がデビューを飾った。『のど自慢』を通じて尾藤イサオと親しかったので、長女のデビュー作は諸手を挙げて歓迎した。

1999年、世紀末を迎える東京の片隅、あるアパートの住人たちの物語。だけど物語と言える筋は何もなく、ただ少しネジの外れたような住人が叫んだり、飛び降りたり、キャッチボールしたり、絶望したり、キスしたりする。良くも悪くもこんな実験映画を作れる環境はもう無いかも知れない。配給、宣伝だけを担当した。

066

## 7本のキャンドル

Det, Yani Dokhtar／1994年／イラン／83分
監督・脚本：アボルファズル・ジャリリ
出演：ゼイナブ・バルバンディ、ナビ・ジャリアン
日本公開日：1998年11月21日

成長著しいイラン映画界の鬼才アボルファズル・ジャリリは、常に成長期の子供を主人公に、過酷な現実と真正面から向かい合い、それでも夢見ることをやめない彼らの生き方や、日常に湧き起こる喜怒哀楽を映し出している。彼は子供の持つあどけなさ、無邪気さを掬い取っていく名人だ。

工場で働く少年シュアンの妹バルトが原因不明の全身麻痺に罹る。彼は妹を救おうと様々な人に会い、ありとあらゆる治療法を試みる。病院ではCTスキャンや電気治療、顔にはまじないの文字を書き、笛を吹いてもらったり、鳩の卵を与えたりもする。しかし、妹の容態は一向に改善の兆しを見せない。それでも彼は奇跡を信じて、黙々と治療法を探し続けるのだ。

この作品はヴェネチア国際映画祭で「金のオゼッラ賞」を受賞し、一躍ジャリリの名前を世に知らしめた。彼は説明的なセリフを排し、映像を積み重ねることで物語を見せていく方法を用いる。このやり方でジャリリは子供たちだけでなく、イランで暮らす人々の日常を決して感傷的になることなく、異様なまでのリアリティを持って凝視している。

067

# かさぶた

La Gale Scabies／1987年／イラン／96分
監督・脚本：アボルファズル・ジャリリ
出演：メヒディ・アサディ、アスガル・ゴルモハマッデ
日本公開日：1998年11月21日

〝ドキュ・ドラマ〟スタイルと称されるジャリリ監督の手法らしく、実際に少年院に収容されている少年たちが出演者となり、数人のプロの俳優とクルーたちが少年院に収容者として暮らすことになった。ジャリリはさまざまな機関ろから許可を取り、子供たちとの関係を築くために6カ月の準備期間を設けた。最初は機材を盗んだり、スタッフのポケットを漁ったりしていた少年たちも次第に打ち解け、映画作りに協力するようになった。完成した本作はドキュメンタリー映画のように、子供たちの暮らしぶりを正確に伝えている。

日本に来日したジャリリが、僕に話してくれたエピソードに泣いた。撮影が長引いたある日、少年院に泊まることになったジャリリは、毛布があまりにも汚かったので、掛けずにベッドに横になった。しかし朝目覚めると15枚の毛布が掛けられていた。汚れた毛布は少年院では売り買いされるほどの貴重品だったけれど、それでも風邪をひかないようにと、少年たちが掛けてくれたのだった。話しながらジャリリは泣いていた。

ジャリリと話して驚いたのは、彼の言葉が、まるで詩人のように優雅で美しいことだった。僕が彼に、「昨日はよく寝られましたか？」と聞くと、彼は「神が私に、このような素晴らしい機会を与えてくれて、今朝も窓から美しい光が届いていました。お陰でまるで自分の家にいるようにぐっすり眠りました」と長い修飾を加えて答えた。僕らのやり取りを通訳してくれた女性は、臆面も無くスラスラと詩人のようなジャリリの言葉を日本語に置き換えてくれた。僕は、彼の国の豊かな言葉に感銘を受けた。

068

# マイ・スウィート・シェフィールド

Among Giants／1998年／英／92分
監督：サム・ミラー

出演：ピート・ポスルスウェイト、レイチェル・グリフィス
日本公開日：1998年12月23日

世界最古のサッカークラブのある街であり、鉄鋼労働者たちの街でもあるシェフィールド。この街を舞台に描かれた『フルモンティ』は世界的に大ヒットした成功作だ。その『フルモンティ』の脚本家、サイモン・ボーフォイが書き上げたシナリオに、『ブラス！』のピート・ポスルスウェイトが共鳴し、サム・ミラーが監督した。失業中のレイ（ピート・ポスルスウェイト）が見つけた仕事は誰もやりたがらない過酷な仕事だ。息子ほど年の離れた男たちと一緒に、ヨークシャーの大地に立つ鉄塔のペンキ塗り、それも3カ月で24キロの鉄塔群を塗り上げるというハードなミッションだった。人気作家ボーフォイの書いたシナリオはワーキング・クラスのコメディドラマにロマンスを織り込んだ絶妙なシナリオだった。

# 1999年

069

## のど自慢

Nodo-Jimann／1998年／日本／111分
監督・脚本：井筒和幸
出演：室井滋、大友康平、尾藤イサオ、伊藤歩
日本公開日：1999年1月15日

日本人の日本人による、伝統的なドキュメント

井筒和幸監督と出会った映画だ。

1996年夏、僕は劇場営業も兼ねて広島、岡山、山口に出張した。劇場支配人とのミーティングを終えて、岡山の駅前商店街で昼食を取ることにしてブラブラと歩いていた。ちょうどいい雰囲気の定食屋があり、入店すると、昼前だというのに少し混んでいた。店の角には大きなテレビが神棚の様に置かれて、チャンネルはＮＨＫに固定されている。注文した定食が運ばれてくる間、お昼のニュースが流れていた。オウム真理教に関連する暗いニュースに、

客たちは関心がない様子だったが、ニュースが終わった次の瞬間、12時15分になった途端、テレビの音が急に大きくなったような錯覚を覚えた。「カンカンカ～ン」と「のど自慢」の始まりを告げる音楽が鳴り響いたのだ。舞台の両そでから現れた出場者たちは誰もが満面の笑みを湛えている。

僕はついつい「のど自慢」に釘付けになった。新潟から中継される生放送で、参加者の1人は合格したら結婚してくれ、と公共電波を通じて叫んでいる。70代の男性は演歌を唄う導入から音を外している。これは歌謡番組ではないのか？　これは日本人の日本人による、伝統的なドキュメンタリー番組ではないだろうか。帰りの新幹線で僕は「のど自慢」の映画化を思い付き、短いプロットを書きだしていた。

翌週、ＮＨＫの広報課に出向いて、要件を伝え映画化の許諾を申請した。

広報では対応できないという返事と同時にＮＨＫエンタープライズと協議することを勧められた。それから僕はエンタープライズの人達と何度か会って、映画化に向けたミーティングを重ねることになる。様々な制約と難しさがあることが判明し、結局はＮＨＫエンタープライズでは映画化が出来ないと判断され、僕は元の広報課に戻って「のど自慢」や「紅白歌合戦」を制作している音楽芸能部のプロデューサーを紹介してもらった。彼は「のど自慢」の映画化に前向きな態度を示して、様々な協力をしてくれた。

土曜日に開催される「のど自慢」の予選会が面白かった。予選参加者は朝8時から夕方の5時過ぎ迄２５０組が舞台に登場する。日曜日の生放送に残るのは15組だけだが、ゲストの持ち歌を唄う人は必ず誰かが残されるから有利には違いない。各自の持ち時間は短い人もいれば長い人もいる。唄い終わった後、参加者は合格発表までの時間をドキドキしながら待っている。二日間の人間模様がとても映画的だった。

このミュージカルではない歌謡映画を誰が監督するべきか悩んだ。監督候補は4～5人あがったけれど、僕は『岸和田少年愚連隊』を監督した井筒和幸監督が適任じゃないかと考えた。何よりも彼の映画にはリズムがあるし、井筒さんは誰よりも昭和歌謡曲を愛していた。井筒監督は、不遇な時代を過ごしていた頃、カラオケ動画を撮りながら食い繋いでいたと打ち明けてくれた。僕らはカラオケバーに移動して、好きな昭和歌謡を歌いまくった。

シナリオは城戸賞で佳作に入選したという演歌の作詞家、あべ虎を起用しようと考えた。本名、安倍照男は映画シナリオの経験はないが、誰よりも演歌歌手の生態や音楽業界の裏事情に詳しい男だ。

彼の書いたシナリオにはリアリティがあり、何よりも我々が知り得ない演歌歌手の日常に詳しかった。構成はシンプルで、4人の主要な登場人物がどうやって「のど自慢」に参加を決め、何を唄い、どうしてその歌を唄うのかといった物語だ。さっぱり売れない演歌歌手の赤城麗子を筆頭に、焼き鳥屋台の男、地元の女子高生、そして孫と二人暮らしの老人が登場する。室井滋、尾藤イサオ、大友康平、伊藤歩、北村和夫といった面々に加えて、徳井優、木下ほうか、竹中直人らがマイクの前に立った。

ラストに流れる、名曲「上を向いて歩こう」を合唱するシーンでは永六輔さんにお願いして、今までになかった3番の歌詞を作詞して頂いた。光栄にも永さんは、本作をとても好意的に観てくださり、賞賛のコメントを手書きで寄越してくれた。「人は笑う前に息を吸うから、一瞬の溜めが必要なのだよ」とコメディドラマの極意も教えて頂いた。

完成した映画は業界で評判を呼んだ。試写会を行うと全国公開に手を貸そうと、松竹と東宝、両社が共に手を挙げてくれた。僕は最初に手を挙げてくれた松竹ではなく、東宝配給を選択したから、ちょっとした騒ぎに発展した。けれど、この国でインディペンデント・プロダクションが成功する術はとても少なく、東宝の提案はそれほど魅力的だったことも付け加えておきたい。

070

## アードマン・コレクション

Aardman Collection／1987-96年／英／計75分
監督：ニック・パーク他／〈クレイアニメ〉
日本公開日：1999年3月20日

アードマン・スタジオの未公開の短編を一挙に公開した。その後『チキンラン』をニックと共同監督したピーター・ロードの貴重な短編作品『退屈』や『ダウン・アンド・アウト』、イギリスで大人気のゴルゾウスキーが手掛けた『レックス・ザ・ラント』も加えて、13本の短編を上映した。『ポップ』『舞台恐怖症』『ピブとボグ』『仮出所』『ある受付嬢の告白』『裸足でダンス』『ダウン・アンド・アウト』『退屈』『酔いを冷まして』『バビロン』『快適な生活』、どれもクレイ・アニメーションの大きな可能性を感じる傑作だった。

071

## パピヨン

Papillon／1973年／米=仏／アメリカ=フランス／151分
監督：フランクリン・J・シャフナー
出演：スティーヴ・マックィーン、ダスティン・ホフマン
日本公開日：リバイバル

スティーブ・マックィーンとダスティン・ホフマン。この絶妙な好対照が話題になった70年代映画史に残る傑作だ。ジャック・ベッケルのリアリズムの傑作『穴』、豪華スター総出演の『大脱走』、そして永遠の名作『ショーシャンクの空に』、これらは緻密な計画、不屈の闘志、男同士の熱い友情で映画ファンをスクリーンに釘付けにした映画たちだ。自由を勝ち取るために繰り広げられるドラマの数々は、いつだって極上のカタルシスを与えてくれる。フランクリン・J・シャフナー監督の傑作だ。

072

## モナリザ

Mona Lisa／1986年／英／104分
監督・脚本：ニール・ジョーダン
出演：ボブ・ホスキンス、キャシー・タイソン
日本公開日：リバイバル

ニール・ジョーダン監督の出世作だ。主演のボブ・ホスキンスは、この映画の名演でカンヌ映画祭主演男優賞をはじめ世界各国の主演男優賞を総ナメにした。風采の上がらない中年男ジョージが刑務所を出て街に戻ってくるところから、映画は始まる。最愛の娘に会おうと別れた妻の元を訪ねれば門前払いをうけ、身代わりに服役したにも拘わらずボスはバカンスで不在だ。やっと得た仕事はコールガールの運転手だった。そしてそのコールガールの願いを叶える為にジョージは、捨て身の行動に出る……。この映画の成功が『クライング・ゲーム』に導くことになり、ニール・ジョーダンは、それ以降、ハリウッドに進出し『インタビ

ユー・ウィズ・ヴァンパイア』『マイケル・コリンズ』とスケール・アップした話題作を監督するようになった。ボブ・ホスキンスは世界中の中年脇役俳優たちに夢を与えたに違いない。

073

## トゥエンティフォー・セブン

Twenty Four Seven／１９９７年／英／97分
監督・脚本：シェーン・メドウス
出演：ボブ・ホスキンス、ダニー・ナスバウム
日本公開日：１９９９年4月17日

『モナリザ』の名演技が評価されたボブ・ホスキンスは、その後自ら監督、製作を手掛けるようになるが興行的な成功を手にすることが出来なかった。若干25歳のイギリスの新鋭監督シェーン・メドウスは、そんなボブ・ホスキンスに、失われた威厳を取り戻そうと奮闘するボクシング・トレーナーの役を与え、映画俳優として復活させた。ノッティンガムの田舎町。無駄に生きてきた自分の人生を挽回すべく、街にぶらつくダチどもを集めてボクシングジムを開く、アラン・ダーシー。薬物中毒者、路上生活者、失業者の彼等は退屈しのぎにダーシーに付き合うが、いつしか夢中になる自分たちに気付き始める。彼等の目の輝きとモノクロ映像の躍動感が素晴らしい。

074

## ビッグ・ショー！ハワイに唄えば

Big Show！／１９９９年／日本／１０６分
監督：井筒和幸
出演：室井滋、尾藤イサオ、加藤茶、原田芳雄、都はるみ
日本公開日：１９９９年5月15日

プログラム・ピクチャー製作への熱い想い

井筒和幸監督と取り組んだ2本目の映画だ。『のど自慢』が高い評価を得た井筒和幸と安倍照男のコンビで、僕はスピンオフの映画を企画した。東宝、日活が参加して製作委

員会方式で完成した映画だった。製作委員会方式で作る映画は、その後シネカノンでも主流となるが、映画ファンドを設けるまでこの方式で製作を行なった。

当時、僕はプログラム・ピクチャーを作ることに躍起になっていた。全国規模の劇場ネットワークを持たず、上場会社でもないインディペンデントの映画会社の生き残る道は、ただ一つ、毎年製作できるシリーズ作を開発することだ。『のど自慢』で開発した赤城麗子という演歌歌手のキャラクターには、その可能性があると思った。

シリーズ物にする為に、僕たちは赤城麗子のキャラクターを以下のように設定した。本名は藤本鈴子（1966年生まれ）。芸名は群馬県桐生市の赤城山の麓で生まれたことから名付けられた。一時期、都はるみの付き人を務めたが逃げ出した過去がある。20歳の時、「残花」でデビュー（現在廃盤）。代表曲に「どっこい平成音頭」（現在廃盤）「浅草マンゴ」「船橋発展音頭」（カセットのみ）。97年に「おしどり涙」をリリース、98年に地元桐生氏の「のど自慢」大会に偽名で出場。初めて歌った「TOMORROW」で合格し、歌手として自信を取り戻す。また日本テレビ系「電波少年」で〝アジアの歌姫〟で「おしどり涙」のカセットをアジアで売り歩くのが話題になる。現在、都はるみの大ヒット曲「大阪しぐれ」に挑戦中。座右の銘は「初心貫徹」、好物は蛸、ラーメン、卵入りカレーライス。

本作は、営業でホノルルまでやって来た赤城麗子（室井滋）とマネージャーの須貝（尾藤イサオ）が、かつて世話になった都はるみと偶然に出会い、同じ舞台に立つチャンスを得るというステージ・コメディだ。

都はるみとの共演という魅力的な提案に飛行機嫌いの原田芳雄が参加してくれた。新人だった竹内結子、大森南朋が珍しくコメディを演じている。ハワイでの撮影は苦難の連続だった。厳しい規定のあるアメリカ合衆国の州だけに、ユニオンがスタッフの人数や稼働時間、ギャランティまで決めてしまう。全く働かないメイキャップやローダーは現場に顔を出すだけで日当15万円を請求する始末だ。

数カ月前にハリウッド映画『6デイズ／7ナイツ』を仕切ったハワイ州のユニオンに、僕たちは完全にカモにされ、シナリオを書き換え滞在日数を減らした。結果、追加予算8000万円を支出する羽目になってしまった。

アメリカでの撮影は2度としないと心に決め、シリーズ化の夢も潰えた。都はるみと室井滋はロイヤル・ハワイアンのステージで輝いていた。

075

## 〜韓国新時代映画祭'99〜江原道の力

The Power of Kangwon Province／1998年／韓国／109分
監督・脚本：ホン・サンス
出演：ペク・チョンハク／オ・ユノン
日本公開日：1999年上映

初めてホン・サンスの映画を配給した。渋谷シネ・アミューズで企画した韓国映画祭のプログラムを組む過程で、偶然発見した映画だった。彼の得意な撮影方法は、この映画から始まっていたように思う。ホン・サンス映画は、特にフランスで人気が高いが、この頃の演出はメリハリのないダラダラと無駄なセリフを喋る印象が強かった。それでも時折、観る者の想像力を刺激する高揚感のあるショットが現れる、不思議な映画だった。

076

## クアトロ・ディアス

Quatro Dias／1997年／ブラジル／110分
監督：ブルーノ・バレット
原作：フェルナンド・ガベイラ
出演：アラン・アーキン
日本公開日：1999年6月5日

初めて他社から劇場配給だけを委託された映画だ。当時、ギャガは作品を多く抱えすぎて、劇場配給が追い付かなかったようだ。僕らは映画のクオリティーの高さに感激して、配給宣伝を引き受けた。

本編はブラジルで実際に起こった、学生グループによるアメリカ大使誘拐事件を映画化した。ブラジル映画界の重鎮ブルーノ・バレットがメガホンを取り、実際の事件に関与していたフェルナンド・ガペイラの自伝的小説をベースにした。

ごく普通の大学生フェルナンドは理想に燃えて、アメリカ大使を拉致・監禁するという無謀な計画を仲間たちと共に実行する。

1969年9月4日、リオデジャネイロ。アメリカ大使誘拐事件の発生から四日間、夢みがちなブラジル人青年は世界を震撼させた。挿入歌の「イパネパの娘」、「朝日のあたる家」など数々のブラジリアン・ミュージックがムードを盛り上げている。

077

## マイ・ネーム・イズ・ジョー

My Name is Joe／1998年／104分
監督：ケン・ローチ
脚本：ポール・ラヴァティ
出演：ピーター・ミュラン、ルイス・グッドール
日本公開日：1999年7月17日

巨匠ケン・ローチの映画だ。名優ピーター・ミュランがカンヌ映画祭授賞式で、キルトの巻きスカート姿で壇上に上がった時、場内には万雷の拍手が鳴り響いた。審査員10人が全員一致で主演男優賞を決定した程、ピーター・ミュランの演技は圧倒的だった。

30代も後半に差し掛かって、頭が薄くなっているジョー（ピーター・ミュラン）はやっとアル中から抜け出したが、相変わらず失業中だ。それでも彼は地元のサッカー・チームを監督することに忙しい。ある日、ジョーはセーラ（ルイス・グッドール）というソーシャル・ワーカーに出会う。最初は反発し合っていたが、やがてほのかな感情が湧いてくる2人。そんな時、チームの一員、リアムが抱える問題が深刻さを増してゆく……。

来日したピーター・ミュランは連日、僕の経営するバー、CHEに入り浸っていた。彼は渋谷のホテルに宿泊していたから、夜遅くまで呑んでも歩いて帰れると、上機嫌だった。バーに居合わせた阪本順治に紹介したら、何年か後、阪本はピーター・ミュランに『この世の外へクラブ進駐軍』への出演を依頼した。

078

## オサムの朝

1998年／日本／106分
監督：梶間俊一
出演：中村雅俊、手塚理美、森脇史登、西谷有統
日本公開日：1999年7月31日

第10回坪田譲治文学賞を受賞した森詠氏の原作を『ちょうちん』、『集団左遷』などの映画で知られる梶間俊一監督が映画化した。本作は物質的には決して豊かとは言えなかった時代の子供達の生活を生き生きと描いている。現代社会の中で大人も子供も忘れてしまった自然と人間との関わり、人間同士の温もりを改めて問い直している。監督が完成までに4年という期間を費やした意欲作だ。中村雅俊、手塚理美、原田龍二といった顔ぶれが好演している。チームオクヤマの奥山和由氏から依頼されて、銀座シネ・ラ・セットで公開した。

079

## アムス→シベリア

Siberia／1998年／オランダ／91分
監督・脚本：ロバート・ヤン・ウェストダイク
出演：ルーラント・フェルンハウト、ヒューホ・メッツェルス
日本公開日：1999年8月14日

オランダ映画は初めてだった。舞台はヨーロッパ一盛り上がるクラブが点在し、ネット・カルチャーの本拠地で、ソフトドラッグが解禁されて、売春の合法化で知られる自由の聖地、アムステルダム。その懐は想像以上に深くてヤバイ。中央駅に到着したバックパッカーの女子をナンパし、体もお金も頂いちゃう。これがヒューホとゴーフの夏の過ごし方だが、ある日獲物として声をかけた自称シベリア出身のララは一筋縄では行かなかった。その魅力にゴーフはすっかり恋してしまい、2人のルールは崩壊する。友情か愛情か？ 騙し騙され、行きついた果ては？

オランダ・フィルム＆テレビジョン・アカデミーを卒業したロバート・ヤン・ウェイストダイクは各国の映画祭で新人賞を総なめにした。純情なゴーフとやり手のヒューホ、そしてクールなララが繰り広げる駆け引きとスピード感にトキメキを感じる。全てが初めて全員が無名でデザインとコピーが決まらず、とても苦しんだ映画だった。

080

## 家族シネマ

Kazoku Cinema／1999年／韓国／113分
監督：パク・チョルス

出演：梁石日、伊佐山ひろ子、柳愛里、中島忍
日本公開日：１９９９年10月2日

柳美里の芥川賞受賞作である「家族シネマ」を、韓国のパク・チョルス監督が全編日本語、オール日本ロケで映画化した珍しい韓国映画だ。製作費を出資した会社が映画の国籍を得る訳だから、れっきとした韓国映画の部類に入る。その証拠に日本映画が完全解禁される前の98年に韓国で公開されている。パク・チョルス監督は以前から知り合いだった。食をテーマに拒食症の女性を描いた『３０１・３０２』は、強烈な印象を残す映画だった。映画的というよりもどこかテレビ的で、話題性を優先する作品を多く撮った彼は、アイデアの豊富なプロデューサー的感覚の人だった。その彼が、梁石日や伊佐山ひろ子、また柳美里本人、そして柳美里の妹、柳愛里らを使って映画を撮ると聞き、喜んで協力を申し出た。銀座シネ・ラ・セットで公開した映画で配給は日活と共同で行なった。

081

# ハート

Heart／１９９８年／英／84分
監督：チャールズ・マクドゥガル
出演：クリストファー・エクルストン、サスキア・リーヴス
日本公開日：１９９９年10月16日

シネカノンにしては珍しいサスペンス映画だ。事故死した少年の心臓を移植された男と、少年の母親の鬼気迫る愛憎劇を描いた。心臓をめぐる、嫉妬、妄想、肉欲、復讐、そして過剰な愛の物語。『バタフライ・キス』のサスキア・リーブスが恐ろしい執念で男を追い詰める母親を演じている。監督のチャールズ・マクドゥガルは、後に「デスパレートな妻たち」や「グッド・ワイフ」、「ハウス・オブ・カード 野望の階段」らのテレビドラマで大成功する鬼才だ。デビューして間もない頃だが、新人とは思えないダイナミックな演出が驚愕のラストまで見るものを引き込んで離さない。そしてもう一つの仕掛けは、ブラック・ユーモアに満ちた巧みな選曲だ。重要なシーンでオーバーラップするディオンヌ・ワーウィックの「anyone who had a heart」、アイズレー・ブラザーズの「this old heart of mine」など、いずれもストーリーとシンクロして絶妙な効果をあげて、怖いけどニッコリしてしまう。サイコ・サスペンスでこん

な事をサラッとやるセンスが羨ましいと思った。

082

# あつもの

Autumn Blossoms／１９９９年／日本／１２２分
監督・脚本：池端俊策
出演：緒形拳、小島聖、ヨシ笈田、大楠道代
日本公開日：１９９９年10月30日

緒形拳が晩年に主演した映画だ。永きに渡り緒形拳を支えてきた鈍牛倶楽部の国実さんの企画で始まった。脚本家の池端俊策が初めてメガホンを取った映画で、緻密な脚本がさすがの職人技を感じさせる。

菊の厚物（あつもの）を咲かせることだけに情熱を傾けてきた2人の男がいる。李平（緒形拳）は、寡黙に菊だけをじっと見続けてきた男。黒瀬（ヨシ笈田）は世の中に対する恨みを菊に込め、したたかに生きてきた孤高の名人だ。そこに行き場をなくした音大生ミハル（小島聖）が現れ、2人の周辺はざわめき始める。日本最大の催しで、菊の最高賞を得るのはどちらなのか？ 満開の菊の花、あつもの（厚物）とは、大菊の中でも多弁で鞠状に咲くものをいう。高貴な花として数々の意匠に用いられる一方、日本人にとっては馴染み深い花だ。

名優、緒形拳のライバルとして登場するのは、パリを拠点に活動する演出家でもあるヨシ笈田。強烈な個性のぶつかり合いがスリリングな現場だった。そして、小島聖が堂々たる演技で引けを取らない。

ロケ地の牛久は実際、菊作りが盛んな街で、随分菊作りの工程を勉強させてもらった。僕は緒形さんの演技が気になり、現場には出来る限り参加したけれど、何も特別なことをしない役者だった。他の役者との絡みも、リアクションがとても小さく、殆ど動きが見られない。でもクライマックス・シーンで突然、表情を一変させる鋭さには驚かされた。緒形拳はシナリオを読み込んで、自分の演じ所を決して逃さないプロフェッショナルな人だった。今村昌平監督の映画の裏話や新国劇に対する情熱を訊くだけで、幸せな気分を味わえた。

083

# セカンド・チャンス

Second Chance／１９９９年／日本／１１６分
監督：水谷俊之、富岡忠文
出演：清水美砂、鈴木砂羽、倍賞美津子
日本公開日：１９９９年11月27日

初めて製作したオムニバス・ムービーだ。痩身具の会社「ダイアナ」から依頼されて製作したけど、「痩身具とは全く関係ない、でも大人の女性映画を作って欲しい」と提案された。なんと太っ腹な会社だろうと驚いたが、どうせなら様々な女性の生き方を描いてみようと、水谷監督らに20代、30代、40代のそれぞれ違う主人公で短編映画を撮ってもらった。20代は清水美沙、30代は鈴木砂羽、そして40代は倍賞美津子が演じている。東映系でロードショー公開した。

084

# 地雷を踏んだらサヨウナラ

One Step On A Mine, It's All Over／１９９９年／日本／１１１分
監督・脚本：五十嵐匠
出演：浅野忠信、ソン・ダラカチャン
日本公開日：１９９９年12月４日

僕が初めて製作した『月はどっちに出ている』は公開劇場を探すのに一苦労した。助け舟を出してくれたのは、当時松竹の常務だった奥山和由だ。彼は映画も観ずに新宿ピカデリー２を４週間、ブッキングしてくれた。その彼が松竹を退社して、初めて製作した映画が『地雷を踏んだらサヨウナラ』だ。僕は、彼に対する義理を果たす意味で、配給を引き受けた。

１９７２年、内戦の激化するカンボジア。純弾の飛び交うなか、25歳のフリー・ジャーナリスト、一ノ瀬泰造はキャパや沢田教一に憧れて戦場カメラマンを志し、解放軍の聖域アンコール・ワットを撮影することに取り憑かれてしまう。

「うまく撮れたら東京まで持って帰ります。もし、地雷を

踏んだらサヨウナラ」と書き残した男は、死の直前、果たして何を目にしたのか？

映画は予想に反してスマッシュ・ヒットを記録した。浅野忠信が演じる一ノ瀬泰造は、不思議なくらい似合っていた。訊けば、浅野氏の誕生日は泰造の没年日と偶然にも同じ日だったし、彼の年齢は当時の泰造と同年齢だった。「生まれ変わり」の要素も多分に感じられ、映画に奇妙な魅力を与えていた。

監督はドキュメンタリー映画『ＳＡＷＡＤＡ 青森からベトナムへピュリッツァー賞カメラマン沢田教一の生と死』の五十嵐匠が担当した。

# LB II Library

『風の丘を越えて』
キャンペーン

釜山映画祭のパーティにて
アン・ソンギ、イ・グァンモと

『シュリ』観客動員100万人
突破記念パーティー

INTERVIEW

# ソン・ガンホという男

李鳳宇は8本のソン・ガンホ出演作を配給している。「凄いのは、韓国の監督たちが自分の理想の物語を展開する上で、ソン・ガンホの顔を浮かべていることだろう」

構成＝生嶋マキ
写真＝丸谷嘉長

韓国映画ブームに火をつけた２０００年代の代表的な映画といえば、『シュリ』『ＪＳＡ』『殺人の追憶』だ。その3作ともにキーマンとして出演したのがソン・ガンホであり、その作品を配給しているのが李鳳宇だ。最近では、雑誌『キネマ旬報』が選ぶ２０００年代最高の外国映画では、『殺人の追憶』（２００3年）がベストワンを受賞。李鳳宇が買い付け、配給し、日本に紹介した映画は実に8本に及ぶ。『グリーンフィッシュ』（イ・チャンドン）、『シュリ』（カン・ジェギュ）、『クワイエット・ファミリー（キム・ジウン）』、『ＪＳＡ』（パク・チャヌク）、『殺人の追憶』（ポン・ジュノ）、『復讐者に憐れみを』（パク・チャヌク）、『南極日誌』（イム・ピルソン　脚本：ポン・ジュノ）、『弁護人』（ヤン・ウソク）。その歩みは、そのまま、ソン・ガンホの歩みと重なる。なぜ、李鳳宇は、ソン・ガンホにこだわり続けたのか。彼に、何を見たのか――。

――ソン・ガンホさんと李さんのつながりは、役者とプロデューサーの関係以上に、普段からも交流が深いとお聞きしています。遡ると、出会いはどこだったのでしょうか。

ソン・ガンホのことは、私が『シュリ』を配給した時に知りました。ジャンギルという捜査官の役で、途中で撃ち殺されてしまうのですが、とても印象に残りました。『シュリ』は、誰もが知る大ヒット作ですが、もちろん日本でも大ヒットしました。プロモーションで、主演のハン・ソッキュとチェ・ミンシク、この2大俳優を日本に呼びましたが、この作品で脇役を演じていたのがソン・ガンホです。

その頃の韓国映画といえば、ハン・ソッキュの時代です。東国大学の演劇映画科で成績優秀なエリート、ソウル出身のハン・ソッキュは演技もうまいし、声もいい。主役を演じた『グリーンフィッシュ』では、あらゆる賞をとりました。その後にヒットした『8月のクリスマス』もすばらしかったし、とにかく、ミニシアターでも全国ロードショーでも活躍していたのがハン・ソッキュ。そんな彼を脇で支えていたのが、ソン・ガンホといっても過言ではないでしょう。

実は彼のデビューは『豚が井戸に落ちた日』という、ホン・サンス監督の作品です。本人もうる覚えなほどのちょい役でした。その後、『グリーンフィッシュ』でイ・チャンドン監督と出会い、役名をもらえたことが、彼の歴史を大きく変えました。実は『シュリ』は、その2年後の99年に制作されているので、私が配給した『グリーンフィッシュ』は、時系列的には前後しています。長くなりましたが、実際に会ったのは2001年、『JSA』の公開時。あの作品から韓国映画の顔になったのは間違いないでしょう。ソン・ガンホとの付き合いは、そこからですね。

——たしかに『JSA』は息をのむほどの迫真の演技、ものすごく印象的でした。

なぜ、そもそもソン・ガンホになったのか。『JSA』は特別な映画だったんです。北朝鮮の将校が出てくる映画ですが、それまで韓国映画において、どのスターも北朝鮮の軍人役は似合わなかったんです。北朝鮮の軍人は所詮脇役で、かっこいいイメージじゃない訳です。昔ながらの無骨な田舎者のイメージですよね。でも本作のキャラクターは違ったのでパク・チャヌクもいろいろと考えたんだと思います。

その前に彼は、イ・チャンドン監督が、『グリーンフィッシュ』にソン・ガンホを起用したのを知っていました。『グリーンフィッシュ』を観て、パク・チャヌクの中にソン・ガンホが強烈にインプットされていたんでしょう。パク・チャヌクはソン・ガンホが常に念頭にはあったと思います。

そんな時、ソン・ガンホにとって千歳一隅のチャンス、『JSA』の役が舞い込んだんです。そして今まで誰も演じたことのない、人間味のある北朝鮮将校を完璧に演じました。パク・チャヌク監督はリアリティーを持って、キャスティングを行い、そして映画で結果を出しました。あの映画のソン・ガンホは衝撃的でした。あくまで主役はイ・ヨンエで、次がイ・ビョンホン。ソン・ガンホは3番手でしたけど、番手を飛び越えて、一番評価されたのがソン・ガンホです。本作で韓国映画のアカデミー賞ともいえる大鐘賞ではじめて最優秀主演男優賞をとりました。彼にとっても最大の幸運だったといえます。そこから、今日まで続く快進撃がはじまりました。ソン・ガンホは今でもパク・チャヌク監督に感謝していて、頭が上がらないでしょうが、前作ではパク・チャヌクのオファーを断っていますから面白い関係ですね（笑）。

——韓国映画は題材によって主演でも無名の俳優を起用することがすばらしいですよね。だから韓国作品はよりリアルで胸を打つものが多い気がします。

彼はいろんな役をこなしています。かっこいい役だけじゃなく、チンピラもやれば弁護士もやる、タクシードライバーもやれば、甲斐性がないのに怪獣と戦うお父さん役までやります（笑）。ものすごい数の脚本（ホン）を読んでいることが想像できます。彼に出てほしい監督はたくさんいますから。海外作品も含めて、毎日山ほど脚本（ホン）が届く筈ですが、物理的にできるのはせいぜい年間2本ですかね。1年に2本出たら十分なんだけど、彼は、〝どうしても出たい〟という作品を選ぶようにしているそうです。役の大きさではなく、自分が出るべき使命を感じた作品を選ぶと。それがたまたま、ホン・サンス、イ・チャンドン、キム・ジウン、カン・ジェギュ、パク・チャヌクという名監督たちとの仕事なわけだから、本当に持って生まれた強運の持ち主なんでしょう。もちろん、彼の実力と魅力が絶対的なんですが、『シュリ』以降のの4作品で、一気にスターダムに駆け上がっていきました。そう、まさに韓国映画の隆盛とともに、成長して輝いていった俳優です。

——そうした異次元的な存在であるソン・ガンホさんの演技のすばらしさを、具体的に教えてください。

主演作品の動員数をすべて足してみると、彼の主演映画は、韓国でおよそ1億人が見ている計算になります。そんな俳優は、なかなかいないでしょう（笑）。日本だと、実写映画が100万人動員するなんて相当大変ですが、ひとりの俳優がヒット作に100本連続して主演することになります。そういう意味では、かつての渥美清に匹敵すると考えられます。古田新太が、今度の舞台「パラサイト」のソン・ガンホの役をやるので、「自分は日本のソン・ガンホだ」と豪語していますけど、ちょっとキャラクターが違うかな（笑）。

韓国の監督たちは、自分の理想とする物語を展開する上で、「ソン・ガンホ」が欠かせないんです。中には、自分の作品を作る上でソン・ガンホの顔が浮かぶという人もいて、彼が受けてくれれば脚本（ホン）は間違いない、と考える程です。逆に、ソン・ガンホは期待されていることでプレッシャーがあるかもしれません。

——李さんとソン・ガンホさんの交流の中で、ぐっと近づいたエピソードや瞬間はありますでしょうか？

ポン・ジュノ監督と初めてタッグを組んだ『殺人の追憶』が大きなきっかけでしょうね。それまでのポン・ジュノは無名の監督でした。デビュー作の『ほえる犬は噛まない』を観た時には、ちょっと変わった映画を作る監督だなぁ、という印象でした（笑）。でも、どこか光るものがありました。ポン・ジュノが演出するソン・ガンホには、特別なものがありました。彼がソン・ガンホをすごくリスペクトしていることも伝わってきますし、俳優としてのポテンシャルを把握していることも、非常によくわかる作品でした。もちろん作品のクオリティの高さも相まって、韓国映画史上で特別な作品になりましたが、今でもあのふたりのハーモニーはスペシャルな輝きを放っています。ポン・ジュノが『殺人の追憶』のために何度も見た『復讐するは我にあり』の今村昌平監督と緒形拳のような感じでしょうか。

――リスペクトするソン・ガンホさんの素顔を、教えていただけますでしょうか？

ビールが好きで、ビールしか飲まない人（笑）。前回来日した時も、天ぷら屋に行きましたけど、〝日本のビールはおいしいね！〟といってビールばっかり飲んでいました。というのはさておき、のほほんとした愛妻家ですよ。奥さんも演劇をやっていた同志で、二人とも映画のことしか考えない根っからの映画人ですが、ただ、それを大勢の前で話したがるような人ではありません。

『タクシー運転手』の制作に関しては、こんなエピソードもありました。あの映画は韓国現代史上、極めて悲惨な光州事件という大虐殺を扱っているので、製作するかしないか、ギリギリのラインで暗中模索していた企画です。でも、企画者が彼に、「実話をもとにしているこの事件を作品で残したい」と相談したところソン・ガンホが引き受け、実現した作品です。

『弁護人』もそうです。盧武鉉元大統領のキャリアと覚醒を題材にしている話ですが、意欲のある若い監督がそれをやりたいと訴えていました。でも、その頃には政権が変わっていましたし、風当たりも強いだろうと予想されて悩んでいたんです。一か八かでソン・ガンホに提案すると、「やる！」というひとこと。〝自分も釜山出身（盧武鉉元大統領は釜山商業高校出身）だし、この映画は世の中に出すべきだ〟。難しい企画を救った功労者でもあるんです。

パク・チャヌク監督の『渇き』という吸血鬼映画を知っていますか？　韓国でも非常に攻めた映画だった

んですけど、そこでは彼の全裸が観られます。しかも、局部まで（苦笑）。韓国でそれは倫理規定上ＯＫなんですが、そうは言っても彼が初めてです。〝私は韓国で初めて局部を見せた俳優としても唯一無二だ〟と笑っていました（笑）。

『密偵』という映画は、ロケを上海でしたんです。本作で我々は日本人俳優の鶴見辰吾さんをキャスティングしたのですが、鶴見さんが、〝あんなに奢ってくれるきっぷのいい人はいない〟と話していました。スタッフをいつも大事に、思いやっています。クルーが泊まるホテルの最上階の部屋をいくつか解放して、撮影中は誰が来てもドリンクフリーにしていたそうです、もちろん彼の奢りで。

――人徳者であることが滲み出ていますよね。ご自分の配給作品も含めて、俳優としてのこのソン・ガンホはスゴかったというのは？

やっぱり『パラサイト　半地下の家族』じゃないですか。監督のポン・ジュノがすべてをソン・ガンホに託しているのが伺えます。あの役は難しいと思います。終盤に向かって、父親であるソン・ガンホは、徐々に狂っていくように感じますが、それもすべて計算済みなのではないでしょうか。そもそも彼は役に憑依されるタイプではなく、順撮りにこだわって計算して演じていくタイプです。彼のプランや、その技とこだわりが活きた素晴らしい作品だと感じます。

――みんな、次作を楽しみにしていますよね。これからのソン・ガンホさんはどのように変化していくのか、いい意味で予想が尽きません。

最新作は、『一勝』という映画です。実在の実業女子バレー団の監督を演じているのですが、これがなかなか熱演だと聞いています。キム・ジウン監督と久しぶりにタッグを組んだ作品も撮り終わったようで、『クモの巣』というタイトルです。ホラーみたいな題だけど、映画を作っているスタッフ、キャストの話で、彼は映画監督の役です。これもすごく出来がいいと評判で、2023年5月のカンヌ映画祭で特別上映が決まっています。さらに初めて配信ドラマの主演をやるので、すごく楽しみです。韓国でも、映画スターが2022年あたりからドラマで主演をはるようになりました。『イカゲーム』のような配信ドラマが世界的にヒットした影響もあったのでは、と感じています。ソン・ガンホにしてみても、ドラマは新たなる挑戦です。

これからも韓国映画の市場は広がっていくでしょう。映画もドラマも急成長して、世界各国で同時配信する作品は増えていきます。きっとソン・ガンホは、そんな拡大するマーケットにも魅力を感じているのではないでしょうか。〝何を選べば自分はどう変化するのか〟という変化を求めているのだと思います。また彼が出演することで韓国のドラマの世界も変わる気がします。

写真：Everett Collection/アフロ『シュリ』（カン・ジェギュ）

# 第3部 — 2000—2002

# LB

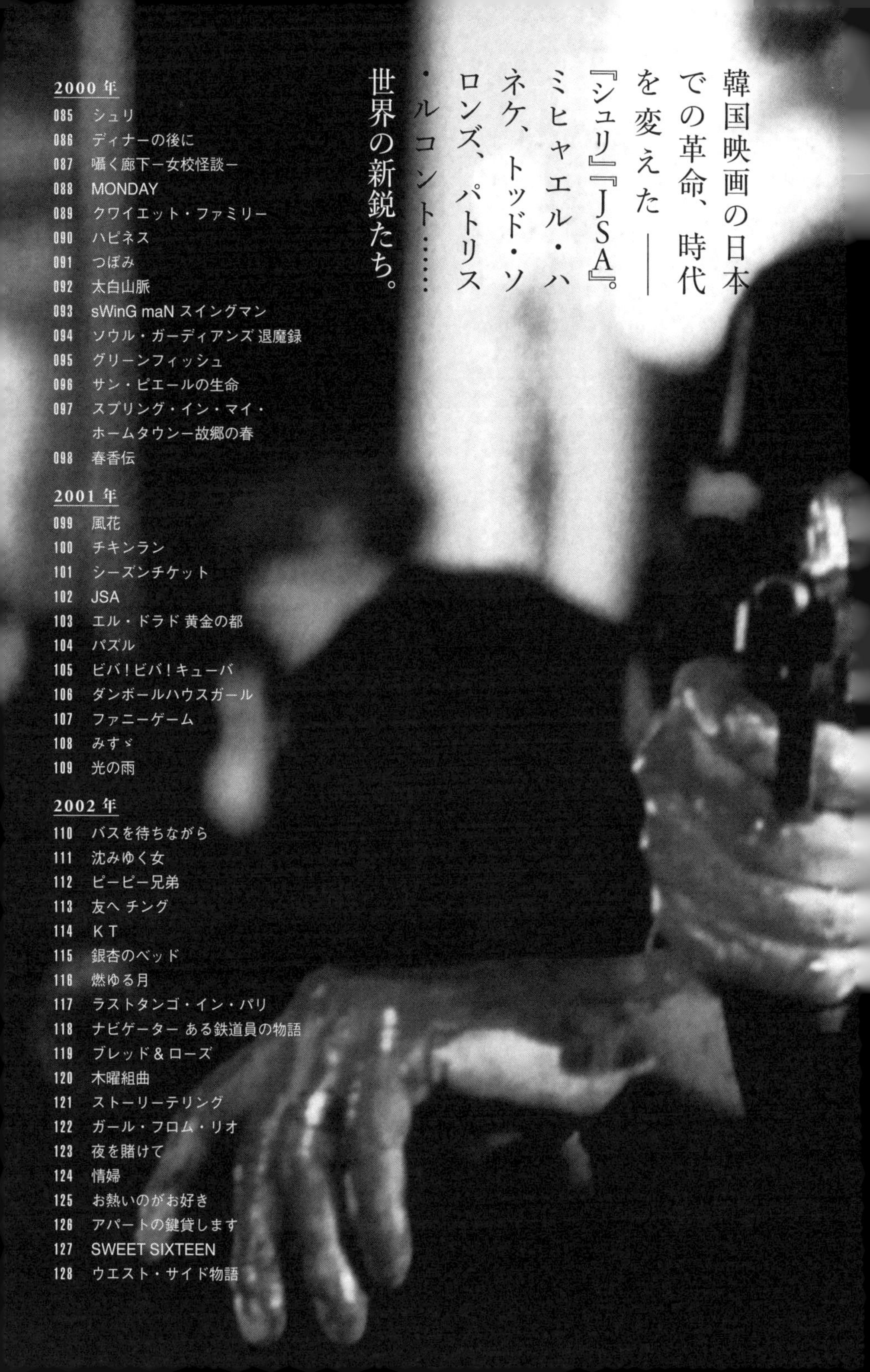

韓国映画の日本での革命、時代を変えた――『シュリ』『JSA』。ミヒャエル・ハネケ、トッド・ソロンズ、パトリス・ルコント……世界の新鋭たち。

# 2000年

085

## シュリ

Shuri／1999年／韓国／124分
監督・脚本：カン・ジェギュ
出演：ハン・ソッキュ、キム・ユンジン、チェ・ミンソク、ソン・ガンホ
日本公開日：2000年1月15日

日本における韓国映画の革命
すべては、変わった

2000年1月15日を境に、日本で何かが変わった。現在では韓流などという言葉さえ、誰も使わなくなった。それほど韓国映画、韓国ドラマは日本人に、キムチや焼肉と同じくらい深く浸透している。

『シュリ』は完成前から知っていた。泰興映画社の常務から「面白いシナリオがある」と聞き、読んで驚いた。これまでの韓国映画のシナリオとは全く違う。スパイアクション・ムービーの傑作になるだろうと感じたが、同時に韓国映画の予算規模ではとても映画化は難しいと思い込んでいた。翌年、映画が無事に完成したと聞き、急いで観に出掛けた。

三星映画事業団が手配してくれた試写室で観た映画は、僕の予想を覆すアッパレな映画だった。この映画を最後に、会社を清算するという事業団の部長は、配給権のプライスを100万ドルに設定して強気だった。随分、大きな賭けに出たなと受け止め、僕は答えを保留してホテルに戻った。当時、この作品を一緒に観に出かけたアミューズの泉は「話にならない高値だ」と呆れていた。

次の日の朝、僕はもう一度『シュリ』を観ることにした。大ヒットの勢いをかりて、8時半からの上映回を設けていた映画館は大学生と高校生で溢れかえっていた。上映前の劇場は学園祭のムードに近く、辺りはポップコーンの匂いとコカコーラを啜る音が充満していた。

僕は映画の細部を逃すまいと、一生懸命俳優たちのセリフを追いかけていた。クライマックスで、ハン・ソッキュ演じる韓国の捜査官とチェ・ミンシク演じる北のテロリストが変電室で一触即発のせめぎ合いに陥る。そこで北の工作員が衝撃的なセルフを吐く、「50年間、政治屋に騙され

て来たからもう充分だ。奴らは統一なんて望んじゃいない。お前はたった百ドルで売られていく子供を見たことがあるか？　ハンバーガーとチーズで育ったお前たちには分かるまい。木の皮と根っ子を食べて飢えを凌ぐ辛さも分かるまい。俺たちは戦争を起こす。そして全てを終わらせるんだ」。一言一言のセリフにリアリティと痛みが滲み出ている。昨日の試写室では冷静に聞けなかったセリフが不思議な程、スッと腑に落ちた。隣に座った女子高校生が泣いている。気付けば、辺りの観客は全員が号泣している。僕は、映画館が一体になって号泣する光景を見たことがなかった。この映画は、物語以上に、観客を惹きつける強烈な磁気のような力がある。この映画をやってみよう、いや是非やってみたいと、強く思った瞬間だった。

僕は、映画館を出ると、その足で直ぐ三星映画事業団に向かって、契約書にサインした。

『シュリ』の配給は大きな賭けだった。僕はこの映画の配給目標を、全国ロードショーと決めていた。数年前に『風の丘を越えて／西便制』で、韓国映画を銀座地区で公開する目標はすでに達成した。次は韓国映画を全国チェーンで掛ける目標を持っていた。その為には東宝、松竹、東映のいずれかのチェーンにブッキングする必要がある。日本の映画館は大手の寡占状態が数十年間変わらず続いている。日本の劇場チェーンは邦画系、洋画系という呼び名で分かれているように、日本映画を掛けるチェーンとアメリカ映画を掛けるチェーンの二つしか存在しない。

すでにヨーロッパ映画の全盛期は去り、洋画系はハリウッド系と言い換えても差し支えない程、アメリカン・メジャー作品に占拠されており、アジア映画が上映される前提すらなかった。

僕は一番可能性がありそうな東急レクリエーションの重役たちに映画を見せて打診した。佐藤会長はじめ、全員が映画の完成度にど肝を抜かれた様子だった。東レクは東京で「ルパミ」と呼ばれるネットワークを維持しており、そこで掛かる映画は自動的に6大都市の提携館で上映される仕組みになっていた。丸の内ルーブル、渋谷パンテオン、新宿ミラノ、この中でも特にパンテオンとミラノはそれぞれ1000席を超える客席を有する日本最大規模の映画館だった。

だが東レクの判断は冷たかった。新宿シネマスクエアの1スクリーンと、僕が経営する渋谷シネ・アミューズの2

館での上映が妥当と判断したのだ。僕は彼等の高評価に感謝して、様子を見ることにした。

そして東京国際映画祭のジェネラル・プロデューサーだった徳間康快会長に観てもらう事にした。徳間書店は、僕がパリから戻って最初に世話になった会社だし、雲の上の存在だった徳間会長は、僕の憧れの大プロデューサーだ。畏れ多い存在だとは分かっていたが、どうしても『シュリ』を成功させたい一心で、喰らいつくように、東京国際映画祭へアプライした。

徳間会長はやっぱり本物の大物だった。試写会から出てきて直ぐ、彼は「この映画を映画祭で掛けよう。それも特別招待作品としてオーチャードホールで掛ける」と即断してくれた。僕は嬉しくて、思わず会長の手を握った。それから1月後、『シュリ』のチラシ、ポスターを制作し終え、予告編を編集している最中に、徳間会長の秘書から折り返し電話が欲しいと伝言があった。

電話口で会長は「マズイことになった。映連のトップが反対して、特別招待作には出来ないと言っている。すまんが上映を取り止めてくれないか」と青天の霹靂のような事情を話した。映連トップは「この映画を上映したら、朝鮮総連が街宣車で渋谷の劇場にやってきて抗議するだろう」と危惧したそうだ。僕は、一目散に徳間書店に駆け付けて、会長に「もし、いま上映を取り止めたら、政治団体の抗議どころか、韓国の映画界は今後一切、東京国際映画祭に出品を拒否する可能性があります。もっと酷い場合は不買運動などに発展するかもしれません」と詰め寄った。徳間会長は真剣な顔でしばらく考え込んでいらした。

僕は徳間会長と、3日後、飯田橋の朝鮮総連本部に出向いた。広い応接室で対応してくれた朝鮮総連文化局局長に、徳間会長は映画祭の意義などを説明しながら、『シュリ』の上映を事前に了解してくれと丁寧に話された。すると文化局長は拍子抜けする位、ハッキリ「上映に反対などはしません。我々は街宣車も持っていませんよ」と声を上げて笑っていた。あの時の徳間会長の決断と行動力には、本当に頭が下がった。会長の英断がなかったら、『シュリ』の成功はなかったかも知れない。

反対運動の疑いは晴れたが、すでにオーチャードホールのプログラムは刷り上がってしまい。『シュリ』は弾き出されてしまった形になった。仕方なく、急遽渋谷公会堂での上映を決めたが、渋谷公会堂はオーチャードと比べて格段に映写状態や音響環境の劣悪なホールだ。客席は3階席まで有り2000席と映画上映には不向きの大ホールだった。

10月28日はあいにくの雨だったけれど、僕たちの不安をよそに、渋谷公会堂の前には長蛇の列が出来上がった。「ヤバイ映画らしい」「東京国際映画祭から外された映画」「韓国で歴史的な大ヒット」等々の噂が飛び交い、3000人を超える観客が集まった。お陰で特別招待作品としては異例の2回上映という運びになった。二日間で延べ4000人が渋谷公会堂に集まり、強烈なインパクトを受けた。それから『シュリ』の評判は日を追う毎に高まって行った。

映画祭から1週間後、東レクの会田常務から提案があった。『シュリ』をルパミで1週間だけ上映しないか、という内容だった。『ワイルド・ワイルド・ウエスト』と『ストーリー・オブ・ラブ』というワーナー映画が連続公開されるが、その間に1週間だけ空きが出る。1週間の限定上映に掛かる費用はざっと3億円程度が予想された。無謀に感じるかも知れないが僕は前後の映画をチェックして、勝算はあると考えた。この頃のワーナー映画のラインナップには『マトリックス』程のインパクトを持った作品は見当たらなかった。ブロック・ブッキングされる映画は「4週ロック」なら、その間の上映が保障される代わりに興行成績に応じて、小さな映画館への変更に配給側は文句が言えないルールだ。僕は会田さんに「1週間の上映が終わっても、『シュリ』の興行収入が良い場合は、またルパミに戻ることも有り得ますね」と念を押した。

2000年1月15日にカン・ジェギュ監督と主演のハン・ソッキュ、キム・ユンジンらの俳優陣が渋谷パンテオンで舞台挨拶を行った。1400席の劇場が全回満席になる程のロケット・スタートだった。パンテオン横の階段には4階まで長い列が出来ていて、その眺めはとても感動的だった。新宿でも銀座でも、観客は初めて見る韓国エンターテイメントを熱烈な反応で迎えてくれた。

『シュリ』の配給はアミューズとカルチャー・パブリッシャーズと共同で行なった。この作品の成功を機に、僕らは韓国映画の配給を共同で行う一種のコンソーシアムのような関係を築いた。観客動員が100万人を超えた時、恵比寿のウェスティンホテルで祝賀パーティーを開いた。サプライズに映画のエンディングに流れる「When I dream」をキャロル・キッドに生で歌って貰った。彼女は、「昔の曲がこんな形で再評価されるなんて夢にも思っていなかった」、と感激ひとしおだった。
映画はそんな夢みたいなドラマを実現する不思議なメディアだ。

086

## ディナーの後に

Night Out／1998年／韓国／105分
監督・脚本：イム・サンス
出演：カン・スヨン、チン・ヒギョン、キム・ユジン
日本公開日：2000年1月29日

最近、見て感心した映画に『サムジンカンパニー1995』がある。まだ女性の地位が驚くほど低かった90年代、3人の契約社員の女性たちが会社の不正を暴き、やがて正社員にまで出世する姿を爽快なタッチで描いたコメディだ。またソン・イェジンが主演した配信ドラマ「39歳」は三人三様のキャラクターの見せ方が上手くて舌を巻いた。韓国映画に於いて、「三人の女性」は秀作ドラマ作りに欠かせない定番コンセプトかもしれない。本作はカン・スヨン、チン・ヒギョン、キム・ユジンがそれぞれ性格の違うキャラクターを演じている。ホジョンは経済力があり自由にセックスを楽しんいる。ヨニは幸せな結婚を夢見て1人の男に尽くすウエイトレス。そしてスニは山と料理を愛する大学院生でまだヴァージン。3人は夕食の後、自分たちの将来と夢を語り合いながら、決まって性生活の話題になる。語られる物語と実際の彼女たちの行動はどこかズレていて、各自の物語は意外な方向に突き進んでいく。ここ最近、女性の社会進出が急速に進む韓国で、変化の兆しを実感できる最初の映画だった。
『シバジ』で韓国映画史上初めて、ヴェネチア国際映画祭の主演女優賞を射止めたカン・スヨンは、若干55歳でこの世を去った。

087

## 囁く廊下—女校怪談—

Whispering Corridors／1998年／韓国／103分
監督・脚本：パク・キヒョン
出演：イ・ミヨン、キム・ギュリ、チェ・ガンヒ
日本公開日：2000年2月26日

本作は１９９８年に公開された韓国映画の中で興行収入トップを飾った。学園ホラーというジャンルが稀だったが、受験戦争の加熱を痛烈に批判する内容に、同世代の観客が反応した形で話題を集めた。本作の大成功を受けて、管理教育に支配された学生たちの間では、パロディや贋作までも人気を博した。いくつかの教育団体は本作を「教師のイメージを低下させ、教育の現場を歪曲する映画」として本作の公開中止を求めた。この反発は映画製作者側には好都合の展開だったから、公開討論やニュース番組の放送以降、興行収入は飛躍的に伸びた。どの国も活動屋たちはタフな人種だ。

088

## MONDAY

MONDAY／１９９９年／日本／１００分
監督・脚本：SABU
出演：堤真一、松雪泰子、安藤政信、大河内奈々子
日本公開日：２０００年4月29日

『弾丸ランナー』や『ポストマン・ブルース』で知られるＳＡＢＵと組んで製作した。いつも奇想天外なアイデアで、規格外の映画を作って来た彼に興味を抱き、僕から声を掛けた。以前から日本にコメディ・サスペンスというジャンルが意外なほど少ないと思っていた矢先に出会ったから、企画はとんとん拍子に決まった。サブの映画の主人公はいつも八面六臂の活躍をするが、今回の主人公は普段、人一倍気弱だが酔っ払うと何も覚えていないという厄介な男だ。堤真一がエネルギッシュな「お騒がせ男」をとても闊達に演じている。ストレスの溜まったサラリーマンが、新橋のガード下の居酒屋で急に元気になって、上司の悪口を叫ぶ風景から発想したようだ。まるで『ブルース・ブラザース』のように黒いスーツを着た堤真一は、葬式からバー、喫茶店と場所を変えながら、我を忘れて乱痴気騒ぎを巻き起こし、最後にはホテルに立て籠りショットガンをぶっ放し、機動隊と大立ち回りする。安藤政信、松雪泰子、磨赤兒、大杉漣、小島聖、野田秀樹、寺島進、松重豊ら共演者はみんな、パーティー気分で出演してくれた。ただ、「酔っ払いが我を忘れて罪を犯す」という行動は、コメディとはいえ中々受け入れて貰えず、宣伝では大苦戦した。

海外ではシャレが通じたのか、２０００年ベルリン映

画祭で国際批評家連盟賞を頂戴した。

089

# クワイエット・ファミリー

The Quiet Family／１９９８年／韓国／１０１分
監督・脚本：キム・ジウン
出演：パク・インファン／ナ・ムニ／ソン・ガンホ
日本公開日：２０００年5月27日

２０２３年のカンヌで特別上映された『クモの巣』を監督したキム・ジウンはすでに巨匠としてのポジションを築いている。本作はそんな彼が初監督したホラー・コメディだ。日本でもホラー映画『箪笥／たんす』、サスペンスドラマ『悪魔を見た』、アクション西部劇の『グッド・バッド・ウィアード』等で人気の高いキム・ジウン。ソン・ガンホとチェ・ミンシクという韓国を代表する2大スターが、共演している貴重な作品だ。ブラックな笑いに満ちたホラー・コメディで、初めて鑑賞した時は、その洗練されたストーリーテリングとは逆の血みどろの結末にいささか腰が引けた。日本では三池崇史監督によって沢田研二を主演に迎え『カタクリ家の幸福』というタイトルでリメイクされた。

090

# ハピネス

Happiness／１９９８年／米／１３４分
監督・脚本：トッド・ソロンズ
出演：ジェーン・アダムス、フィリップ・シーモア・ホフマン
日本公開日：２０００年7月15日

トッド・ソロンズという才能を発見した。彼の映画に登場する人物は、みんな何か病んでいるか、強烈にクセの強い人たちだ。彼の映画には「問題描写」が必ず挿入されるから、配給会社はいつもヒヤヒヤしている。現代を生きる幸福の意味を笑いとキツイ毒気たっぷりに観客に投げかける。でもなぜか不思議に明るく、妙な爽快感すら与える。あのジョン・ウォーターズ監督は「オレの10年で最高の1本」と断言し、エドワード・ノートン、クリスティーナ・リッチは自身の出演作を差し置いてその年のベスト・フィ

ルムに選出した。
誰もが絶賛する『ハピネス』はただのブラック・コメディではない。その証拠にこの年、米雑誌プレミアが選ぶアメリカ映画ベスト100の何と4位に選ばれている。『恋に落ちたシェイクスピア』『プライベート・ライアン』『アウト・オブ・サイト』に次ぐ順位にはビックリする。映画の舞台は中途半端な街、ニュージャジー。そこに暮らす様々な人たちの「幸福」を探す日常をただただ淡々とシニカルに描いている。イタ電オナニー男、少年愛好家、詐欺師ロシア人、スランプの女性作家、猟奇殺人犯のおばさん、作曲家志望の女、等々。中でも特に注目すべきは、デブで汗っかきのイタ電オナニー常習犯を演じたフィリップ・シーモア・ホフマンだろう。本作でその強烈なキャラと確かな演技力を知らしめると同時に『ビッグ・リボウスキ』『ブギーナイツ』への出演で名優への階段を駆け上がって行った。シネ・アミューズ渋谷で大ヒットを記録した。

091

# つぼみ

A Petal／1996年／韓国／102分
監督：チャン・ソヌ
出演：イ・ジョンヒョン、ムン・ソングン、ソル・ギョング
日本公開日：2000年上映

『風の丘を越えて／西便制』の配給を通じて親しくなった李泰元（イ・テウォン）社長から、依頼されて配給を決めた映画だった。チャン・ソヌ監督はまるでATG全盛期の頃の日本映画のように、荒々しい問題作を量産した。本作は80年に起きた光州事件を題材に、ある少女の身の上に起こる悲劇的な出来事の数々を描いている。主演のイ・ジョンヒョンはその後歌手として大成することになったが、この頃はまだ14歳の少女だった。まるで柳楽優弥のような経緯を経て、スターになった。

092

# 太白山脈

The Taebaek Mountains／1994年／韓国／165分
監督：イム・グォンテク
出演：アン・ソンギ、キム・ミョンゴン、キム・ガプス
日本公開日：2000年10月28日

イム・グォンテク監督の渾身の一作だ。大河小説を映画化した歴史巨編で、南北分断の悲劇をここまでリアルに忠実に描いた映画は他にないだろう。のちにカン・ジェギュ監督の『ブラザーフッド』は、この作品のコンセプトを継承している。僕は本作でキム・ガプスという名優を発見し、金大中大統領の拉致事件を扱った『KT』でKCIAの情報部員の役を配役した。イム・グォンテク監督の信頼の厚いキム・ミョンゴンが北朝鮮人民軍将校を演じ、アン・ソンギはまるで監督が憑依したようなインテリ学者の役を演じている。

北朝鮮人民軍に摂取された民家の住民は韓国軍に協力したという理由で処刑され、翌月は韓国軍に摂取され、今度は人民軍に協力した門で断罪される。目を覆いたくなるような光景が、オ・ジョンへ演じるソリクン（歌い手）が切々と歌う中、繰り広げられる。この映画は戦争の醜い本質を如実に暴くと同時に、韓国人の恨の思想の原点も見つめている。

092

# sWinG maN
# スイングマン

Swing man／2000年／日本／87分
監督・脚本：前田哲
出演：木下ほうか、粟田麗、宮﨑あおい、北村一輝
日本公開日：2000年10月28日

木下ほうかが主演した映画だ。ほうかが関わってきた様々な映画の共演者たちがカメオで協力している。物語は不思議で、ある俳優がバットで何者かに殴られる。記憶を失ってしまった俳優は、誰の仕業かも分からないまま、その日に逢った疑わしい人物を洗い出すため、6人の関係者に次々会っていく。『舞踏会の手帖』のようなプロットを、前田哲監督がシンプルにまとめて演出した。役所広司、宮﨑あおい、北村一輝、麿赤兒、村上淳、加瀬大周、大森南朋等が登場する。

094

# ソウル・ガーディアンズ 退魔録

The Soul Guardians／1998年／韓国／98分
監督・脚本：パク・クァンチュン
出演：アン・ソンギ、シン・ヒョンジュン、チュ・サンミ
日本公開日：2000年11月4日

この作品の配給はせずに映画祭で一度だけ上映した。本作の原題は「退魔録」。韓国版エクソシストだったように記憶している。アン・ソンギがオカルト映画に風格を与えている。

095

# グリーンフィッシュ

Green Fish／1997年／韓国／105分
監督・脚本：イ・チャンドン
出演：ハン・ソッキュ、シム・ヘジン、ムン・ソングン
日本公開日：2000年11月4日

イ・チャンドン監督のデビュー作『シュリ』で後に大スターの地位に駆け上がるハン・ソッキュが主演を務めた一種のノワール・フィルムだ。と言ってもヤクザ映画と呼ぶには気が引ける。派手な暴力シーンはないものの、社会から疎外された者たちの魂の叫びを描いたという点では、イ・チャンドン監督が描く人物は一貫している。イ・チャンドンは、この後、名作『ペパーミント・キャンディー』を撮って世界から注目を浴びるが、彼の原点はここにある。

2人の男と1人の女の物語は、かつて韓国映画の定番だった。『鯨とり』も『旅人は休まない』もその範疇の名作だった。ソウル郊外、チャムシルに巨大な映画スタジオが完成した後、このフォーマットが次第になくなっていくが、そんな変化の真っ只中で制作された『グリーンフィッシュ』は、そんなフォーマットの最終作かもしれない。

ハン・ソッキュ演じるマクトンのボスであり、同じ女性を愛する恋敵になるテゴン役は、イ・チャンドンの支援者であり社会運動家でもあるムン・ソングンが扮している。

数ヶ月前、イ・チャンドンが偶然、鑑賞した舞台に出演していたソン・ガンホは、この映画が実質のデビュー作になる。彼はこの作品の演技が評価されて、わずか3年後に

『ＪＳＡ』で主演を務めることになる。

096

# サン・ピエールの生命

La Veuve de Saint-Pierre／１９９９年／仏／１１２分
監督：パトリス・ルコント
出演：ジュリエット・ビノシュ、ダニエル・オートゥイユ
日本公開日：２０００年11月4日

『髪結いの亭主』や『橋の上の娘』で知られるパトリス・ルコント監督の映画だ。ジュリエット・ビノシュとダニエル・オートゥイユが主演し、あのエミール・クストリッツァが俳優として、粗暴な漁師を演じている。

１８４９年、サン・ピエール島。この島に駐屯する軍隊長ジャン（ダニエル・オートゥイユ）とその美しい妻ポリーヌ（ジュリエット・ビノシュ）は深い愛で結ばれ互いに尊敬し合っている。ある日、島に流れ着いた荒くれ者の漁師ニール（エミール・クストリッツァ）は、酒に酔った勢いで殺人を犯し死刑を宣告されるが、島にギロチンが運ばれるまでの間、ポリーヌはニールの身の回りの世話をすることになる。粗暴で無教養だが、素朴で優しいニールの心を理解し、やがて母性愛ともとれるような慈しみを抱くポリーヌ。そんなポリーヌに戸惑いながらも、彼女の事を理解するジャン。

この映画で描かれる愛情は、かなり高度だ。ポリーヌのニールに対する〝母性の愛〟、ジャンのポリーヌに対する〝赦しの愛〟。映画の中では言葉で表現することも、感情が露わになることもない。氷に覆われた大地で、どんな言葉よりも多くを語る沈黙が延々と続くばかりだ。ルコントの淡々とした描写は、「生命の尊厳」「死刑制度の是非」の問題を取り上げて、観る者にその答えを委ねているようだった。フランス映画祭で来日した際、ルコント監督には幾つかの媒体のインタビューに応じて貰った。本作のターゲットは渋谷の映画館には適してないと考えて、敢えてシネスイッチ銀座で公開した。

097

# スプリング・イン・マイ・ホームタウン
# ー故郷の春

Spring in My Hometown／1998年／韓国／121分
監督・脚本：イ・グァンモ
出演：イ・イン、アン・ソンギ、キム・ジョンウ
日本公開日：2000年11月11日

イ・グァンモ監督の初監督作品だ。ヨーロッパやアジアのアート映画を配給する「白頭大江」(ペックトゥテガン)という古風な名前の会社が韓国にはある。この会社を主宰するイ・グァンモとはベルリンやカンヌで度々会って情報交換する間柄だった。僕が紹介したエドワード・ヤンやケン・ローチの映画を、彼が韓国配給を担当したりもした。オリジナル脚本による彼の初監督作は、彼が尊敬してやまないアンゲロプロスの影響を受けて、大胆なロングショットで観るものを圧倒する。朝鮮戦争という悲劇を、神の目で俯瞰するように捉えて、なおかつ人間を凝視するように描いていく。

1952年の夏、無二の親友であるソンミンとチャンヒは遊びも悪戯もいつも一緒だった。ある昼下がり、廃屋でのぞきをしていた2人はチャンヒの母親がG.I.の相手をし、その取り持ちと見張り番をソンミンの父親がしていることを見てしまう。次の日、何者かによって廃屋は焼かれ、その日を境にチャンヒは姿を消してしまう。静かなタッチで淡々と描かれる村人たちの日常は、戦争の極限状態で、やがて始まる凄惨な報復を全く予想させない。それ故に、悲劇に向かってグイグイと引き込まれる効果を生んでいた。

イ・グァンモの高校の後輩で、「白頭大江」の副社長のチョン・テソンが尋ねて来て、映画のポストプロダクションを日本でやりたいから手伝ってくれと依頼された。細部に拘るイ・グァンモの粘りもあって、予算が膨れ上がり、イマジカからの請求はかなりの額になってしまった。友情を優先して、最後まで責任を持つ約束を交わした矢先、幸運にも東京国際映画祭に出品してグランプリを受賞した。頂戴した1000万円の賞金は、その大半をイマジカにお納めすることになった。

イ・グァンモとチョン・テソンから感謝されて、ソウル

で焼肉をご馳走になった。北京大学で出会った日本人女性と結婚したチョン・テソンは、英語、北京語、日本語が堪能な優秀なビジネスマンで、その後、CJエンターテイメントの社長の座に上り詰めた。

098

# 春香伝

Chunhyang／2000年／韓国／120分
監督：イム・グォンテク
出演：チョ・スンウ、イ・ヒョジョン
日本公開日：2000年12月9日

イム・グォンテク監督の歴史時代劇。韓国はおろか北朝鮮でも度々、製作されてきた古典中の古典。日本で例えるならば「忠臣蔵」のような古典時代劇だろう。

「春香伝」は韓国で永く語り伝えられてきた愛の名作で、16歳の春香と夢龍が身分を超え試練を超えて貫く愛を描いている。

『風の丘を越えて／西便制』でパンソリの旅芸人親子を通して、深い感動と強烈なインパクトを残した巨匠、イム・グォンテク。彼が、本来パンソリの一演目だった「春香伝」を、改めてパンソリを駆使したミュージカルとして映画化した意欲作だ。

全編にわたって歌われるパンソリと映像のリズムとの調和によって、グイグイとこの純粋なラブ・ストーリーに引き込まれてしまう。そのパンソリを歌うのは、人間国宝に指定されている名唱チョ・サンヒョン。情緒と躍動感に満ちた韓国全羅道の四季の色合いを美しく撮り上げている。韓国映画として初めてカンヌ映画祭のコンペ部門に正式出品を果たし、満場の喝采を持って迎えられた。

夢龍を演じたチョ・スンウはその後、映画『マラソン』でも素晴らしい演技を披露しているが、この映画がデビュー作だった。彼はその後、ドラマ「秘密の森」や「ジキルとハイド」をはじめ数々のミュージカル舞台で不動の地位を確保した。

2001年

099

# 風花

Kaza-Hana／2000年／日本／116分
監督：相米慎二
出演：小泉今日子、浅野忠信、麻生久美子、香山美子
日本公開日：2001年1月27日

## 赤坂や釜山で、夕食を3軒ハシゴした相米慎二の想い出

相米慎二の映画だ。監督作の13本目で、僕は初めて彼の映画に「関係者」として接した。鳴海章の原作「風花」の風景をリリカルに表現したような映画だった。

東京に5年前から暮らすゆり子（小泉今日子）は「レモン」という源氏名の風俗嬢だ。夫との死別、残された借金、そして故郷の母に預けたままの一人娘。故郷に帰りたいけど、その勇気が出せず、ただ流されるように生きている。そこへ、毎晩、飲まずにはいられないキャリア組の高級官僚（浅野忠信）が、不祥事から謹慎を命じられ、「レモン」の前に現れる。2人は一緒に北海道に行く約束をする……。

ケイファクトリーの代表、伊地知啓と親しかった縁で、相米慎二とは面識はあったが、「面倒な監督No.1」と一緒に仕事する勇気がなかった。そこへ阪本順治のプロデューサーの椎井友紀子から紹介されて、ビーワイルドの若杉正明がやって来た。配給を請け負う形で関係が始まり、人懐っこい監督とは、この映画を機に度々一緒に飲み歩くようになった。赤坂や釜山で、夕食を3軒ハシゴする相米さんの貪欲さには呆れる事しきりだった。映画の作風と同じく、中々核心めいた事は話さない人だったけれど、世が更けるまで家に帰らない執拗な粘り強さを持っていた。

宣伝ビジュアルは是枝映画の定番デザイナーだった、葛西薫さんにお願いして、まず小泉今日子の持つメジャー感を消す努力をした。パステルなカラー使いも後押しになったし、川勝正幸や一条ゆかりといったサブカルの大御所の解説をチラシ裏で掲載したのも良かった。

何よりも浅野忠信と小泉今日子の絶妙なバランスが映画に活きていた。ちょっとくたびれた風俗嬢とアルコール依存の男との淡い恋物語。2人を乗せた車が雪国をひた走る。特別なことは何も起こらない。けれど、観終わったあと、

夜の雪山、闇に光る線香花火、ミライへの微かな希望が芽生える、そんな映画だった。シネ・アミューズで9週間のロングラン上映だった。

100

# チキンラン

Chicken Run／2000年／英＝米／85分
監督：ニック・パーク、ピーター・ロード／〈クレイアニメ〉
日本公開日：2001年4月14日

人生最大の損失だった。失敗の原因は僕の思い込みと、意外にも部落問題が影響していた。僕は、1994年から紹介を始めたニック・パークのクレイ・アニメーション作品に魅了されていた。『ウォレスとグルミット』の大ヒットを受けて、アードマン・スタジオの動向を追っていた。そしてニック・パークが、あのアメリカのドリームワークスで映画を撮るという情報を得た。

声優にメル・ギブソンを起用し、初めて背景にCG合成を使いハリウッド映画として大々的なプロモーションを行う、壮大なプラン。僕等は、ドリームワークスのアジア・ライツを管理していた韓国のCJエンターテイメントと交渉することになりソウルに飛んだ。その後、『パラサイト』の世界的成功で明らかになるが、CJエンターテイメントは設立当時からドリームワークス社の大株主に名を連ねるスポンサーであり、世界規模で映画事業を展開する韓国の大企業だ。

ドリームワークス作品の版権を扱うCJとタフな交渉が始まった。今にして思えば契約内容は歪で、この映画を配給したければドリームワークスの他の作品を合わせてディールしろとか、テレビ権は事前に他の会社に渡ってるとか、飛んでもなかった。その時点で、ならば辞退しますと言えば良かったのだけれど、ニック・パークの新作映画に魅了されてしまっていた。

『第十七捕虜収容所』の舞台を養鶏所に置き換えた奇抜なアイデアと、ニックの絶妙な演出技法が冴える秀逸なコメディーに仕上がっていた。

僕らはアミューズと共同で配給宣伝を開始したが、公開の二月前、思わぬ事態が訪れた。劇場を運営する東宝興行部が、主人公のニワトリの4本指が「問題」だというのだ。部落解放同盟からクレームされる事を避けたいから、ポスターを修正して欲しいと頼まれた。仕方なくアードマン・スタジオに電話で問い合わせたが、電話口で担当者は「鶏の足を見た事ないの？」と笑っていた。そこをなんとかと馬鹿馬鹿しい交渉を続けた結果、世界にひとつだけのポスターは公開の3週間前になって、やっと完成し配布された。バタバタを繰り返し、全てが裏目にでた本作は、ドラえもんと同じ日に初日を迎え、惨敗した。

101

# シーズンチケット

Purely Belter／2000年／英／97分
監督・脚本：マーク・ハーマン
出演：クリス・ベアッティ、グレッグ・マクレーン
日本公開日：2001年4月28日

サッカーと、サッカー映画への熱き想い

なにを隠そう僕はプレミア・リーグの大ファンだ。中でもロンドンの強豪クラブ、アーセナルを長年に渡って応援して来たゴリゴリのグーナーだ。ガナーズ・ファンならドキュメンタリーの傑作『All or nothing』もご存知だろうが、サッカーというスポーツは劇映画にして成功した試しがない。幾つかの例外はあるが、1点を競うチキンレースの様なサッカー球技は、バスケットの様に沢山点数が入る球技と違い、クライマックスをドラマチックに映像化することが極めて難しいスポーツだと思っている。

この『シーズンチケット』は秀逸なシナリオとサッカー・ファンならではのエピソードをたくさん散りばめた、極めて純粋なサッカー映画だ。

舞台はアラン・シアラーが所属していた事で知られるイギリス北東部の名門クラブ、ニューカッスル・ユナイテッドの本拠地ニューカッスル・アポン・タイン市。ニューカッスルに限らず、熱心なサポーターなら贔屓のクラブのシーズンチケットを買って年間を通じてホームゲームを観戦することは憧れの暮らしだろう。ただシーズンチケットの値段はプレミア人気と共に、年々上昇していて、もはや高値の花になってしまっている。例えばJリーグの人気チーム川崎フロンターレの20試合分のシーズンチケットは98000円～50000円程度に対して、アーセナルのシーズンチケットは30万円～15万円程度だ。

本作を監督したマーク・ハーマンは、イギリス文学界の登竜門であるベティ・トラスク賞を受賞した原作に出会い、映画化を即決した。子供達への深い愛情と鋭い視点を併せ持ったこの物語に魅了されたマークは、原作者が自分の経験に基づいて描いた、失業者の増加、社会の腐敗、幼児虐待の問題に関心を持ち、それらに笑いのスパイスを効かせてハートウオーミングな映画に仕上げた。

独特なジョーディー弁を話す、タイン・アンド・ウィア州はイングランド北東部の都市州で、中でもニューカッスル・アポン・タイン市には過激なくらい熱狂的なファンを持つ強豪サッカークラブ、ニューカッスル・ユナイテッドがある。

15歳のジェリー（クリス・ベアッティ）は狭いアパートで母と姉と暮らしているが、父はそこにはいない。一方のスーエル（グレッグ・マクレーン）は年老いた父親と二人暮らしだ。この街に暮らすティーン・エイジャーのジェリーとスーエルは大好きなニューカッスル・ユナイテッドのシーズンチケットを手に入れるために、ベビーシッターやスクラップ回収を手伝って金を稼ごうとする。けれど直ぐには金は貯まらず、とうとう万引きや銀行強盗にまで手を染めるが、あっけなく失敗してしまう。

彼等の奮闘ぶりを描きながら、貧しくても逞しく暮らす彼等の、決して挫けない心意気を描いている。誰もが好感を持てる物語で、一度観るとプレミア・リーグのファンになってしまうだろう。

チームの絶対的エース、アラン・シアラーがカメオ出演していて、間違って盗んだ彼の車にあったCDがセリーヌ・ディオンだった、ってギャグにはつい笑ってしまった。

102

# JSA

Joint Security Area／２０００年／韓国／１１０分
監督：パク・チャヌク
出演：ソン・ガンホ、イ・ビョンホン、イ・ヨンエ
日本公開日：２００１年5月26日

## パク・チャヌク監督の才能、ソン・ガンホがスターに

パク・チャヌク監督の名を一躍、有名にした映画だ。韓

国では、あの『シュリ』の動員記録を塗り替えた映画として知られている。またソン・ガンホ、イ・ビョンホン、イ・ヨンエ、3人を同時にスターにしてしまった映画だ。

南北分断の象徴である38度線上の共同警備区域（ＪＳＡ）で起きた射殺事件。生き残った南北の兵士たちは何故か互いに全く異なる陳述を繰り返した。両国の合意のもと、中立監督委員会は責任捜査官として韓国系スイス人である女性将校、ソフィーを派遣する。彼女は事件の当事者たちと面会を重ねながら徐々に事件の真相に迫っていくが、そこには予想外の「真実」が隠されていた……。

僕らは『シュリ』の大ヒットを受けて、『ＪＳＡ』を最初から日比谷スカラ座をメイン館に据え東宝洋画系でロードショー公開した。この頃はもはや東宝も松竹も洋画系チェーンに韓国映画を掛けることに抵抗はなくなっていたようだ。高い視聴率を誇っていたテレビ朝日の番組「ニュースステーション」に、久米宏さんが、韓国で好感度No.1を誇る主演のイ・ヨンエをゲストに迎えてくれた。透き通るように美しいイ・ヨンエの出演はとても大きなインパクトを与えた。

人間味に満ちた北朝鮮の士官を演じたソン・ガンホは、チョコパイを頬張るシーンで国民俳優の地位を確保し、対する韓国軍の兵長役のイ・ビョンホンは人気と実力を兼ね備えたスターであることを改めて証明した。僕は当時、冗談のように「高倉健とキムタクと吉永小百合が同時に出演したような映画」だと説明していたが、なまじ冗談でもなかったようだ。

パク・チャヌクは長編3本目だったが、緻密に計算された脚本と洗練された画面構成力、そして完璧なキャラクター造形などで才能を見せつけた。その後の彼の活躍を思えば、片鱗を見せたに過ぎなかった訳だが、本作は完成度の高さで韓国映画界の主要な賞を全て席巻した。

因みに韓国の映画監督にとって、南北分断の現実をどう捉え、どう扱うかは大切な問題だ。それは韓国人として生まれ、映画メディアを通じて社会をリードする人間に課された重い責任でもある。カン・ジェギュは『シュリ』や『ブラザーフッド』、そして短編映画『あの人に逢えるまで』でも、分断の現実を追い続けて来た。巨匠イム・グォンテクの初期の傑作『チャッコ』は朝鮮戦争で敵味方に分かれてしまった男同士の泥沼の争いを描いた。ファンタジー・ムービーの『トンマッコルへようこそ』から凄惨な戦争映画『高地戦』、脱北者の悲惨な運命を描いた『クロッシング』、そしてドキュメンタリー映画『送還日記』に至るまでさまざまな視点で南北分断は映画の重要なテーマとして描かれてきた。

これからも彼等は何らかのメッセージを持って、この問題に取り組むだろう。

『JSA』のエンディングに流れる、キム・グァンソクの「二等兵の手紙」を、日本版と称して加藤登紀子さんに歌って貰った。日本での興行収入は『シュリ』を超えることはなく、10億円にギリギリ届かなかったが、傑作として韓国映画史上に名を刻んだ。

103

# エル・ドラド黄金の都

The Road to El Dorado／2000年／米／126分
監督：ドン・ポール、エリック・バージェロン
脚本：テッド・エリオット、テリー・ロッシオ／〈アニメーション〉
日本公開日：2001年6月16日

配給した数多くの映画の中で、最も愛情を抱けない映画だ。映画が悪い訳ではないが、あの『チキンラン』を購入した際にセット販売を押し付けられて、ついてきた映画が、本作だった。声優にはケヴィン・クラインが起用されている。タイトルを聞くだけでも、嫌な記憶が蘇る、僕にとっては屈辱の映画だ。2度とこんな条件で映画を購入、配給してはいけない、と心に誓った。

104

# パズル

Nadie conoce a nadie／1999年／スペイン／108分
監督・脚本：マテオ・ヒル
出演：エドゥアルド・ノリエガ、ジョルディ・モリャ
日本公開日：2001年6月30日

配給を受託した映画だった。トム・クルーズ主演でハリウッド版リメイクが公開された『バニラ・スカイ』の原作スペイン映画『オープン・ユア・アイズ』の主演俳優エデュアルド・ノリエガが人気絶頂の頃、製作されている。監督のマテオ・ヒルはこの映画のシナリオ・ライターでもある。日本では残念ながらイマイチ話題にならなかった。

105

## ビバ！ビバ！キューバ

A Paradise Under the Stars／1999年／キューバ＝スペイン／90分
監督：ヘラルド・チホーナ
出演：タイス・バルデス、ウラジミール・クルス
日本公開日：2001年9月15日

キューバで8人に1人に当たる140万人が観た映画だ。『苺とチョコレート』の配給以来、僕は国際映画祭でキューバ映画の出品があると必ず、上映に立ち会うことにしている。キューバ映画の今を知りたいと思う意識が、変わることはない。

ハバナに実在する絢爛豪華なナイトクラブの〝トロピカーナ〟を舞台に、白人も黒人もムラート（混血）も、様々な人種が混在するキューバならではの、驚きの展開と個性豊かな愛すべき登場人物たちを、おおらかな笑いとほとばしる情熱的な恋で包んだ音楽映画だ。

この映画の舞台になっているのは、キューバの観光ガイドには必ず紹介されている、創立80年を迎える老舗の〝トロピカーナ〟。古くはナット・キング・コールから現在はブエナビスタ・ソシアル・クラブのオマーラ・ポルトゥオンドまで、超一流のアーティストが公演を行う世界的に有名な野外劇場だ。

「タモリ倶楽部」で、映画会社の宣伝マンがゲームを競って映画をアピールする企画があったが、何故かタモリさんが本作を「一番観てみたい」と言ってくれた。僕らはヒットを予想したけれど、あいにく映画は大コケしてしまった。

106

## ダンボールハウスガール

Danball-house girl／2001年／日本／100分
監督：松浦雅子
出演：米倉涼子、ブラザートム、吉田日出子、伴杏里
日本公開日：2001年10月6日

テレビで高視聴率女優として有名な米倉涼子のデビュー作だ。米倉涼子は新人離れして堂々とした立ち振る舞いだった。奥山和由氏から提案されて出資に参加した映画で、電通、東映ビデオ、クリーク・アンド・リバーといった典型的な製作委員会方式の映画製作だった。女性監督の松浦

雅子は、横浜国大で阪本順治の後輩だったが、監督としての育ちは阪本とは全く違うルートを辿っていた。彼女は東北新社で数々のＣＭを演出した後、サンダンス映画祭で脚本賞を受賞して、松竹で華々しくデビューした。

彼氏とアメリカに渡る夢を見ながら、コツコツと金を貯めていたＯＬが、その金を盗まれてしまい、挙句にはホームレスに転落するサバイバル・ストーリーをコミカルに描いた映画だった。

僕にとっての収穫は吉田日出子と樹木希林の強烈なキャラクターを知れた事と、オスカー・プロダクションの古賀社長の過剰な程、強いタレントへの愛情とスタンスを垣間見れたことだ。ザッツ芸能界の仕事をしたのは初めてだったが、シネカノンが得意とするタイプの映画ではなく、残念ながら力が及ばなかった。

107

# ファニーゲーム

Funny Games／１９９７年／オーストリア／１０３分
監督・脚本：ミヒャエル・ハネケ
出演：スザンネ・ロータ―、ウルリヒ・ミューエ
日本公開日：２００１年10月20日

## ミヒャエル・ハネケの衝撃

カンヌ国際映画祭でこの、ミヒャエル・ハネケの映画を観て、衝撃を受けた。その年のカンヌで最大の収穫は、紛れもなくこの映画だった。あまりの衝撃的な内容と展開に途中で席を立つ人が続出した。最後には数人しか試写会場に残っていなかった。観終わった後、しばらく誰とも会話をしたくなくなってしまう映画だった。この映画は果たしてホラーなのか、サスペンスなのか、それとも社会風刺なのか、その全てなのかも知れない。その上でどのシーンも演出力が際立っている。まさに現代のコンセプシャル・アートと呼ぶべきセンセーショナルな傑作だろう。

ハネケは「人々がこの映画に憤慨するのは当たり前だ。憤慨させるために作ったのだから。暴力は撲滅できないものであり、痛みと他人への冒涜であることを伝えたい。だから、暴力を単なる見せ物ではなく見終わった後に暴力の意味を再認識するように描かなければならない。また今やハリウッドでは暴力が快楽を求める手っ取り早い方法とな

りつつあり、もはやユーモアとして処理されている」と真っ向から論じている。

僕は霊感のようなモノを感じて、試写室から直ぐにセラーのブースに走った。

後にハネケはカンヌで『ピアニスト』でグランプリを獲得し、『白いリボン』と『愛、アムール』で2度のパルム・ドールに輝いた。

108

## みすゞ

Misuzu／2001年／日本／105分
監督：五十嵐匠
出演：田中美里、加瀬亮、中村嘉葎雄、永島暎子
日本公開日：2001年10月26日

紀伊国屋書店が全面的に製作支援して完成した映画だった。監督は『地雷を踏んだらサヨウナラ』の五十嵐匠があたり、ヒロインのみすゞはＮＨＫ連続テレビ小説「あぐり」で人気の高かった田中美里が演じた。五十嵐監督との縁で、紀伊國屋書店から直接、配給を依頼された。

美しい文体でいつまでも輝き続ける童謡詩人、金子みすゞ。その作風からは想像もつかない程、壮絶で悲惨な生涯を生きた詩人の物語を描いた意欲的な作品だ。〝若き詩人中の巨星〟と西條八十に絶賛を受けながらも26歳で夭折した童謡詩人金子みすゞ、没後その作品は散逸し、幻の天才作家として語り継がれていたが、死後半世紀を経て遺稿集が発掘されて、その人物にも注目が集まる様になる。優れた作品を残しながらも若くして自ら死を選んだ理由は、いったい何だったのか？　その理由を静かに探る物語になっている。

幼い頃、養子に出された実の弟とは知らずに、心密かに慕うみすゞの苦悩が描かれ、映画は無声映画の様に所々でみすゞの詩が挿入される。最愛の娘をもうけた時も、彼女の詩は微笑ましい。しかし政略結婚をさせられ、放蕩の限りを尽くす夫からの仕打ちによって、彼女の精神は徐々に異常をきたすようになる。伝説的な詩人の生涯は悲恋の物語でもあった。

アラーキーこと荒木経惟氏が担当したスチールが、何故だか艶かしい。

109

# 光の雨

Rain of Light／２００１年／日本／１３０分
監督：高橋伴明
出演：萩原聖人、裕木奈江、山本太郎、池内万作
日本公開日：２００１年12月8日

高橋伴明監督の映画だ。連合赤軍を描いた物語は、永く様々な監督が映画化を模索していた。誰でも知っているのは『青春の殺人者』や『太陽を盗んだ男』の長谷川和彦監督が何度もシナリオを書き直しているという噂だった。また連合赤軍に参加した重信房子や足立正生と関係が深い若松孝二監督も企画を練っている最中だと聞いていた。

連合赤軍とは一体なんだったのか？　または全共闘世代の目指した社会とはどんな社会だったのか？　その答えを探す過程は、監督たちの頭から離れない一種のトラウマなのかもしれない。特に全共闘世代と呼ばれる監督や作家たちにとって、それは一つの踏み絵のようなテーマなのか。

韓国の３８６世代の監督たちが、積極的に民主化運動や70年代の独裁政権下での物語を描く姿勢に近いだろう。ただ決定的に違うのは、彼等がそれを克服した勝利者の視点で描くのに比べて、この国の作家たちは未来志向で捉えることが出来ないゆえに重苦しい物語に終始してしまいがちだ。

そんな中、立松和平氏の小説を映画化した本作は、突然浮上してあっという間に完成した印象だ。この映画の最大の功労者は、立松和平の小説「光の雨」をそのまま映画化するのではなく、「光の雨」を映画化する過程を映画化する劇中劇に変換したシナリオ・ライターの青島武だろう。本作のプロデューサーも務めているが、彼は高倉健が主演した『あなたへ』や『ヴァイブレーター』でも、主人公の繊細な心理を的確に捉えたシナリオを書いている。

ある日、若手のディレクター阿南（萩原聖人）は、映画のメイキング撮影を依頼される。連合赤軍による同志リンチ事件を扱った「光の雨」を映画化する企画で、ＣＭディレクター樽見（大杉漣）の初監督作だという。キャスティングされたのはお笑い芸人、新人俳優、アイドル女優といった面々で、彼等は演じながら、30年前に実在した同世代の若者達の行動に疑問を感じ、やがて「役」に飲み込まれて行く。

とても斬新な企画だった。特に裕木奈江、山本太郎、池

内万作らが「役」に同化して行く現代の若者をリアルに演じていた。

# 2002年

110

## バスを待ちながら

Lista de Espera／2000年／キューバ＝スペイン＝仏＝メキシコ／106分
監督・脚本：J・C・タビオ
出演：ウラジミール・クルス、タイミ・アルバリーニョ
日本公開日：2002年1月19日

キューバ映画の魅力が詰まった映画だと感じて嬉しかった。キューバは長細い島だ。移動手段はバスが最も一般的だけど、その公共バスは日本のように時間通りには運行されない。1時間の遅れは序の口で、時には2時間以上遅れることもザラだ。そんな交通事情をユーモアたっぷりに笑い飛ばしながら、尚且つキューバ人のラテン気質を大らかに表現した映画が、この『バスを待ちながら』だ。

ファン・カルロス・タビオ監督と主演のウラジミール・クルス、ホルヘ・ペルゴイアの黄金トリオの他、脚本セネル・パスや音楽ホセ・マリア・ビティエールなど再び『苺とチョコレート』のチームが集まって製作した本作は、新ラテンアメリカ映画祭でグランプリと最優秀脚本賞を受賞している。それほど、ラテンアメリカの人たちの心を掴んだ作品と言えるだろう。

キューバの名物とも言える〝行列〟をモチーフに、様々な人種が混在するキューバならではの物語が描き出すのは、「人と人のつながり」という普遍的でありながら、現代社会で最も希薄になりつつあるテーマだ。AIやITといった機械的な単語はもちろん、携帯電話さえ一切出来ない、それでいて爽やかな笑いと音楽にのせて、心のユートピアをファンタジックに提示してくれる。キューバ映画は、いつも〝本当の幸福〟や〝生きる希望〟といったシンプルなテーマを描いて心をリセットさせてくれて心地よい。

111

# 沈みゆく女

Suspicious River／2000年／カナダ／92分
監督・脚本：リン・ストップケウィッチ
出演：モリー・パーカー、カラム・キース・レニー
日本公開日：2002年2月16日

ネクロフィリア（屍体愛）というショッキングな行為を描いてデビューしたカナダを代表する女性監督リン・ストップケウィッチの映画は目を背けたくなるような描写があるから、あまり好きじゃなかった。ただ、この映画の主演女優モリー・パーカーには驚かされた。熱演する彼女を観ていると、物語から目が離せなくなる。

カナダのバンクーバーにある鄙びたモーテル。主婦のレイラはフロント係を勤めている。9月のある日、初めてレイアはモーテルに泊まりに来た客を相手に、宿泊料金と同じ額でセックスをした。その翌日も同じように、客をとった。

やがて噂を聞きつけた男たちがレイラを訪ね、モーテルにやってくるようになる。レイラはセックスでお金を得る自分を、不幸だとは感じない。客のひとり、ゲイリーはそんなレイラに夢中になり、彼女と一緒に街を出ようと言う。

原作は、アメリカの女性作家ローラ・カシシュケの長編第一作。レイラの生い立ち、結婚生活やモーテルの勤務をめぐるあまりにも衝撃的な内容に賛否両論を巻き起こした。映画はレイラという女性の深層心理に深く迫って行く。

レイラは何故、モーテルで客を取り続けたのか、ゲイリーとは一体何者なのか、レイラの母親は何故、叔父のそばで突然死したのか、それらの秘密が明らかになって行くにつれ、レイラの抱える心の闇が明らかになって行く、優れたサスペンス映画だ。難しい原作を映画に仕上げる手腕には感心した。

112

# ピーピー兄弟

The Bleep Brothers／2002年／日本／102分
監督・脚本：藤田芳康
出演：剣太郎セガール、ぜんじろう、みれいゆ、香川照之
日本公開日：2002年3月30日

面白いコンセプトだと思った。テレビでは決して見られ

ない人物の際どい物語だ。なぜなら舞台はストリップ小屋、そこはいわゆる放送禁止用語のオンパレードだ。

兄のイクオ(ぜんじろう)はチビでメガネ。弟のタツオ(剣太郎セガール)はノッポで男前。漫才コンビを組む二人だが、イクオの頑固さとタツオの短気が災いして、どの劇場でもうまくいかない。金がなくなれば、嫌嫌ながら実家の葬儀屋でバイトする日々。大阪・十三のストリップ劇場で舞台に立つが、所詮そこはストリッパーが主役。客のヤジが降り注ぐ中、ブチ切れたタツオが過激な下ネタを連発する。だが意外な事に、焦るイクオを尻目に客は大受けする……。ピーピー音に唖然となりながらも、そこに見えるのは大衆の下世話な好奇心とそれを最大限利用しつくそうとするマスコミへの批判。

本作の脚本は1998年のサンダンス映画祭・NHK国際映像作家賞を受賞した。作者であり監督でもある藤田芳康は、サンダンス・インスティテュートで学んだ後、フランスでもワークショップに参加した国際派だ。主演のぜんじろうは吉本興業に所属するコメディアンで、もう一人の剣太郎セガールはスティーブン・セガールの長男だ。剣太郎が生まれも育ちも十三出身という事実が面白い。

113

# 友へチング

Chingu/2001年/韓国/118分
監督・脚本:クァク・キョンテク
出演:ユ・オソン、チャン・ドンゴン
日本公開日:2002年4月6日

## 当時の韓国映画、最高のヒット作

韓国映画史上、初めて800万人の観客動員を達成した映画だ。600万人を動員した『シュリ』の公開から、たった2年後に記録更新を果たした本作は、東宝東和からの提案だった。東宝東和の副社長だった松岡宏泰氏が、韓国で映画を観て気に入り、独自に買い付けた。韓国映画を配給した経験のなかった東和が、ノウハウのある我々に声を掛けてくれ、配給協力した。

1976年夏、釜山。ヤクザの顔役を父に持つジュンソク(ユ・オソン)は、無口だが喧嘩が強く情に厚い少年だ。葬儀屋の息子のドンス(チャン・ドンゴン)も喧嘩っ早く憎めない存在だ。それに優等生のサンテクとお調子者のジュンホの4人の小学生は、いつも一緒だった。そんな4人の関係は、高校からジュンソクとドンスが退学処分になり、歯車が狂いはじめる。二人は裏社会に足を踏み入れ、対立してゆくようになる。

少年時代を描いた風景には、誰もが「いつか通ったことがある」と錯覚するような、かつての日本にも通じる美しい釜山の街並みの中で遊ぶ姿が、みずみずしく切り取られている。成長した彼等の生き様は、うって変わって血で血を洗う派閥抗争が迫真の演技と怒涛の迫力で描かれる。静から動へ、ノスタルジーからノワールへ、そして一挙に深い感動へとなだれ込む。

監督、脚本は釜山出身のクァク・キョンテクが自らの体験をもとに2年間の執筆期間を経て書き上げたオリジナル・ストーリーだけに、登場人物一人一人が生き生きと躍動している。すでにスターとしての地位を確保していたチャン・ドンゴンは、それまでのイメージを覆すような陰のある役柄を熱演し、アジア太平洋映画祭で、ユ・オソンと共に最優秀主演男優賞を受賞した。本作の中で使われる「シタバリ」は日本語の手下にあたる俗語だけど、流行語にもなった。

114

# KT

KT／２００２年／日本＝韓国／１３８分
監督：阪本順治
出演：佐藤浩市、キム・ガプス、チェ・イルファ
日本公開日：２００２年５月３日

## 金大中大統領が観た日本映画

企画の発端がなんだったのか、ハッキリとは覚えていないが、阪本順治と話す中で、「李さんとしか出来ない映画をやりたい」という一言が、記憶に強く残っている。僕たちは「今だからこそ描ける、そしてシネカノンでしか撮れない映画」を前提に、金大中拉致事件という日韓の歴史の闇を描こうと考えた。中園英助氏の小説「拉致」を原作に、荒井晴彦にシナリオを依頼した。

荒井氏と組んでみようと提案したのは阪本だったけれど、シナリオに関しては二人の間でギクシャクとしたムードが流れた。荒井氏が最初に上げてきたシナリオは３００枚を超える大河ドラマのようなシナリオだった。５時間を超える尺の映画を製作する意向はなかったので、

物語の核をどこに置くかといった議論が先行した。ただこの絞り込み作業が映画の方向性を定めるために役に立った。

1973年8月8日、金大中・元韓国大統領候補が、九段のホテル・グランパレスから突然姿を消した。5日後、ソウル市内の自宅前で目隠し、傷だらけの姿で発見された。当時、彼の消息を巡って日本と韓国、そしてアメリカまでも巻き込んだ国家間の緊張は極限まで高まった。拉致・暗殺指令を受けた諜報部員たちは、なぜ彼を殺さなかったのか？ 計画に関わった日本人が〝空白の5日間〟に取った行動とは？ 「政治的妥協」という形で真相究明の道を閉ざした事件の背後には、一体どんな「真実」が隠されていたのか？

映画『KT』は、謎に満ちた事件に関する調査・証言をもとに、関係した日韓の様々な人物の心理と行動を大胆に描く、一種の「ノンフィクション・ドラマ」を目指した。これまで全く描いてこなかった黒歴史を描く上で、スパイ・拷問・殺し屋・秘密警察・暗殺・裏切りといった暗い要素がてんこ盛りだ。

ポリティカル・サスペンスというジャンル自体が日本映画には少なく、モデルになる映画が見当たらなかったが、僕は真っ先にコスタ・ガブラスの『Z』を例に挙げて、映画のトーンを提案した。と同時に、必然的に韓国での撮影がマストになり、自ずと日韓合作の映画になることを覚悟した。

三島由紀夫の市ヶ谷駐屯所での切腹から始まる物語は、緊張感のあるシーンの連続だった。靖国神社のお膝元、千鳥ヶ淵での撮影中に突然、ヘリコプターが飛び交って撮影を中断した。その日、小泉首相が靖国神社へ参拝したニュースが流れ、それに反発した韓国のロケーション先から、日本映画への協力を断る連絡が入った。日韓の政治的混迷を克服しようと製作する映画にも拘らず、政治が映画を止めてしまう。そんな現実に愕然としながら、次の手を打つしか方法はなかった。僕の窮地を救ってくれたのは、これまでに韓国映画の配給で築いた人脈と信頼だった。FOX・コリア代表のジェシー・リーは韓国での配給を引き受けてくれ、李柱益の協力を得て、釜山の東西大学が撮影を許可してくれた。韓国での香盤表は徐々に埋まっていった。

キャスティングが、この映画の要なのは解っていた。主な俳優は佐藤浩市演じる元自衛官と、彼に金大中の暗殺を依頼するＫＣＩＡのエージェント。特に韓国でタブーとされる拉致事件の実行犯、ＫＣＩＡエージェントの選考が難航した。僕は、イム・グォンテク監督の『大白山脈』を観て以来、その強烈な個性に惹きつけられてキム・ガプスのファンだった。彼の起用は僕にとってのファーストチョイスだったし、彼はこの難しい役を引き受けて、見事に演じてくれた。

クライマックスでの、彼の「暴走」は伝説的な名演技だと思っている。金大中役には舞台俳優のチェ・イルファが、そして今や「梨泰院クラス」で人気を博したユ・ジェミョンと、『新しき世界』や『皇帝のために』に出演するパク・ソンウン等が情報部員の役を演じている。

釜山港で撮影した際、船から港を撮らえたワンカットが問題になった。軍港でもある釜山港を管理する海軍情報部が、撮影済みフィルムの持ち出しを許可出来ないと言い出したのだ。焦った僕はあちこちを駆けずり回って、間一髪、何とか解決した。

完成した映画は予想通り、各方面から大きな反響があった。

本格的な日韓合作ということもあり、映画議員連盟の主催で、国会議員たちを招いて憲政会館での試写会を行った。試写会の後、壇上で森喜朗元首相と僕は映画について短いトークをする予定だったが、森氏はよほど映画が気に入らなかったようで、終了後にそそくさと席を立った。

読売ホールで行った完成披露試写会の日、ある事件が起きた。ゲストの移動に使っていた、本作のプロデューサーの椎井友紀子の車のフロントガラスとサイドミラーがご丁寧に全部破られていた。三里塚でバリケードを張っていた経歴を持つ、辣腕の彼女もさすがに蒼ざめた顔をしていた。更に前日には阪本監督の自宅に無言電話があったりもした。

撮影の中断に次いで、上映の妨害としか考えられないような様々な出来事が起きたけれど、一方で映画の評価は鰻登りだった。

ベルリン映画祭のコンペティションに招待され、僕らはパリ経由でベルリン入りした。公式上映の前に司会者から「日本一勇敢なプロデューサー」と紹介されたことをよく憶えている。映画は映画祭でも高い評価を得た。有名評論家のフィリップ・ポンス氏はル・モンド誌で「冷戦時代の小説であるジョン・ルカレの洗練されたスパイ小説を想起させる」と絶賛してくれた。音楽は布袋寅泰が緊張感のある素晴らしいスコアを書いてくれた。そしてなんと言っても主演の佐藤浩市がベストの演技を披露している。原田芳雄、光石研、香川照之、筒井道隆、江波杏子等がしっかりと脇を固めている。

公開後、暫くして韓国からメッセージが届いた。映画を金大中大統領が観たという内容だった。氏曰く「映画を観て、当時を思い出して涙が出た」。

それを聞いて僕も泣けた。苦労した甲斐があったと心から感じた瞬間だった。

115

# 銀杏のベッド

The Gingko Bed／1996年／韓国／86分
監督・脚本：カン・ジェギュ
出演：ハン・ソッキュ、ジン・ヒギョン
日本公開日：2002年6月8日

『シュリ』で韓国映画の歴史を変えたカン・ジェギュ監督が手掛けた1996年の映画。『シュリ』と同じくハン・ソッキュを主演に起用し、『ディナーの後で』のチン・ヒギョンと『天国の階段』のシン・ヒョンジュンが共演している。

平凡に暮らす画家スヒョン（ハン・ソッキュ）が手に入れた、銀杏の木でつくられた一台のベッドは唯一無二のデザインで目を引いた。銀杏のベッドで寝たその日から、彼の身の回りで不思議な出来事が相次いで起こる。突然、何者かに命を狙われたスヒョンは、謎の美女ミダンに助けられる。とまどうスヒョンに明かされたのは、1000年という時空を超えて現代に蘇る恋、そして燃え盛る嫉妬の炎。そんな伝説と激しい感情を封印したベッドだった。

今ならネットフリックスでドラマシリーズが成立しそうなファンタジックなラブ・ストーリーだ。『シュリ』に大ヒットを受けて、僕はカン・ジェギュ・フィルムと複数本の契約を結んだ。その最初の作品の本作はシネアミューズで公開した。

116

# 燃ゆる月

Danjeogbiyeonsu（The Legend of Gingko）／２０００年／韓国／１１７分
監督・脚本：パク・チェヒョン
出演：チェ・ジンシル、キム・ユンジン
日本公開日：２００２年6月15日

『銀杏のベッド』の続編にあたる作品として、古代朝鮮を舞台に運命に翻弄される少女と戦士たちを巡る一大スペクタクル映画だ。カン・ジェギュは製作総指揮にまわり、人気絶頂のキム・ユンジン、チェ・ジンシルが主演し、名優ソル・ギョングが共演している。

1年間の撮影準備期間をかけて、撮影期間9ヶ月、撮影回数105回、2500カットに及ぶその映画は、かつてないスケールだった。製作費用は『シュリ』の2倍以上を投入し、済州島や慶尚南道、山清、文京をはじめとする韓国の秘境をキャンバスに、壮大なアクションと悲恋ドラマを描き出した。カン・ジェギュが全幅の信頼を寄せたパク・チェヒョン監督の構想力は飛び抜けて斬新で衣装を含めた独特なビジュアルには驚かされたが、映画の完成度はその膨大な労力に比例するものではなかった。

伝説的な美人女優イ・ミスクが久しぶりにスクリーンに返り咲いた映画として話題を呼んだ。公開は『銀杏のベッド』と併せて連続上映した。

117

# ラストタンゴ・イン・パリ

Last Tango in Paris／１９７２年／仏＝伊／１２９分
監督・脚本：ベルナルド・ベルトルッチ
出演：マーロン・ブランド、マリア・シュナイダー
日本公開日：リバイバル

「シネカノン・クラシックス」の一環でユナイトから配給権を預かって公開した。

誰もが知るベルナルド・ベルトリッチの傑作だが、確かマーロン・ブランドが死去した直後に追悼上映したはずだ。2004年7月1日に、この世を去ったハリウッドの伝説は多くの崇拝者や後継者を産み、アル・パチーノやデ・ニーロなどの演技スタイルに大きな影響を与えた。1972年製作の本作は、マーロン・ブランドがあの『ゴ

ッドファーザー』の撮影直後に主演した映画で、そのスキャンダラスなキャラクターが大きな話題となった。若干31歳のベルトリッチの描く奔放な男女のセックスが、世界中でセンセーショナルを巻き起こした。本国イタリアでは公開4日目で上映は禁止され、日本では問題シーンを勝手にトリミングし、ボカシを入れ、色調まで変えてしまう改編を施した。

もちろん無修正完全版として公開した。

118

# ナビゲーター ある鉄道員の物語

The Navigators／2001年／英＝独＝スペイン／96分
監督：ケン・ローチ
出演：ジョー・ダッティン、トム・クレイグ
日本公開日：2002年8月31日

1993年、英国鉄道民営化法が制定され、誇り高き〝鉄道員〟たちは〝サラリーマン〟に変わった。それは昨日まで仲間として働いていた者が明日からライバル会社で数字を競い合い、同じ会社でも現場と管理する側に分かれ、何よりもリストラによる多くの失業者を産む事を意味した。

ともすれば悲惨で暗くなってしまう話を、ケン・ローチは独特のユーモアで鉄道員たちの滑稽なやりとりを全編にちりばめ、全体を笑いに包み込んでいる。そして皮肉を込めた笑いは、政府に対する強烈な批判に満ちている。笑いの後に訪れる衝撃的な、あまりにも〝人間的な〟ラストシーンには、誰もが唖然とするだろう。『ブレッド＆ローズ』に引き続き撮った本作は、実際に鉄道関係で働いていたライター、ロブ・ドーバーが書いたシナリオをもとにしている。そしてイギリスでは映画をなぞるように鉄道事故が多発して、今や世論は経済優先の民営化の問題視し始めている。遠いイギリスだけの話ではない。我々の国でも民営化による弊害は、あちこちに見られる。何よりも鉄道や電力や水道などを〝株式会社〟にして合理化することが正しいのだろうか？

この物語を書いて、ケン・ローチに映画化を直訴したロブ・ドーバーは、2001年2月20日、鉄道勤務におけるアスベストに起因する胸膜中皮腫で亡くなった。またも

巨匠の問題提議に唸る思いだった。

119

## ブレッド&ローズ

Bread and Roses／２０００年／英＝仏＝スペイン＝独＝スイス／１１０分
監督：ケン・ローチ
出演：ピラール・パディージャ、エイドリアン・ブロディ
日本公開日：２００２年８月31日

ケン・ローチが初めてアメリカでメガホンを取った映画だ。タイトルは１９１２年にマサチューセッツ州で移民労働者達がストライキをした際に掲げたスローガンだ。〝パン〟は人として生きて行くためのギリギリの「糧」を、〝薔薇〟は豊かに生きるための「尊厳」と「希望」を象徴している。

資本主義の権化とも言える国だが、実は労働者の日であるメーデーも全米職能労働組合連合が１８８６年に、シカゴを中心に各地で8時間労働を求めてストライキしたのが起源だ。

ローチは初めてアメリカで撮影するにあたり、現地スタッフはスティーブン・ソダバーグから紹介してもらい、様々な規制に関する多くのアドバイスも受けたという。パーティーのシーンでは、ローチ監督を尊敬する、ティム・ロスやベニチオ・デル・トロなどがカメオ出演している。

舞台はロサンゼルス。メキシコとの国境に近いこの地域には、中南米諸国からの多くの移民が様々な悪条件の下で暮らしている。本作では彼等の労使間紛争にスポットを当てて社会問題を提起しながら、それ以上に様々な逆境に立ち向かって力強く生きる姉妹の絆と、それぞれの愛をリアルに描いている。主人公マヤと心を通わせるサム役のエイドリアン・ブロディは、翌年のカンヌ映画祭でパルムドールを獲得した『戦場のピアニスト』に主演した。

120

## 木曜組曲

Suite de Jeudi／２００１年／日本／１１３分
監督：篠原哲雄
出演：鈴木京香、原田美枝子、富田靖子、西田尚美
日本公開日：２００２年10月12日

この頃、光和インターナショナルの鈴木光から預かった映画を何本か連続配給した。本作はその最初の作品で、恩田陸の初映画化作品でもあった。

4年前に謎の薬物死を遂げた耽美派女流作家の重松時子（浅丘ルリ子）。時子を偲び毎年時子の館に集う5人の女性たちは、それぞれが時子の死に割り切れない思いを残し、いまだにその死を乗り越えられないでいる。そして偲ぶ会に、謎の花束が届く。添えられたメッセージを見た一同は驚愕する。そこには「皆様の罪を忘れないため、今日この場所に死者のための花を捧げます」と書かれていた……。

篠原哲雄が監督し、大森寿美男が脚本を書いた。鈴木京香、原田美枝子、加藤登紀子、浅丘ルリ子、西田尚美、富田靖子、等が共演したサスペンス・ドラマだ。

121

## ストーリーテリング

Storytelling／２００１年／米／87分
監督・脚本：トッド・ソロンズ
出演：ジョン・グッドマン、マーク・ウェバー
日本公開日：２００２年11月16日

『ハピネス』のトッド・ソロンズは、人間の愛すべきダークサイドを描き続けている。今回の物語は「フィクション」と「ノンフィクション」の2部構成だが、その強すぎる毒気に公開時にはＮＣ‐17（18歳未満は入場禁止）に指定されてしまった。

「フィクション」で描かれるのは障害者の彼氏マーカスとピューリッツア賞作家である黒人のスコット教授をめぐる女子大生ヴァイのめくるめく性の世界。「ノンフィクション」では長男スクービー（もじゃもじゃ頭の落ちこぼれ受験生）、次男ブレイディ（モテモテ花形アメフト選手）、三男マイキー（謎の催眠術を操る小学5年生）を抱えるリビングストン家の受難を描きながら、そこにあるアメリカ社会における人種、階級、障害、性、学歴、というあらゆるモラルに対するタブーへの挑戦だ。

それらを決して真面目に描くのではなく、強烈なキャラクターの異常行動を通してアイロニカルに描くのがソロンズの真骨頂だ。巨漢のユダヤ系パパを演じるのは、コーエン兄弟作品でお馴染みのジョン・グッドマン、ゲイじゃないのにゲイの友達に身体を提供する長男役にはマーク・ウェーバー、そして後に『キューティー・ブロンド』が大ヒ

ットするセルマ・ブレアなどが参加している。

小学生のマイキーが「これだけ貧乏なのにまだ天国なんて信じているの?」って親に訊くシーンや、「黒人差別なんて絶対しないわ」と言い切りながら、合言葉のように「ウィーアー・ザ・ワールド」を連発する女子大生ヴァイなど、超弩級のブラック・ユーモアが炸裂している。

122

# ガール・フロム・リオ

Girl From Rio／２０００年／英＝スペイン／１０３分
監督・脚本：クリストファー・マンガー
出演：ヒュー・ローリー
日本公開日：２００２年11月23日

僕が企画製作した『のど自慢』を国際交流基金の支援を得てブラジルで上映する機会があった。36時間を掛けてサンパウロに降り立った時には、足がパンパンになって流石に長旅を実感した。日系ブラジル人にとって、半世紀以上続くＮＨＫ「のど自慢」は特に人気の高い番組で、国際放送で最もポピュラーなプログラムらしく、映画『のど自慢』の上映会にはたくさんの観客が集まってくれた。地元の人気歌手マリーザ・モンチや『ガイジン』を監督した山崎チズカ氏らも会場に駆けつけてくれた。そんな機会を利用して、僕はサンパウロだけでなく、リオデジャネイロにも足を伸ばして是非、伝説のサッカー競技場「スタジオ・ド・マラカナン」でサッカー観戦を希望した。ガイドのエジソンは、「日本人が、リオでサッカーを見るのは危険だ」と判断して、地元の警察官リカルドに同行してもらう安全対策を提案した。

結局、リカルドは僕らをリオのファベーラ（スラム）まで案内してくれたのだが、その日のファベーラ地区の家々や、路地でボールを蹴る少年たちの姿に強烈な印象を受けた。

『ガール・フロム・リオ』はブラジル映画ではなく、イギリス映画だけど、リオのファベーラに舞い込んだ男が身をもって「ブラジル」を体感する物語だ。

霧雨が降るロンドン。誰もが心躍らすクリスマスの夜。冴えない銀行マンのレイモンド（ヒュー・ローリー）が帰宅すると、彼を捨て、日頃から何かとソリの合わない上司と駆け落ちする妻の姿があった。茫然自失の状態でレイモンドは、ヤケを起こして銀行の金庫の溢れんばかりの札束をカバンに詰めた。そして彼は憧れの地、リオデジャネイロに向かう。なんと『月刊サンバ』の表紙を飾る伝説のダンサー（サンチアゴ・セグラ）に会うために……。

　名作『ウェールズの山』を監督したクリストファー・マンガーが、『スチュアート・リトル』のヒュー・ローリーを主演に起用したコメディ。サンバだけが心の支えのペシミスティックなイギリス人銀行マンがサンバを通じて「人生にとって大事なもの」に目覚めていく姿を独特のペーソスを交えて、コミカルに描いている。イギリス人にとってリオはトロピカルな楽園のイメージが定着している。

123

# 夜を賭けて

Throgh the night／２００２年／日本＝韓国／１３３分
監督：金守珍
出演：山本太郎、ユ・ヒョンギョン、風吹ジュン
日本公開日：２００２年11月30日

## 他のどんな映画にも似ていない型破りの熱血作

１９８０年代、在日の「文化人」たちは解き放たれたように一斉に飛び立つようだった。１９８６年にパリから帰国したばかりの僕は、連日新宿に通っては様々な分野で居場所を見つけた「仲間」たちと安酒を飲んでいた。新宿梁山泊の金守珍、作家の梁石日、劇作家の鄭義信、歌手の白竜、朴保、役者の金久美子、朱源実、カメラマンの金徳哲、監督の崔洋一、金秀吉、金佑宣等が夜な夜な集まってはお互いの夢を語り合い、泣いたり叫んだりしていた。

　一番の兄貴分の梁石日は、当時まだ「前借り作家」の身だったが、彼が書き描く在日コリアンは、それまでの文学作品に存在しなかった、リアルな人間だった。登場人物は世を拗ねたインテリでもなければ、アウトローの道を直走るクレイジーなヤクザでもなかった。僕たちが知る普通の在日コリアンがそこにいた。

　「タクシー協奏曲」「タクシードライバー日誌」に匹敵する梁石日の代表作が、この『夜を賭けて』だ。映画化の試

みは何度かあったが、大阪の大規模な兵器工場跡地を再現する計画は、規模の大きさから一度も実現しなかった。

新宿梁山泊の金守珍が監督に名乗りをあげて、出版社アートトンの郭充良がプロデュースを引き受け、更に韓国の制作プロダクション、サイダス・エンターテイメントのチャ・スンジェがロケーション協力した。

オーディションを経て、山本太郎が主演に選ばれ、破天荒でクレイジーな企画に賛同した樹木希林、清川虹子、李麗仙、風吹ジュン、奥田瑛二らが合流した。韓国に巨大なオープンセットを建て、集落から鉄道、川まで作って50年前前の風景を再現した。

1958年、戦後の焼け跡が残る大阪、京橋界隈。立ち入り禁止の兵器工場後に忍び込み、鉄屑を運び出して売り払うタフな連中が実在した——その名は「アパッチ」。川沿いの集落を構えて貧しい生活を営んでいた彼等は、対岸の広大な廃墟に「お宝」が埋まっている事を知り、船で運河を渡り、警察に追われながら、鉄を掘り起こす。そんなパワフルな「アパッチ」たちのサバイバルを描いた映画の配給を引き受けた。当時、渋谷の事務所を貸していた縁もあり、アートトンから委託された映画だった。

梁石日の原作を映画化し、「在日」が登場する映画だから、シネカノンが製作したと勘違いする業界人も多かったが、実は違った。もちろん当初から高い関心を持って注視していたが、演劇人が集まって韓国に乗り込んだ経緯を知って、些かの危うさを感じていたのも事実だ。だが映画作りの常識を覆し、他のどんな映画にも似ていない型破りな熱血作が見事に完成した。シネアミューズと新宿武蔵野館で公開した。

莫大な製作費を掛けた割には、ヒットさせられず申し訳なかった。それでも金守珍はまだパート2の製作を諦めていない。一番、パワフルなのは彼自身なのだ。

124

## 情婦

Witness for the Prosecution／1957年／米／117分
監督・脚本：ビリー・ワイルダー
出演：タイロン・パワー、マレーネ・ディートリッヒ
日本公開日：リバイバル

名作をリバイバル公開した。アガサ・クリスティーが自

身の原作を映画化した中で、最も好きだったという。原題は「検察側の証人」だが、ブロードウェイでロングランされた舞台劇を、ビリー・ワイルダーが監督した。マレーネ・デートリッヒがいかに偉大な女優なのかが証明された映画だけれど、この年のアカデミー賞で彼女の名前は呼ばれなかった。

125

## お熱いのがお好き

Some Like It Hot／1959年／米／122分
監督・脚本：ビリー・ワイルダー
出演：マリリン・モンロー、トニー・カーティス
日本公開日：リバイバル

ビリー・ワイルダーの傑作コメディに主演したジャック・レモンはアカデミー主演男優賞に輝いたが、実はワイルダーはスタジオから、主演はフランク・シナトラで撮ってくれと頼まれていたらしい。打ち合わせに現れないシナトラに嫌気がさして、ヤケになって無名に近かったジャック・レモンを指名したとか。何よりも凄いのは、マリリン・モンローの精神状態が最悪の時に撮影したにも拘らず、最高のコメディー映画に仕上がっている点だろう。トニー・カーチスとの相性も抜群に良く見える。

126

## アパートの鍵貸します

The Apartment／1960年／米／121分
監督・脚本：ビリー・ワイルダー
出演：ジャック・レモン、シャーリー・マクレーン
日本公開日：リバイバル

言わずとしれたビリー・ワイルダーの名作。彼は、本作でアカデミー賞の監督賞、脚本賞、作品賞と全ての栄冠を手にした。長い間、温めて来たワイルダーの企画をI・A・L・ダイヤモンドのウィットに富んだセリフが観る者を惹きつける、シチュエーション・コメディのお手本だ。ジャック・レモンとシャーリー・マクレーンが素晴らしいのは言うまでも無いが、アレキサンドル・トローネルの美術が凄い。

遠近法を利用した巨大オフィスのシーンは、もはや伝説

だろう。彼は、マルセル・カルネの名作『天井桟敷の人々』でも、その天才ぶりを発揮している。トローネルはワイルダーの1950年代の名作『情婦』や『昼下がりの情事』でも仕事をしているが、なんと1984年、リュック・ベッソンの『サブウェイ』の美術でもセザール賞も獲得している。まさに伝説の美術監督だ。

127

# SWEET SIXTEEN

Sweet Sixteen／2002年／英＝独＝スペイン／106分
監督：ケン・ローチ
出演：マーティン・コムストン、ミッチェル・クールター
日本公開日：2002年12月28日

## ケン・ローチ、これまでの作品を凌ぐ最高傑作

80歳の老監督が15歳の少年を描いて傑作に仕上げた。あの『大人は判ってない』の現代版とも言える、少年たちのヒリヒリした痛みが伝わる映画だ。緑豊かな田園が広がるスコットランドの田舎町。厳しい現実から抜け出そうともがき苦しむ少年たちの焦燥感、母親を想う無垢な心と親友との葛藤、少年期特有の無機動な高揚感、そんな青春の光と影を見事に掬い取った物語は、カンヌ映画祭でポール・ラバティが脚本賞に輝いた。

服役中の母ジーンはリアム（マーティン・コムストン）の16歳の誕生日前日に釈放される。リアムは胸をときめかせて今の生活を抜け出す決意をしていた。それは母に付きまとうチンピラどもの手の届かない場所で、母と姉とささやかな生活を送る事だった。リアムは新生活のために割り切ってドラック販売に手を染めてしまう……。

世界中の多くのクリエーターがリスペクトするイギリスの至宝ケン・ローチの本作は、BBCが「彼のこれまでの作品を遥かに凌ぐ最高傑作」だと評した。

ローチは常に社会に対する鋭い批評性と、人間を見つめる厳しくも優しいまなざしを持っているが、本作は社会性よりもドラマ性が突出した輝きを見せていた印象だ。

ケン・ローチが選んだ新人マーティン・コムストンを招聘してキャンペーンした。セルティックFCの熱心なファンであるマーティンは、僕に名前入りのセルティックの

ユニフォームを持参してくれた。フットサルで一緒にボールを蹴った雨の日や舞台挨拶の為に彼がわざわざ持参したスコットランドの正装姿が忘れられない思い出だ。

128

# ウエスト・サイド物語

West Side Story／1961年／米／151分
監督：ロバート・ワイズ、ジェローム・ロビンス
出演：ナタリー・ウッド、リチャード・ベイマー
日本公開日：リバイバル

説明の必要はないだろう。ミュージカル映画の金字塔にして、アメリカ映画の長い歴史の中でも、アカデミー賞で作品、助演男優、助演女優、監督、撮影、美術、音響、編集、音楽、衣装の10部門を受賞した偉大な映画だ。さらに演出家のジェローム・ロビンソンに特別賞が贈られたほど、ハリウッドはこの映画を愛している。主に舞台公演を行うル・テアトル銀座で、デジタル・リマスターバージョンとして上映した。600席の会場が満席になる程、ファンの多い名画だ。

INTERVIEW

# 配給とプロデュース

李鳳宇は言う。

「配給って恋をするようなもので、〝この子とつながりたいな、この子のことをもっと知りたいな〟というモチベーションがないと進めないと思うんです」

構成＝生嶋マキ

写真：REX/アフロ
『ファニーゲーム』（ミヒャエル・ハネケ）

海外映画の配給と、日本映画の製作を同時に行う会社やプロデューサーは存在してきた。しかし、合わせて244本（2023年現在）という途方もない数の映画の「配給」と「プロデュース（製作）」を個人的に成し遂げたのは、李鳳宇しかいないだろう。「海外から映画を買うこと」と「日本映画を製作すること（時には、それは合作でもある）」は、李鳳宇の中でどのようにつながりっているのか――。

――パリに留学して映画を学んだ李さんが、最初は〝映画を作る〟のではなく、最初に〝配給を選んだ〟その思いを聞かせてください。

もちろん映画を作りたいという気持ちはずっとありました。しかし、いきなり最初から映画制作ができるわけではない。何から始めるべきかと考えたら、お金がなくてもできるのが、〝配給〟だったんです。配給と宣伝から入って、映画業界の仕組みを学びたい。それには、まず一本映画を買ってみようと。ディストリビューションに関わることで経験を積み、いつかは映画館をやりたいというビジョンを持っていました。僕が留学先のパリから帰ってきて、すぐに始めたのは、〝配給を入り口とした業界観察〟です。

そこでひとつわかったことは、映画は圧倒的にマンパワーが必要だということ。意思を同じくする人が集まって、映画を成功させることが大事なのです。映画の撮影現場は〝〇〇組〟と呼ばれて、監督のまわりに人が集まってくるでしょう？　その感覚で、配給本数を増やそうと考えていました。数が増えると、さらには方向性が見えてきて、自分のカラーが生まれる。カラーが合えば一緒にやりたい、と志を同じくした人たちが集まってくる。ある意味、映画って宝探しみたいなもの。一緒に宝を探しに行こうと集まってくるところに夢があります。

――当時はミニシアター系が主流だった時代です。反対に、配給会社が淘汰されていく時代が来て、さらに配信が始まる前の過渡期ともいえます。

僕がシネカノンを始めた頃は、レンタルビデオの全盛期です。80年代後半から90年代、ギャガ・コミュニケーションズが伸びたのは、レンタルビデオのおかげでしょう。当時、彼らは圧倒的な映像商社だったんですが、そこに何かのポリシーがあったわけではなく、ビデオをひとつの柱ビジネスにした商社という意味です。優秀な人材も多く排出したし、ミニシアターの時代において〝ギャガ〟はまったく存在が異なっていました。作家主義にこだわり、監督名で映画を買っていた配給会社は買えなくなっていきました。そして、シネセゾンもなくなり、日本ヘラルドもなくなり……。商売一辺倒になっていった時代が、10年くらい続いたでしょうか。そんな流れの中で、シネカノンやビターズ・エンド、ロングライドが誕生したんです。

――シネカノンは、〝すばらしい作品があるのに広まらない、どうしたら才能ある人の作品をもっと知ってもらえるか〟という想いから生まれたことを感じます。そうして実際に、グローバルで評価が高い作品を手がけるようになられましたが、李さんの映画の配給のポイントはなんだったのでしょう?

1997年か1998年頃です。ミヒャエル・ハネケの『ファニーゲーム』を小さな試写室で観て、すごい映画を観ちゃったなと感じました。ドイツ語圏の映画は、ヴィム・ヴェンダースを除くと、あまりヨーロッパではウケがよくなかった頃です。ヨーロッパの作家の中でも特にドイツ作品は売りにくい。『ファニーゲーム』はその典型です。

よく覚えているのは、試写室の風景です。50人ほどの座席に、座っていたのは30人くらいだった。上映後、部屋を見渡すと試写室には5人くらいしか残っていなくて。ほとんどの人が最後まで観られないような内容で、かなり酷評されていました。僕は最後まで見入ってしまいましたが、なんとも言えない感覚に襲われました。僕は監督のメッセージが痛いほど理解できました。直感的に、〝これを買わないといけない〟、そんな思いにかられたんです。

難しい作品なので、100万円にしてほしいと交渉して、日本に戻ったらスタッフに〝なんでこんなのを買ったんですか！〟と怒られました（苦笑）。ホラーでもない、サスペンスでもない、社会派ドラマでもない。ジャンル分けできないし、有名な俳優も出ていない。〝李さん、これ、失敗作ですよ〟と言われましたが、僕はみんなに、〝ハネケが演出している姿を想像してみなよ。この人、ハンパないよ！ 容赦せず子役にこんな演技をさせて、この演出ができる人は他にいないよ〟と説得したんです。そうやって、ちょっとずつですが、みんなを巻き込んでいった記憶があります。

ただ、やはりすぐには公開できず、3年くらいは経ったのかな。ハネケの『白いリボン』が、カンヌ映画祭のパルムドールをとりました。それでやっと公開が実現しました。彼はどんどん有名監督になっていったんです。

結論を言いますと、配給のポイントは、〝ただの直感〟です（笑）。これ、すごいかも、というね。もちろん、その直感が外れるケースも往々にしてあるので、スタッフたちは、僕の買いつけ作品に対しては否定的な時もありました。〝李さん、また変な映画を買わないでくださいよ〟って。ただ、それに対して僕がスタッフを説得できれば成功です。特に製作に関してはそうです。こういう映画を作りたいけど、どうかな？ つまらない？ では、これはどうしたらおもしろくなると思う？ と議論を交わし、それはこうすればいいんじゃないですか、という意見が出たら、それを採用していく。それを重ねて生まれたのが『のど自慢』です。〝あのＮＨＫでやっている番組の映画を作ったらどうかな〟とスタッフに言ったら、ええっ！と驚かれ、〝あれってダサくないですか？〟と大ブーキング。でも、その後に、〝だったら、そのダサいを追求してください〟という意見が出て、そうか、ダサいを追求すればいいのか、と。そうしてスタッフに意見をもらって、演歌歌手という主人公が生まれたんです。

——李さんというと「アジア映画（特に韓国映画）の配給」というイメージが強いと思いますが、実際には、ドイツのミヒャエル・ハネケ、イギリスのケン・ローチ、マイケル・ウィンターボトム、アメリカのトッド・ソロンズ、デンマークのスザンネ・ビアと錚々たる作家をブレイク前から日本に紹介されています。そこには、李さんならではの国際人としての目線を感じます。

よく、「配給する作品と製作（プロデュース）する作品が違うね。李さん、二重人格？」と言われます（笑）。二面性って誰もがあるけど、自分の中ではたしかにその傾向が強いかもしれません。もちろん、世界中の映画から選んでいるわけだから、決してテイストはひとつにはならないし、いろんな面で作品を選ぶことは必須です。難解な映画があれば、挑発的な映画、または郷土色が強い作品もあっていい。一方で、製作（プロデュース）に関しては、とにかく観客が観たいものを作ろうと考えていました。

——お客さんが観たいものを作ろうと考え始めた時点で、配給はやめてもいいのでは、という意見もありそうですが？

映画はその時代の風潮や傾向もあれば、国によっても作風も変わります。作家もどんどん入れ替わっていくし、成長していく。配給は、そのすべての傾向に合わせてやっていく仕事だと考えます。だから、やっぱり時代の空気を掴むという意味で、配給をやることが大切なんだと感じるんです。ケン・ローチも配給7本目でやっとカンヌを獲ったし、ポン・ジュノはアカデミー賞まで獲りました。賞がすべてではありませんが、自分が認めた作家が成功して評価されていくことは、とても嬉しいことです。

先日、ある映画関係者と話していて、劇場で一番売り上げるのは、作品ではなく、ポップコーンだというんです。今や、パンフレットの売り上げもほとんどない。劇場運営の目的はやっぱりビジネスなんです。当たり前といえば当たり前なんですが、同時にそれってどうなんだろうと疑問に感じます。

最近、渋谷の劇場「WHITE CINE QUINT」で、『エンパイア・オブ・ライト』を観たんですが、初日の昼間に僕を含めて観客が数人しかいなかったんです。素晴らしい作品なのに、どうしてこんなに人が入っていないのかと。あの作品は1981年を舞台にした映画ですが、あれから約40年が経った今、劇場はこういう状態になったんだなと、内容とシンクロして悲しくなりました。映画館ってやっぱりビジネスだけじゃないはずなんです。そこで夢を語ったり、逃げ場のない人がひと時でも身を寄せ合って過ごす心地よい場所です。ただ座っているだけで幸せになる。映画館とはそんな存在だったたし、それを描いていたのが『エンパイア・オブ・ライト』です。映画館に光を求め、映画の価値をいつまでも失わないでおきたいというサム・メンデス監督の想いがひしひしと、伝わってくる秀作でした。彼が尊敬する監督たちへのリスペクトも伝わってきて、映画至上主義者って頑固だけどすばらしいと僕は思いました。

日本にはいるだろうか？　イギリスだったらサム・メンデスがいます。アメリカなら、スティーブン・スピルバーグでしょうね。スピルバーグは自伝的な映画『フェイブルマンズ』で、自分を描いていましたが、あの作品を観るとスピルバーグのフィルモグラフィーを一から追いかけて、再び映画館に行きたくなります。

日本にはそういった強いパッションを持っている監督がいない気がします。どこかみんな、映画館で映画を観る価値を信じきれなくなっているのでしょうか。複雑な思いです。

――そう考えると、李さんのこれからの「配給」と「プロデュース」に対するチャレンジはどうなっていくのでしょうか？

まず配給に関しては、10年先のサイクルで考えると、なくなっていくように想像しています。監督や作家などの作り手は残るでしょうが、配給という仲介者は、ＡＩでもよくなるのではないでしょうか。例えばですが、スピルバーグが新作を作ったらＡＩがプラットフォームを選定し、条件もＡＩが決めて、製作者側は単に作ることに専念するなんていう未来が到来するかもしれません。最後には、プラットフォーム側も配給（仲介）を通さず、もっとオートマチックになっていく。なぜかというと、この先も作品数は爆発的に増えていくからです。今やNetflixだけでも年間に何百本を製作・配信しているので、10年も経てば何千本、いやもっとかな？　年間10倍、20倍の作品が現れるでしょう。さらに配信プラットフォームについては、劇場公開作はさておき、もっと増えるかもしれません。Netflix以外にも、アマゾンプライムやディズニープラス等々たくさんあります。それらもいずれは淘汰されるでしょうが、コンテンツは膨大な数になります。ユーザーたちが選ぶのはベスト１００には収まらず、ベスト１０００はくだらない。その上位の１００本に、日本映画がどのくらい残っているでしょうか。

映画のマーケットは広いけれど、どんどん狭まっている。そして、映画館ビジネスは配信プラットホームには勝てないんじゃないかと、映画業界の誰もが恐れています。アニメーションの大当たりはあるにせよ、劇場に足を運ぶ人は昔に比べて半分です。アニメファンはリピートするけれど、新しい映画ファンは増えていないのが現状です。

――そんな時代の李さんの目標と展望を教えてください。

逆に考えると、今はチャンスなんだと思います。大きなマーケットじゃないにしろ、確実に10館、確実に20館の劇場をあけられる作品は、常に出てくると感じるんです。ニッチなマーケットに何を掛けたら20館を人で埋めつくせるのか。そう考えたら未来は楽しいです。今はちょうど過渡期、あと3年くらい経つと、その線引きができあがって、配信で観るべき作品、劇場で見るべき作品とは別に、また新たなビジネスチャンスがでてくるのかもしれません。

配給はすごくやりたい映画が出てきた時に、考えたいと思います。でも、配給って恋をするようなもので、〝この子とつながりたいな、この子のことをもっと知りたいな〟というモチベーションがないと進めないと思うんです。一目惚れだけでなく、何度も見て、知っていくうちに好きになる。とにかく配給は恋みたいなものです。ただ、惚れる相手に、なかなか出会わない時代になりました。コロナ禍をへて、ネットやリモートの世界が主流になったので、映画祭もリモートでするような時代です。でも、いつ、出会うかはわからないから、常に目を凝らして期待はしています。

映画は撮ることがゴールではなく、撮った後が大切です。最近、一緒に仕事をした映画監督が亡くなり、優秀な作家たちも少なくなりました。信頼できる映画評論家も殆どいません。現在、配信プラットフォーム用の作品を準備しています。信頼できる作り手とシナリオ開発をしています。一方でパク・チャヌク監督やポン・ジュノ監督に代表される韓国のクリエイターと、より完成度の高い作品を作りたいと模索しています。先が見えない映画業界ではあるけど、自分ができることはまだたくさんあると感じています。

「復讐者に憐れみを」（パク・チャヌク）

# 第4部 2003–2004

ペ・ヨンジュン来日狂騒曲、イ・チャンドン『オアシス』に是枝裕和『誰も知らない』、ポン・ジュノ『殺人の追憶』との出会い。

写真：Photofest/アフロ『殺人の追憶』（ボン・ジュノ）

2003年

129

# 北京ヴァイオリン

Together／2002年／中国／118分
監督：チェン・カイコー
出演：タン・ユィン、リウ・ペイチー
日本公開日：2003年4月26日

チェン・カイコー監督を紹介してくれたのは、韓国人プロデューサーの李柱益（イ・ジュイク）だ。日本語、英語に加え北京語も堪能な韓国人は彼だけではなくて、CJエンターテインメントの社長の鄭泰成（チョン・テソン）もそうだった。イ・ジュイクは、チェン・カイコーがアメリカで『キリング・ミー・ソフトリー』を撮っている時に出会ったらしく、あまり評判の良くない映画を撮ったばかりの彼に「原点回帰」を提言したらしい。かくしてホームグラウンドに戻ったチェン・カイコーは、得意の音楽映画をのびのびと撮った。

チュンは顔を知らない母の形見であるヴァイオリンを上手に奏でる13歳の少年だ。中国北部の田舎町で父、リウと慎ましく暮らしている。ある日、二人は北京で行われるコンクールに参加する為に旅立つ。惜しくも受賞は逃したが、息子に天賦の才能があることを確かめたリウは、著名な先生の個人指導を受けるために北京に移り住む。急激な変化を遂げる大都会で生き抜くために、リウはボロボロになるまで働き、そんな姿を見て少年は申し訳なさに心を痛める。だが彼のヴァイオリンは周囲の人々を徐々に癒していく。遂にチュンは国際舞台へと羽ばたくチャンスを掴むが、それは愛する父との別れを意味していた……。

僕は、イ・ジュイクの計らいで本編の完成前に、北京の試写室で作品を観る機会を得た。出発の日、僕は39度の熱を押して飛行機に飛び乗り、チェン・カイコー監督に会う前にホテルのサウナで強制発汗して風邪を押さえ込んだ。試写会を無事終え、ホテルの最上階で上海蟹をご馳走になった。僕は作品の出来に安堵して、契約書にサインした。主演の新星タン・ユンは音楽学校に通う学生で映画初出演ながら瑞々しくも堂々とした演技を披露していた。

チェン監督が会食中、最上階の展望レストランから見える山々を指差して、「あの山々に建つマンション100棟を友人が所有しているんだ」とスケールの大きな話をしていた。『北京ヴァイオリン』はBunkamuraル・シネマと銀座シネ・ラ・セットで公開した。作品はサンセバスチャン国際映画祭で最優秀監督賞と最優秀主演男優賞をダブル受賞した。

130

# ぷりてぃ・ウーマン

Pretty Woman／2002年／日本／111分
監督：渡邉孝好
出演：淡路恵子、西田尚美、風見章子、草村礼子
日本公開日：2003年5月10日

光和インターナショナルが製作した作品だ。渡邉孝好監督の映画で、往年の大女優の淡路恵子が主演した。静岡県藤枝市に実在する素人劇団「ほのお」がモデルになっている。主宰者も演者も地元のおばあちゃんたちで構成され、世界で最も高齢化が進む日本で製作された意味のある映画だ。劇団員には風見章子、正司照枝、草村礼子、江沢萌子、イーデンス・ハンソン、馬渕晴子などが顔を揃えた。作品はとてもチャーミングで良いのだが、タイトルが良くない。検索の時代になると、同じタイトルの映画は、最も有名なジュリア・ロバーツの作品しか浮かばなくなる。

131

# ロスト・イン・ラ・マンチャ

Lost in La Mancha／2002年／仏＝メキシコ＝英／米＝英／93分
監督：キース・フルトン、ルイス・ペペ／〈ドキュメンタリー〉
出演：ジョニー・デップ、ジャン・ロシュフォール
日本公開日：2003年5月10日

こんな映画は相当珍しい。作られなかった映画の克明な記録だ。『未来世紀ブラジル』『12モンキーズ』『バロン』、で知られる鬼才テリー・ギリアムは、数年間の沈黙を破って、待望の新作『ドン・キホーテを殺した男』を監督していた。ハリウッドの大スター、ジョニー・デップを主演に迎え、共演は彼の元パートナー、ヴァネッサ・パラディ、そしてフランス映画界の重鎮のジャン・ロシュフォール。製作費50億円、舞台は17世紀のスペイン、ラ・マンチャの

地、タイムスリップしてきた現代のビジネスマンが繰り広げる愛と冒険の旅が、始まるはずだった……。

突然の雷雨、上空を飛び交うNATOの空軍機、辺り一帯が洪水に見舞われ、肝心のドン・キホーテ役のロシュフォールに異変が起こる。たった6日間で撮影は中止になり、空前の超大作はお蔵入りになってしまう。

『地獄の黙示録』の撮影現場を追った『ハート・オブ・ダークネス コッポラの黙示録』を凌ぐ「ビハインド・ムービー」の傑作と、ベルリン映画祭で迎えられた映画だ。

因みに「ドン・キホーテ」の映画化は呪われているようだ。テリー・ギリアムだけじゃなく、1957年にはオーソン・ウェルズが映画化を試みたが、主演俳優が撮影中に死亡。その後も撮影は断続的に行われるが、当のウェルズ自身の死によって作品は未完のまま終わった。あのハワード・ホークス監督もジョン・ウェイン主演で映画化に着手したが、資金難で頓挫してしまった。

132

# ホテル・ハイビスカス

2002年／日本／92分
監督・脚本：中江祐司
出演：藏下穂波、余貴美子、平良とみ、登川誠仁
日本公開日：2003年6月14日

オフィス・シロウズが製作した。『ナビィの恋』の成功以来、沖縄に移り住んだ京都出身の映画監督の中江裕司が4年ぶりに撮った映画だ。仲宗根みいこのコミックを原作に、沖縄でホテルを経営する3世代同居家族を、小学生3年生の美恵子の目を通して描いた。一泊四千円のところ、今なら沖縄料理付きで三千円と破格な料金設定のホテル・ハイビスカスは、客が泊まれる部屋は1部屋だけの不思議な宿だ。夜はバーで働く美人の母ちゃん、三線とビリヤードが得意な父ちゃん、黒人米兵とのハーフのケンジ、白人とのハーフのサチコ、いつも陽気なお婆、そして腕白盛りの美恵子等がみんなでホテルを営んでいる。このユートピアで展開される映画に、ストーリーと呼べるようなモノはなく、沖縄の妖精キジムナーを見に出かけるシークセンスはまるでお伽話のようなのどかな世界だ。沖縄ミュージシャンの伝説的な存在である登川誠仁や照屋政雄が、突然顔を出して歌い出すのも、どこか琉球的で面白い。

# パイラン

Failan／2001年／韓国／116分
監督・脚本：ソン・ヘソン
出演：チェ・ミンシク、セシリア・チャン
日本公開日：2003年6月14日

浅田次郎の「鉄道員」に収録されている短編小説「ラブ・レター」を映画化した韓国映画だ。『ラブ・レター』は松竹でも映画化されて、森崎東監督が中井貴一主演で1998年に映画にしている。韓国でソン・ヘソン監督が再映画化した『パイラン』は、タイトルを主人公の女性から借りて、主演にはチェ・ミンシク、パイラン役には香港女優のセシリア・チャンが起用され、日本版とは少し違うアプローチで、よりエモーショナルな物語になっている。

基本的なストーリーは同じだ。裏ビデオ屋の店長を任されているチンピラのカンジェ（チェ・ミンシク）は親分から偽装結婚の話を持ちかけられる。断る理由もない男は、謝礼と引き換えに戸籍を貸すことにした。偽装結婚の相手は中国人女性のパイラン（セシリア・チャン）。彼女は中国に暮らす家族を養うために大金を払って国籍を取得したのだった。カンジェは一度だけパイランに入国審査の時に会った。あらぬ容疑をかけられて留置所で臭い飯を食わされていた男に、ある日忘れかけていたパイランの死亡通知書が届く。遺体を引き取りに嫌々向かった先の場末の酒場で、カンジェはパイランの遺品の中から自分宛の手紙を発見する……。

チェ・ミンシクはチンピラ役に成り切る為に、様々な準備をしたと言った。即席ラーメンばかり食べるカンジェというチンピラに似せてだらしない身体を作り、喋り方を研究した。そしてクライマックスの手紙を読むシーンでは人払いして3時間集中して撮影に臨んだ。ロングショットで狙った船着場、カメラの先のチェ・ミンシクの演技は凄まじく、観る者にヒシヒシと心情が伝わる名演技だった。

涙腺が崩壊する名シーンに加え、日本版とは違う凄惨なラストシーンが印象的だった。本作は第4回ドーヴィル・アジア映画祭で最優秀作品賞、監督賞、男優賞、観客賞の4冠を獲得した。青龍映画祭でも監督賞、最優秀男優賞に輝いた。

ちなみに元祖『ラブ・レター』のパイラン役を演じた耿忠（コウ・チュウ）さんは、今は日本に住み毎年中国映画祭を主催する映画コーディネイターになっている。

134

# さよなら、クロ

Farewell, Kuro／２００３年／日本／１０９分
監督：松岡錠司
出演：妻夫木聡、伊藤歩、金井勇太、金井勇太
日本公開日：２００３年7月3日

松岡錠司監督と初めて作った映画だ。ある日、僕は付き合いのあった電通の雨宮氏から意外な提案を受けた。松本にある松本深志高校の「学校犬」を映画化しないかという内容だった。松本深志は進学校としても名高く、映画業界でも熊井啓、降旗康男両監督が卒業生だ。

誰もいなくなった家に取り残された或る犬（クロ）は、辿り着いた学校の用務員に飼われる形で、10年以上に亘って学校に棲みつき、授業中でも自由に教室に出入りした。その間、教職員会議にも出るくらい重宝され、さまざまな学生たちの青春を見届けた。そんなクロと学生たちの寓話のような物語を、深志高校の卒業生が中心になり製作費を集めると聞いた。

紆余曲折あり結局、彼等の出資話は無くなり、乗りかかった船から降りられず、最終的には電通、松竹衛星劇場、ハピネットとシネカノンが製作出資する羽目になった。

企画した当初は監督を現在、日本監督協会理事長の本木克英に依頼した。本人はやる気があったが、松竹の社員監督という立場が邪魔して叶わなかった。但し、脚本は山田洋次の作品で定評のある平松恵美子に引き受けて貰った。この時の縁が、18年後に『あの日のオルガン』に繋がっている。

別の映画を企画していた松岡錠司を誘ったら、「犬の映画にしないけど良いか?」と条件を出された。「もちろん」と頷いて、僕は『バタアシ金魚』を監督した松岡にこの青春映画を依頼した。

シナリオ作成の過程で平松と松岡、両者の拘りのポイントは異なっていた。その議論の過程は刺激的で楽しかった。「犬の話」は直ぐに「学生の不自由さ」の話に移り、やがて「聖地としての学校」をどう捉えるかに集約されていった。

高校生の過去と社会人になった現在を跨ぐ物語から、20

代中盤の俳優たちを多くキャスティングした。妻夫木聡、伊藤歩、新井浩文、佐藤隆太、近藤公園、金井勇太らが学生を演じ、教師には田辺誠一、塩見三省、山谷初男らが扮した。クロの葬儀は学校葬として行われたが、渡辺美佐子演じる校長が弔辞で韓国の尹東柱（ユン・ドンジュ）の詩を朗読する下りがある。

「死ぬ日まで空を仰ぎ、一点の恥辱なきことを、
葉あいにそよぐ風にも私は心痛んだ。
星をうたう心で生きとしいけるものをいとおしまねば
そして私に与えられた道を歩みゆかねば。
今宵も星が風に吹き晒される」

私が提案した詩だけれど、想いの他、詩の意味合いがシーンに溶け込んでいると感じた。
映画は、長いすれ違いの末やっと解り合った妻夫木聡と伊藤歩が手を繋いで遠い道を歩いていくカットで終わるが、バックに流れるのは財津和夫の「青春の影」だ。エンディングに名曲を提供してくださった財津さんには今も感謝している。

135

# ゲロッパ！

2003年／日本／112分
監督・脚本：井筒和幸
出演：西田敏行、常盤貴子、山本太郎、岸部一徳
日本公開日：2003年8月16日

## JB（ジェームス・ブラウン）を拉致する大作戦

井筒和幸監督と助監督たちは『のど自慢』を撮り終えたあと、毎週のようにBAR、チェに集まっていた。ある日、東映の『昭和残俠伝　唐獅子牡丹』の話になり、まるでミュージカル映画のようなクライマックスについて話した。僕は、歌謡映画とヤクザ映画をミックスしたような映画が作れないだろうかと考えていた。様々なアイデアを漠然と語っている時、井筒さんと偶然入った新宿のバー「Stone」で「Soul train」が流れていた。その回のゲスト・ミュージシャンはあのJBことジェームス・ブラウンだった。激しいシャウトにスタジオは大盛り上がりで、VTRを見ていた井筒監督は「あのオッサン、オモロイでんな」と感

心している。僕が「このオッサンを連れて来たら映画になりますかね」と言ったとか。

日本では、民放が競って制作する程、「モノマネ歌謡番組」が高い人気を誇る。お陰でコロッケのディナーショーは、美川憲一の本家よりも高い料金設定だし、モノマネ・タレントはバラエティ番組に引っ張りだこだ。何かを真似るという行為に、日本人は特有のリスペクトを抱いていると思っていた。

コメディ映画を真面目に語るのもオカシイけれど、僕は『ゲロッパ！』の裏テーマは、「本物と偽物の境界」にあると思っている。映画を発想したキッカケは何を隠そう、その数年前に聞いた作家・井上ひさしの講演だった。

氏は講演で「もどき」について語っていた。蟹のかまぼこは食卓に定着してカニカマと呼ばれるが、蟹の味付けの素は特殊油だそうだ。蟹特有の味を醸し出す特殊油を開発するために長い年月を費やしたという。学校給食にも出されるカニカマは人気のオカズで、子供たちは本物の蟹よりもカニカマの方が、美味しいと口々に言う。本物は動じないが、もどきは本物に近づこうと常に努力する、従ってもどきは強いのだという説だった。深いご指摘だと膝を打った記憶がある。

暴対法の施行が徹底して、ヤクザ映画はすっかり鳴りを潜めたが、ヤクザの親分子分は「偽家族」の典型だ。そして実の親子であっても、様々な理由から親子の絆を築けない愛情が希薄な家族が増えている。

収監を数日後に控えた羽原組長（西田敏行）は子分を集めて、組の解散を宣言した。組長にはやり残した事がふたつあった。一つは25年前に生き別れた娘、かおり（常盤貴子）に再会する事。そしてもう一つは大好きなジェームス・ブラウンの名古屋公演に行く事。「もう一回会いたかったな」と呟いた親分のために、弟分の金山（岸部一徳）は子分の太郎（山本太郎）にトンデモない命令を下す。

「いますぐＪＢをさらいに行ってこい！」

かくしてＪＢを拉致する大作戦が始まり、偽ＪＢを掴まされる失敗をおかし、やがてその失敗が大団円へと転じるコメディを考案した。この映画から脚本家の羽原大介がシナリオに加わり、つかこうへい劇団で鍛えられた展開の速さとエモーショナルな台詞で、キレの良いコメディに仕上がった。

僕は、早くから主役は西田敏行しかいないと考え、台本を直ぐに西田氏の事務所に送った。三宿の和食屋で初めてお会いした時、西田さんは「シナリオも面白かったけど、タイトルの『ゲロッパ！』にグッときた」と出演を快諾してくれた。松竹の「釣りバカ日誌」シリーズを牽引する、プログラム・ピクチャーズの大俳優だけど、西田さんは同時にインディペンデント・スピリッツをしっかり持っている役者魂の塊だった。撮影が終わって暫く時間が経過しても、共演者の桐谷健太や長原成樹を食事に誘ってくれる面倒見の良さが彼の人柄を物語っている。

ソウルの帝王、ジェームス・ブラウンが登場する映画にちなんで、僕らはソウル・ミュージックをふんだんに使い、ソニー・ミュージックの協力でシュープリームスからベイビーフェイスまで、全12曲を選曲した。オリジナル・サウンドトラックにはモータウンの名曲「マイガール」「ベスト・オブ・マイ・ラブ」「ガット・トゥ・ビー・リアル」からJBの「セックス・マシーン」「イッツ・ア・マンズ・ワールド」までを網羅した。

西田敏行が主演し、山本太郎、常盤貴子、岸部一徳、桐谷健太、田中哲司、ラサール石井ら実力派の共演に加え、トータル松本やナイナイの岡村隆史、藤山直美らがカメオ出演した。

僕たちはジェームス・ブラウンのそっくりタレントを探すためにLAに出張して、オーディションを行った。JBのそっくりタレントが十数人勢揃いし、一番ダンスが上手だったWillie Raynoを選んだ。アメリカ全土でモノマネショーを行う彼はとても真面目なプロフェッショナルで、寒い中でも嫌な顔ひとつせずに何度も軽快なステップを踏んでくれた。

ソウル・ブラザーNo. 1のJBの独特な歌唱法と速いステップを習得するために、西田敏行と岸部一徳は連日、白金のソウルバーで汗をかいた。ジェームス・ブラウン以外にもマリリン・モンロー、マイケル・ジャクソン、森進一、美空ひばり、五木ひろし、といった古今東西のスターたちのそっくりタレントが大挙して登場する。

映画後半のシーンを真冬の蒲郡で撮影したが、その年の冬は連日の氷点下という厳しいロケ環境だった。近くの温泉宿をベースキャンプにしたお陰で、なんとか冷え切った身体を溶解できた。

『ゲロッパ！』は、井筒監督特有の活劇が展開される、ファンキーなマフィア・コメディだ。

公開直前には本物のジェームス・ブラウンが登場して、「ゲロッパ、みろっぱ！」と一言だけ叫ぶＣＭで話題になった。ガッツある宣伝部スタッフがＬＡに飛んで、ＪＢを楽屋で捕まえて、その場で撮影した。

ＪＢが映画のＣＭを引き受けてくれたのは、その年の暮れに自身のジャパン・ツアーが計画されていたからに違いない。ツアータイトルはズバリ「ゲロッパ！２００３」だった。

136

# 昭和歌謡大全集

２００２年／日本／１１２分
監督：篠原哲雄
原作：村上龍
出演：松田龍平、岸本加世子、池内博之、斉藤陽一郎
日本公開日：２００３年11月8日

村上龍の原作小説を篠原哲雄が監督した、ブラック・ジョークのような映画だ。光和インターナショナルが制作し、僕らが配給を引き受けた。東京都調布市の昭和歌謡を愛する６人の冴えない青年と、６人のバツイチ・オバさんたちが、ひょんな事からお互いを殺し合い、憎しみあう非現実的な残酷漫画の世界を繰り広げる。松田龍平、安藤政信、樋口可南子、岸本加世子、池内博之、森尾由美、細川ふみえ、鈴木砂羽、内田春菊、古田新太等が出演した。ダークなもうひとつの「のど自慢」とでも言おうか。

137

# ガーデン

Zahrada／１９９５年／スロバキア＝仏／１０３分
監督・脚本：マルティン・シュリーク
出演：ロマン・ルクナール、マリアン・ラブダ
日本公開日：２００３年11月15日

とても奇妙だけど魅力的な映画に出会った。20世紀最後の10年間、スロヴァキアの人々は社会主義経済から市場主義経済への移行や独立共和国の樹立など、大きな社会変革を生きた。その間、国のあらゆる領域に及んだ財政の逼迫は、当然映画産業も直撃した。人口５６０万人ほどの国なので、長編映画は１９８９年の体制転換以前でも年間10数本だったが、90年代には年間２、３本にまで落ち込ん

だ。だが数が少ないからといって見るべきものがないとは限らない。その証拠に、この国が生んだマルティン・シュリークという鬼才は、本作で95年カルロヴィ・ヴァリ国際映画祭の審査員特別賞を皮切りに、マン・ハイムで観客賞、トリノで審査員特別賞、チェコ・ライオン（チェコのアカデミー賞）の最優秀作品賞、監督賞、脚本賞を席巻した。

　彼の映画はストーリーを説明してもあまり意味がない。彼はまるで思い付くまま即興のように映画を撮っていく。本作は仕立屋を営む父から追い出された男、ヤコブが祖父の家の庭で体験する不思議な出来事を描いている。それらの出来事はどれも普遍的で教訓的、そして何かを暗示している。古い屋敷の庭に存在するミステリアスな世界。その世界を垣間見る視線は、僕らが初めて体感する大らかで優しいものだった。

　東ヨーロッパの懐の広さを感じる映画だった。

138

## 私の好きなモノすべて

Vsetko Co Man Rad／1992年／スロバキア／99分／

監督・脚本：マルティン・シュリーク
出演：ユライ・ヌゥオタ、ジーナ・ベルマン
日本公開日：2003年11月15日

マルティン・シュリーク監督の連続上映作品の中の1本で、『ガーデン』の前に撮った映画だ。登場人物は38歳の男、トマスと彼の英語教師で恋人のアン、そしてトマスの息子アンドレイの3人だ。これまたストーリーの説明が不可能な映画だけど、しっかり観客を惹きつけるシークエンスの連続だ。シュリークと脚本のオンドレイ・シュライがお互いの周辺にある好きな物——食べ物から家族関係、自然にいたるまで——を40ほど列挙して取捨選択し、「ストーリー」を作り上げたという。

　好きな物のシークエンスにはそれぞれタイトルがある。「夜明け」「断食」「野外でのペンキ塗り」「息子」「気球のある風景」「マッチの女」「ヘーゲルによる世界」「寝る事」「ジョイスの言葉」「古い世界の肖像」とまだまだ続く。

　彼が描く映画の自然はとても「スロヴァキア的」だ。主人公の実家は、いわく「ヨーロッパの真ん中」に位置する山深い中部スロヴァキアにある。事実、この地方には欧州の〝へそ〟を示す碑が置かれている。マルティン・シュリ

ークは、特有のユーモアと不可思議な会話の中に、家族の関係や人生の意味を考察している。第65回米アカデミー賞スロヴァキア代表作。

139

## 不思議な世界地図

Orbis Pictus／1997年／スロバキア／105分
監督・脚本：マルティン・シュリーク
出演：ドロトゥカ・ヌォオトヴァー、マリアン・ラブダ
日本公開日：2003年11月22日

幻想的な森を舞台にしたスロヴァキア版「不思議の国のアリス」だ。97年にマルティン・シュリークが監督した作品で、ハッキリしたストーリーのある初めての作品だ。

スロヴァキア郊外のとある職業訓練学校の一室。16歳の少女テレスカは洋裁を学んでいるが、ある日教師から呼び出されてもう学校を出てもいいと告げられる。そして母親宛の手紙を渡されるが、母からは長い間音沙汰がなく、居場所もわからない。彼女は立ち寄った図書館で古い絵図をみつけた。こっそり絵図を持ち出し、彼女の母親捜しの旅が始まる。彼女の旅は、様々な人々との出会いに彩られているが、この国の不条理な現状や窮状を嫌と言うほど見せつけられる試練の連続だ。紆余曲折の末、テレスカはついに母の住むアパートに到着する。しかし部屋の中には姿が見当たらず、何か手がかりがないかと部屋の中を探っていると、テーブルの上のココア缶の陰から小さくなった母親が現れた。母親との再会を喜ぶテレスカに、母は「子供を産んだせいで最低の人生だった」と冷たくあしらい、一緒に暮らそうと言うテレスカに「男はたくさん作る事」と忠告して消えてしまう。1人残されたテレスカは、ふたたび旅にでる。そしてテレスカは、なにもない崖の上に持っていた絵図を埋めてしまう。

そこは世界の果てだった。

不条理で残酷な映画だったが、何故か清々しい余韻を遺す。

140

## ヴァイブレータ

Vibrator／2003年／日本／95分

監督：廣木隆一
出演：寺島しのぶ、大森南朋、田口トモロヲ、戸田昌宏
日本公開日：２００３年12月6日

旧知の森重晃から依頼されて、引き受けた映画だ。赤坂真理が書いた小説から荒井晴彦がシナリオを起こし、廣木隆一が演出した。映画初主演となる寺島しのぶと大森南朋が共演している。

31歳の女性ルポライターは、頭の中に響く謎の声のせいで、不眠や過食に悩まされている。ある日、彼女はコンビニで長距離トラック運転手の男と出会い、一緒に酒を飲み始める。そして、自ら男のトラックに乗り込み身体を重ね、トラックの行き先の新潟まで同乗する。

往年の日活ロマンポルノを彷彿とさせる作風とテーマ。以来、廣木監督、荒井脚本、寺島主演は日本映画のある定番を確立した。最近では瀬戸内寂聴と井上光晴の関係を描いた『あちらにいる鬼』を撮った。

141

# 私の小さな楽園

Eu Tu Eles／２０００年／ブラジル／１０２分
監督：アンドルーチャ・ワディントン
出演：ヘジーナ・カセー、リマ・ドゥアルチ
日本公開日：２００３年12月13日

２０００年にブラジルを訪れて以来、ブラジル映画に興味があった。『クアトロ・ディアス』のブルーノ・バレットや『セントラル・ステーション』のウォルター・サレスといった優れた監督がいる。そして何よりもあらゆるジャンルの映画が、この国では撮影可能だ。人種やロケーションの多様さに加え、音楽や美術のレベルは言うまでもない。ブラジルから世界的な映像作品が続々と生まれるだろうと感じた。

この映画は東京国際映画祭で上映され、高い評価を得た。すでにソニー・ピクチャーズが権利を所有していたから、上映権だけを購入して配給に至った。ジルベルト・ジルが音楽を担当していて、抜けの良いパキッとした映像と共に心地よい世界観を醸し出している。

決して若くないし、美人でもないけど、大地のような大らかさで太陽のように明るい女性がいる。大きなお腹を抱えて花嫁衣装に身を包み誰かを待っている。数時間後、彼

女は諦めてロバにまたがってブラジル北東部の街を跡にした。3年後、彼女は小さな息子を連れて街に舞い戻った。そして新居を構えたばかりの頑固な老人と偶然出会い、男のプロポーズを受け入れる。やがてその家にはさらに2人の若い男たちが、極自然に同居するようになる。生きる喜びに溢れた彼女を愛する3人の男たちと、彼らを同じように愛する彼女の、風変わりな共同生活が始まる。

必要なのは雨風を凌げる家、自給自足していける畑、そして愛する伴侶と子供たち、それさえあれば幸せという「日本昔ばなし」のような素朴な作品だ。厳しい環境の中でも、どことなく長閑さの漂うヒーリング・ムービー。銀座シネ・ラ・セットで公開した。

## 2003年

142

### アンテナ

Antenna／2003年／日本／117分
監督・脚本：熊切和嘉
原作：田口ランディ
出演：加瀬亮、小林明実、木崎大輔、麻丘めぐみ
日本公開日：2004年1月10日

オフィス・シロウズ製作の映画だ。熊切和壽監督、加瀬亮主演、田口ランディ原作の映画。長女の失踪で崩壊した家族の心の救済と再生を描いたドラマ、と書くと難しそうだが、実際宣伝はとても難しかった。幼い頃、妹が失踪してしまい心に闇を抱える祐一郎の周辺は悲惨な出来事が連続して起こる。父が病死し、母は宗教にのめり込み、弟は発狂する。自分自身も発狂寸前の状態から、SM嬢ナミの元へ通い始めた祐一郎は、苦しみを吐き出すように変わり始める。加瀬亮が全裸になって体当たりの演技を披露している。彼の覚醒を見た思いがした。

143

### オアシス

Oasis／2002年／韓国／132分
監督・脚本：イ・チャンドン
出演：ソル・ギョング、ムン・ソリ
日本公開日：2004年2月7日

## イ・チャンドン監督と女優ムン・ソリの凄み

僕が配給した数多くの韓国映画の中で、最も多くの人に勧めた映画。

僕は映画製作する時、キャスティングした女優さんたちには必ずと言っていいほど、この作品を観て欲しいと薦める。それほど、『オアシス』に於ける主演女優ムン・ソリの覚悟と演技は素晴らしい。

社会から疎外感を感じながら生きる心優しい男、ジョンドゥ（ソル・ギョング）は兄の身代わりとなって刑務所に行き、出所してきたばかりだ。彼は、ある日偶然、脳性麻痺の女性コンジュ（ムン・ソリ）と出会い心惹かれるものを感じる。塞ぎがちだったコンジュもジョンドゥによって次第に心を開き、2人は一緒に外出するようになる。2人は自分たちだけの世界で純粋な愛を育んでいくが、彼等の世界を理解するものは誰もいなかった。そしてある時、事件が起きる……。

名匠イ・チャンドン監督は、前作『ペパーミント・キャンディー』で出会ったムン・ソリに全てを託した。脳性麻痺の障害者を演じた彼女は撮影中に何度も手脚に痙攣を起こしてしまい、その都度現場は中断した。監督は途中で辞めたいと申し出た女優を最後まで励まし、時には一緒に涙しながら撮影を進めていった。

2002年のヴェネチア映画祭で、本作の上映に立ち会う機会に恵まれた。上映が始まり、重度脳性麻痺のヒロイン、コンジュがスクリーンに映し出されると、観客は観るに忍びないと言った表情を浮かべていた。でも30分を過ぎた頃、コンジュが健常者である自分を空想して自由に踊り出すシーンで、会場から驚きの騒めきが立ち上がった。観客の誰もがコンジュを実際の障害者が演じていると思い込んでいたのだ。それくらいムン・ソリの演技は完璧で、彼女の覚悟は並大抵ではなかった。

ヴェネチア映画祭で最優秀監督賞、新人俳優賞（ムン・ソリ）、国際批評家連盟賞の3冠に輝いた快挙も、当然だと感じた。フランスのヌーベル・オプセルヴァトワール誌は「信じられない程見事な演技と演出によって語れるこのラブストーリーは、すべての観客を魅了して、彼等の考え方を変えてしまう。稀に見る完成度だ」と絶賛した。

僕は、この作品をBunkamuraル・シネマで公開した。

極めて高い完成度だけど、極めて難しい題材の映画でもある。今まで一度も韓国映画を掛けたことのない東急文化村での上映は、それなりにインパクトがあると考えた。フランス映画の聖地と化した映画館で、どのように受け止められるのか興味があった。嫌悪感、驚愕、躊躇、共感と様々な反応があった。

イ・チャンドン監督はとても聡明で、謙虚な人柄なので、各方面の人に慕われている。2008年12月、僕は、テレビ番組のナビゲーターとして、監督の住んでいる新村《シンチョン》に行ってインタビューしたことがある。その時も『オアシス』の話を根掘り葉掘り聞いたけど、いつものようにとても丁寧に説明してくれた。2003年から文化観光部長官（日本の文化庁長官）に任命された経歴を持つ監督に、「初当院の日、ジーパン姿で地下鉄出勤したって、本当ですか?」と聞いたら、「人間、直ぐにはスタイルを変えられないですよ」って笑っていた。そんな大臣ってカッコイイな、と素直に感心した。彼は韓国映画の振興政策にも大きな功績を残している。

144

## 大脱走

The Great Escape／1963年／米／168分
監督：ジョン・スタージェス
出演：スティーヴ・マックィーン、ジェームズ・ガーナー
日本公開日：リバイバル

クラシック映画の再上映を引き続き行なっていた。これまた大好きな映画で、ファンも多い傑作。マックィーンが独房でボールを壁当てしてるシーンとエルマー・バーンスタインの「大脱走のマーチ」が頭から離れない。

145

## 殺人の追憶

Memory of Murder／2003年／韓国／130分
監督・脚本：ポン・ジュノ
出演：ソン・ガンホ、キム・サンギョン
日本公開日：2004年3月27日

ポン・ジュノ監督との出会い
韓国では映画の枠を越え社会現象に

2023年6月5日から始まる舞台版「パラサイト」の公演を控えて、僕は準備に奔走している。映画『パラサイト』は、アメリカ・アカデミー賞で初めて英語以外の言語で作品賞に輝いた記念碑的映画だが、監督ポン・ジュノと出会ったのは、この『殺人の追憶』のプロモーションの時だった。旧知の映画プロデューサー、チャ・スンジェは「とんでもない才能の持ち主」だと手放しだったけれど、同時に「製作費が膨らんで困っている」とも愚痴っていた。監督の拘りに応えるために撮影日数はどんどん増えて90日を超え、同じくスタッフの拘束日数も製作費もオーバーしてしまったようだ。

1986年、ソウル近郊の農村で若い女性の裸死体が発見された。無惨に手足を拘束された上強姦されており、その後も同じ手口の連続殺人事件が相次いで発生する。特別捜査本部が設置され、地元の刑事パク・トゥマン（ソン・ガンホ）とソウル市警から派遣されたソ・テユン（キム・サンギョン）は、この難事件に挑む。性格も捜査手法も異なる2人は対立し何度も失敗を繰り返すが、ついに有力な容疑者が浮上する……。

完成した作品を観たのはソウルの試写室だった。ただただ驚いて、感心した。後に日本で阪本順治が発した感想が的をえていた。「映像美と画角、俳優の演出、俳優の演技、キャストの配置、伏線の張り方、小道具の使い方、ストーリーテリング、ユーモアのセンス、アクション、時代性、すべて計画されて、すべて成功している。黒澤明の孫が、日本で生まれず韓国で生まれた。まいった」と白旗を上げたコメントだった。黒澤の孫というよりも、「今村昌平の孫」と呼ぶべきだと感じたが、とんでもない傑作に出会った幸運に包まれて、僕はチャ・スンジェに感謝した。

実際に起きた未解決連続殺人事件をもとに、緻密に構成された脚本と斬新な映像によって、実話の緊迫度を増幅させた衝撃的なサスペンス映画だった。

名優ソン・ガンホと新鋭キム・サンギョンが、事件に翻弄され徐々に理性を失っていく姿を、怒りと緊張感で熱演している。事実、本作以降、ポン・ジュノはソン・ガンホを自身の全映画で起用するほど全幅の信頼を寄せている。韓国で公開されると、洋画1位の『マトリックス』を超える560万人を動員し大ヒットを記録した。同時に猟奇殺人事件の再捜査を求める市民運動が起きるほど、映画の枠を越え社会現象にもなった。

『殺人の追憶』は、プロファイリングを駆使したハリウッド式の刑事ドラマではなく、今まで誰も観たことがない実話と時代背景に基づいた、極めて人間臭いデテクティブ・ストーリーだ。
2012年、韓国映画振興委員会（KOFIC）が内外の映画関係者を対象に実施したアンケートに於いて、『殺人の追憶』は「オールタイム・ベストワン」に選ばれた。2004年3月27日に公開し、日本でも50万人を超えるヒットを記録した。

146

## 永遠のモータウン

Standing in the Shadow of Motown／2002年／米／108分
監督：ポール・ジャストマン／〈ドキュメンタリー〉
出演：ファンク・ブラザース、ジェームズ・ジェマーソン
日本公開日：2004年5月1日

当時はミラノでもマーケットが行われていた。ミフェドと呼んでいたマーケットに5～6回は参加した記憶がある。そこで観た本作にいたく感動した。

1960年代に一世を風靡したモータウン・レコードで、スティービー・ワンダー、スモーキー・ロビンソン、ダイアナ・ロス、マービン・ゲイ等の名曲のレコーディングを伴奏した伝説のバンド「ファンク・ブラザーズ」に関するドキュメンタリー映画だ。これは単なる音楽ドキュメンタリーでなく、60年代から現在までの黒人ミュージシャンたちの心の叫びと生き様が描かれている。ラストシーンでチャカ・カーンが歌う「エイント・マウンテン・ハイ・イナフ」の伸びやかな歌声が、全ての苦しみや悲しみを昇華するようで泣けてくる。先日も恵比寿MARTHAで、本作のDVDが掛かっていて、ちょっと嬉しかった。

147

## ジャンプ

2003年／日本／118分
監督：竹下昌男
出演：原田泰造、牧瀬里穂、笛木優子、光石研
日本公開日：2004年5月8日

盟友・安田匡裕プロデューサーを想う

佐藤正午の原作を映画化したいと言い出したのは、盟友である安田匡裕だった。僕の、いちばんの理解者であり、友人だった安田さんは2009年3月に急逝した。彼の死は、僕にとってとても大きな喪失だった。

日本映画製作者協会の理事に就任したのも同時期だった。彼の誘いで、伊地智啓が代表を務めるケイ・ファクトリーへの出資も行なった。僕らは頻繁に会って、映画の話、文学の話、サッカーの話をした。事実、彼の経営するエンジン・ネットワークはサッカー番組の制作を手掛け、同時に専門雑誌「フットボリスタ」の発行元でもあった。ある日、彼はサッカー好きの僕に、トルシエ日本代表監督を紹介してくれ、フローラン・ダバディを加えた4人で何度か食事したりもした。湯布院映画祭に参加した後、大分県に別荘のある彼の案内で、温泉に逗留した。電通時代にはレナウンのCM「シンプルライフ」に高倉健を起用して注目され、独立してCM制作会社を経営する傍ら、相米慎二監督の『東京上空いらっしゃいませ』や『お引越し』をプロデュースした。安田匡裕は、作家性の強い監督たちと絶妙な距離感で付き合える稀有なプロデューサーであり、極めて優秀な目利きだった。早くから是枝裕和の才能を認めて、彼を無条件に支援したのは安田さんだったし、是枝氏のもっとも信頼するプロデューサーも彼だったはずだ。

安田匡裕と一緒に作り上げた映画は、『誰も知らない』にはじまり『ゆれる』『歩いても歩いても』と4本を数える。

安田匡裕肝煎りの原作「ジャンプ」は、昨今話題になった平野啓一郎の『ある男』のコンセプトに近い、失踪した人物の足跡を追う捜索劇の様相を呈している。

お笑いグループ、ネプチューンの原田泰造を主役に起用して、シリアスなドラマを展開するのは、原作に惚れ込んで監督を志願した竹下昌男だ。

りんごを買いに行くと言ったきり、失踪する恋人を笛木優子が演じ、他にも牧瀬里穂、光石研、伊武雅刀、上田耕一、平泉成、といった渋い俳優たちが脇を固めている。CMプロデューサー出身の安田匡裕らしい、適材適所かつサプライズのあるキャスティングだった。

148

# スキャンダル

Untold Scandal／2003年／韓国／124分

監督・脚本：イ・ジェヨン
出演：ペ・ヨンジュン、イ・ミスク、チョン・ドヨン
日本公開日：２００４年5月22日

## ペ・ヨンジュン来日騒動記

まさに「ペ・ヨンジュン・シンドローム」と呼ぶべき、騒動記だった。はじまりは映画製作が開始される前年度の釜山映画祭。パラダイス・ホテルのカフェで、ソン・ガンホが僕に紹介してくれたのがブレイク前夜のペ・ヨンジュンだった。当時話題のテレビドラマ「冬のソナタ」の主役に選ばれ注目を集めていた。

そのペ・ヨンジュンが初出演した映画『スキャンダル』に、僕は特別な思い入れがあった。それは親しい友人のイ・ジエヨンが久しぶりに監督を務めるという事に加え、韓国を代表する2大女優イ・ミスクとチョン・ドヨンが共演する歴史ドラマであったからだ。ましてや敏腕プロデューサーのオ・ジョンワンが時代考証、美術、衣装に徹底した拘りを発揮して制作にあたり、ピエール・ジョデルロ・ド・ラクロの「危険な関係」がベースになっていると聞けば、期待は否が応でも膨らんだ。「危険な関係」はロジェ・ヴァディムが2度に亘り映画化し、スティーブン・フリアーズやミロス・ファオマンも映画化に取り組んだ、ラブ・サスペンスの元祖と呼ぶべき古典小説だ。

僕が配給権を手に入れたのは２００3年夏だったけれど、少し前の4月からＮＨＫ衛星チャンネルで「冬のソナタ」の放送が開始された。衛星放送での人気を受けて、総合テレビの放送が始まるとブームは一気に加速した。ＮＨＫへの問い合わせや感想は電話とメール合わせて1万3千件を超え、ＤＶＤとビデオは10万セット以上販売、小説は上下巻で36万部を売り上げた。極めて純度の高いラブストーリーに多くの女性たちがハマった、最初の韓国ドラマだった。

そんな甘く、優しい微笑でスターに上り詰めたペ・ヨンジュンが映画デビュー作に選んだのが、この『スキャンダル』だった。

ドラマで見せてきた誠実さも、トレードマークのメガネもなく、ましてや得意のスマイルも封印して、18世紀の朝鮮王朝のプレイボーイ貴族に変身した。だが、その手練手管の奥には本人すら気付いていない傷つきやすい感情を抱いている――そんな複雑な役を、8キロ減量した上で、繊

細に演じたペ・ヨンジュンは批評家からも絶賛され青龍映画賞新人男優賞に輝いた。

髭を蓄えたペ・ヨンジュンの容姿は「冬ソナ」のイメージとはかけ離れたものだったから、僕らはファンの反応がとても気掛かりだった。ただそんな心配は無用だった。

来日は成田空港ではなく、敢えて狭い羽田を選んだのだが、羽田の空港公団からクレームの電話を受ける羽目になった。来日3日前の段階で、寝袋を持って空港ロビーに泊っている女性が200人以上に上るというのだ。退去を促しても応じないので、招聘元の我々に何とかして欲しいと半ば抗議の電話だった。警備会社のスタッフを増やして対応にあたったけれど、翌日には500人に膨れ上がり、来日当日にはとうとう3000人を超えるファンが羽田空港のロビーを占拠してしまった。もはや警備会社も匙を投げるほどの人波だった。

結局5000人余りのファンが空港で、ペ・ヨンジュンを熱狂的に出迎えた。

テレビ各局は「ビートルズ以来の人出」と騒ぎ立て、滞在先のホテル・ニューオータニのロビーやエントランス前には、彼を一目見ようとファンが群がり、スイート・ルームの応接室は、あっという間にファンから届いた花束と贈答品でびっしり埋まってしまった。最初の3日間は配給会社が引き受け、後半の3日間はNHKが引き受けるという来日スケジュールだったが、僕は後先を間違えてしまったと後悔した。

ペ・ヨンジュンが滞在していた数日間、僕は、面識のない色んな人から電話を貰った。大物政治家夫人を名乗る人、芸能プロダクションの社長、九州からわざわざやって来たという女性経営者と様々な女性たちがペ・ヨンジュンに会いたい一心で、誰かから聞きつけて僕の携帯に掛けてくるのだった。知人の紹介という人もいたから無碍にも出来ず、その間、僕は携帯電話の電源をオフにするしかなかった。

兎にも角にも、お陰で来日キャンペーンは大成功した。

「危険な関係」の韓国初の映画化である『スキャンダル』は、俳優たちの人気と実力の点でも、衣装や室内装飾を含めた繊細にして豪華絢爛たる美術の点でも、過去の作品となんら遜色ない出来だった。

ペ・ヨンジュン、イ・ミスク、チョン・ドヨンという主演3人それぞれの巧みな表現力とそのアンサンブルの見事さによって、恋愛をめぐる駆け引きとその後に訪れる悲劇は、観る者に深い感動と余韻を与えていた。
　最も長く上映を行なったシネカノン有楽町に、毎日通ってくる女性がいた。彼女は、確か北関東の街から、片道2時間掛けて有楽町に日参していた。前売券を25枚も買って、回数券の様に一枚ずつ切り離して使っていた。とても有り難く、20回を超えた頃には劇場スタッフ全員と顔見知りになっていた。ただ困ったことに、彼女は上映中に、ペ・ヨンジュンの登場シーンを持参のカメラで撮影してしまうのだ。それもフラッシュを焚いて。スタッフが何度注意しても、「今日は上手く撮れなかったわ〜」と懲りないのだ。とても有難い、そして忘れ難いお客さんだったけれど、手に追えない客だった。

149

# 千の風になって

I am a thousand wind／2004年／日本／107分
監督・脚本：金秀吉
出演：西山繭子、伊藤高史、南果歩、水谷妃里
日本公開日：2004年7月31日

天国へ旅立った大切な人へ向けて、想いを込めて綴った手紙を朗読する地方ラジオ局の名物コーナー〝天国への手紙〟を基に、葬儀会社グループ「ベル共済」が中心になって映画化したオムニバス映画。80年代に映画『潤の街』で出会った友人の金秀吉が脚本、監督した映画を受託配給した。西山繭子が演じる女性記者、紀子が手紙の差出人を訪ね歩く日々を描いている。取材の過程で出会った様々な人々の、それぞれの物語。中でも南果歩、金久美子、吉村実子、綿引勝彦が好演している。

150

# 誰も知らない

Nobody Knows／2003年／日本／141分
監督・脚本：是枝裕和
出演：柳楽優弥、北浦愛、木村飛影、清水萌々子
日本公開日：2004年8月7日

是枝裕和の代表作
カンヌ映画祭での絶賛

是枝裕和監督の代表作と言える1本だろう。1988年に実際に起きた「西巣鴨置き去り事件」とよばれる痛ましい事件を取材した経験に基づき、是枝裕和が独自の視点で描いた、ある家族と少年の物語だ。

都内の2DKアパートで大好きな母親と幸せに暮らす4人の兄妹。しかし彼らの父親はみな別々で、学校にも通っておらず、3人の妹弟の存在は大家にも知られていなかった。ある日、母親はわずかな現金と短いメモを残し、兄に妹弟の世話を託して家を出る。この日から、誰にも知られることのない4人の子供たちだけの〝漂流生活〟が始まる……。

東京という大都会の片隅で生きる子供たちに起こる出来事を精緻に描いている。撮影は2002年の秋から四季を通して行われ、季節毎に編集し次の季節の構想を練って撮影を行う。だから子供たち、特に主人公の柳楽優弥の表情は後半、明らかに大人びて見える。

少年に関する事件や児童虐待など現代的なテーマを持ちながらも、いつの時代にも共通する彼等の普遍的な内面世界に迫る。山崎裕のカメラは彼等に寄り添い温かい視線を向けながら、同時に彼等を取り囲む社会にも厳しい目を向けている。母親に見捨てられて生きる自分たちだけの世界。母を想う無垢な心。そして外の世界に対する憧れや葛藤。子供たちの心の叫びが聞こえてきそうな錯覚すら覚える静かな映画。間違いなく是枝映画の集大成であり、到達点だろう。大島渚の『少年』や羽仁進の『不良少年』を彷彿とさせるが、ドキュメンタリー映画でなく、劇映画で撮ったという点で画期的な作品だった。

カンヌ映画祭への出品は、予期せぬ偶然で転がり込んできた幸運だった。侯孝賢の新作がコンペから漏れたという情報を、海外配給を委託したセルロイド・ドリームの代ンガメ・パナヒから連絡を貰った。コンペを意識して少し短く編集してプリントを送ると、運良くコンペに滑り込むことに成功した。

カンヌでの反応は僕らの予想を遥かに超えて絶賛の連続だった。是枝映画の作風は、本作で確立されたと言っても過言ではなく、世界中の映画ファンを虜にした。上映後のインタビューでは、母親役を演じたYOUに質問が集中した。フランスの新聞記者が、彼女の喋り方を指摘して「それは演じているのか?」と訊いたが、YOUは「日本人女性はみんなこんな喋り方です」と答えて爆笑を誘った。

映画を気に入ったアニエス・ベーが、本作の関係者全員をディナーに招待してくれた。カンヌではそんな奇跡の様なご褒美もあるのかと感激したが、まだ子供だった柳楽君は、面倒くさそうに不貞腐れていた。

そんな柳楽優弥が、最年少記録を更新する14歳で最優秀主演男優賞に輝いた。僕は監督賞を予想していたけれど、結果的にはこの受賞が興行的に最もインパクトがあったようだ。ポスター・ビジュアルは、もちろんサンアドの葛西薫さんが担当した。今は知らないが是枝映画は『幻の光』の時からずっと葛西さんがチラシ、ポスター等をデザインしていた。是枝映画の視点やリズムを葛西さんのデザインはいつも的確に視覚化してくれた。柳楽少年のアップ一枚だけのメイン・ビジュアルは秀逸な輝きを放っていた。

構想15年を経て、ついに完成した『誰も知らない』は、ミニシアターの記録を塗り替える大ヒットを記録した。

151

## 透光の樹

２００４年／日本／１２１分

監督：根岸吉太郎
出演：秋吉久美子、永島敏行、高橋昌也、吉行和子
日本公開日：２００４年10月３日

根岸吉太郎監督の映画だけど、配給に至ったのはアルゴ・ピクチャーズの岡田裕さんから依頼されたからだ。金沢の東洋コンツエルンがスポンサーになり、当初はショーケンこと萩原健一と秋吉久美子が主演するはずだった。しかし撮影中にショーケンが暴れて、降板してしまった。根岸監督を恩人と慕う永島敏行が義理堅く代役を見事に演じている。金沢で完成披露試写会を開催した際、わざわざ飼い犬のチワワを連れてきた秋吉さんの愛犬家ぶりには驚いた。美魔女のいう言葉があったかどうかは知らないが、秋吉さんの魔女ぶりが、多くの男優を狂わすのだろうか？

152

## お父さんのバックドロップ

Backdrop del mio PaPa／２００４年／日本／98分
監督：李闘士男

出演：宇梶剛士、神木隆之介、南方英二、南果歩
日本公開日：2004年10月9日

宣伝部の呉徳周から紹介された李闘士男は、テレビのバラエティ番組の演出で知られていた男だった。映画を撮りたいと一念発起して、彼は中嶋らもの有名小説の原作権を手に入れた。大胆なチャレンジに応えて、旧知の鄭義信がシナリオを手掛けた。原作が大好きだったので、僕は直ぐに映画化を決めた。

問題は主人公のプロレスラー役だった。190cmの大男で、演技力のある日本人なんているのだろうか？　アメリカならロックが適任なのだろう。前田日明と武藤敬司の顔が頭をよぎったが、相米慎二の『光る女』を思い浮かべてオファーを辞めた。僕は、まず伊原剛志に白羽の矢を立てた。190cmには届かないが、かなり背が高い上に、彼は関西出身だし、何よりも元JACだからアクション映画はお手のものだ。伊原剛志はやる気になって身体作りに取り組んでくれたが、2カ月経った頃、いくら食べても「プロレスラーの体にはなれない」と泣く泣く辞退した。そして李闘士男が宇梶剛士を提案した。付き合いはなかったが、菅原文太さんの付き人を経て役者になった苦労人だと聞いた。北海道出身で自身のルーツがアイヌ民族にあると公言する、真っ当で情熱的な男だ。すっかり惚れ込んで、早速プロレスの訓練に入ってもらった。もう1人の主人公である小学生の息子、一雄の役は天才子役の名を恣にしていた神木隆之介が演じた。子役ながらすでに業界では有名だったが、確かにとんでもなく上手かった。泣かせるシーンでしっかり泣かせ、笑いをとるシーンでしっかりボケれる。

「新世界プロレス」のレスラー・下田牛之助を父に持つ小学生の一雄はプロレスが大嫌いだ。悪役に転向した父の職業を恥ずかしく思って、クラスメイトにも秘密にしている。そんな息子の信頼を得るために牛之助は、無謀とも言える、人生最大の戦いに挑む……。

無謀な父親の挑戦が、素直になれない息子の心をじんわり溶かしていく。ただひたすら息子への愛情を胸に、倒されても、倒されても起き上がるお父さんはカッコ悪くて、カッコいい。『チャンプ』、『リトル・ダンサー』に次ぐ、涙溢れる親子の物語だ。アコーデオン奏者のcobaがオリジナル・スコアーでポップな音楽を提供し、そしてエンディングに流れるスネオヘアーの書き下ろし主題歌「ストライク」が映画を鮮やかに彩った。

ラストシーン。下田牛之助と戦う、無敵の格闘家には、極真会館の松井章圭館長にお願いして、極真空手世界チャンピオンのエヴェルトン・テイシェイラに特別出演して貰った。僕にとっては、後にプロデュースする『リング・サイド・ストーリー』への布石になった映画だ。

153

# 恋文日和

2004年／日本／111分
監督：大森美香、須賀大観、永田琴恵、高成麻畝子
出演：村川絵梨、玉山鉄二、塚本高史、大倉孝二
日本公開日：2004年12月4日

恋文にまつわるオムニバス映画だ。ジョージ朝倉の人気コミックを原作に、それぞれバックグランドの異なる4人の新人監督が腕を競って映像化した。キャストにも、これが初出演となる新人や若手俳優たちが起用された、実験的な企画だった。物語の縛りはどんな形でもいいから「恋文」というツールを使って想いを伝える事だけ。「あたしをしらないキミへ」（大森美香）、「イカルスの恋人たち」（永田琴恵）、「雪に咲く花」（須賀大観）、「便せん日和」（高城麻畝子）の4エピソードが並んだ。新人の田中圭、玉山鉄二、中越典子、村川絵梨らが初々しい姿を見せている。アミューズが幹事会社になり、TBS、博報堂、デジハリと製作委員会を形成した。

154

# 戦争のはじめかた

Buffalo Soldiers／2001年／英＝独／98分
監督・脚本：グレゴール・ジョーダン
出演：ホアキン・フェニックス、エド・ハリス
日本公開日：2004年12月11日

原題は「バッファロー・ソルジャー」だけれど、邦題を付けるべきか悩んだ末、内容に即したタイトルを付けた。アメリカ軍の内部を描く物語をイギリス・ドイツ合作で製作した点が新鮮だった。2001年9月のトロント映画祭のワールド・プレミアで会場を騒然とさせ、その評判からミラマックスが直ちに配給権を獲得した。しかし、その翌日にあの「9・11」が起きてしまい、事態は急変。ナシ

ヨナリズムが高まる中、賞賛はたちまち非難へと変わり、全米公開は5度も延期されてしまった。しかし本作に描かれるのは「不適切な作り事」ではなく動かぬ「真実」だ。

時代は「パパ・ブッシュ政権」まで遡り、アメリカがどうやって戦争を国是として進めてきたのかをひも解く、極めて怖い映画だ。

時は、ベルリンの壁崩壊が間近に迫り、アメリカ大統領にブッシュ（父）が就任している頃の1989年、西ドイツのシュツットガルト。米軍基地は軍の規律が緩み放題で、平和ボケした上級士官たちは昇進で頭が一杯な上、戦うべき敵のいない兵たちが引き起こす問題も後を立たない。そんな中、エルウッド（ホアキン・フェニックス）は退屈凌ぎに物資の横流しやヘロインの密売に手を染めている。大きな取引を前に、基地には浄化を公言するゴリゴリの石頭、リー曹長（スコット・グレン）が着任する。

実在の人物の体験談に自らのリサーチを加えてロバート・オコナーが書き上げた小説「バッファロー・ソルジャー」はピューリッツァー賞にもノミネートされた名著だ。ホアキン・フェニックス、アンナ・パキン、エド・ハリス、スコット・グレン、他、錚々たる俳優たちの共演が目を見張る。

9・11後に、この映画がたどった数奇な運命を振り返るとき、アメリカが〝自由と平等の国〟などではない事実をあらためて思い知らされる。

155

# 荒野の七人

The magnificent seven／1960年／米／128分
監督・脚本：ジョン・スタージェス
出演：ユル・ブリンナー、スティーヴ・マックィーン
日本公開日：リバイバル

ニュープリントによるリバイバル上映。西部劇史上に残る銃撃戦と個性派揃いの七人のガンマンが観る者を魅了する。巨匠黒澤明の『七人の侍』を、メキシコの渇いた風土に見事に置き換えたウェスタンの傑作。マックィーン、ブロンソン、J・コバーン、ロバート・ボーン、当時まだ無名だった彼等は、本作を経てスターへ駆け上がった。クリスマスに新宿ジョイシネマで公開した。

INTERVIEW

# ＫＴ

配給とプロデュースをやってきた李鳳宇がひとつの結実とした映画が『ＫＴ』。合作という言葉を越えて、その作品は、いま、グローバルな映画状況を象徴した作品として蘇ってくる。そこにあったものは――。

構成＝小林淳一

　『KT』（阪本順治）

映画を世界から買い付けて、配給してきた李鳳宇。さまざまな日本映画を製作・プロデュースしてきた李鳳宇。世界の映画がグローバル化していく流れの中で、どうしても、ある映画のことが想起される。2002年公開の日韓合作映画「KT」。実際にあった金大中拉致事件の真相に迫るポリティカル・サスペンスだ。この映画はまさに李鳳宇の映画配給と、映画製作・プロデュースの接点にあった作品であり、それは世界の映画のグローバル化を予見させる最初の1本でもあった。

――本書「244＋1」が発想されたきっかけは近年急速に進んだ映画のグローバル化という現象がありました。李さんがやってきたことが、ある意味、違う形かもしれませんが、世界の映画状況を予見していたように見えます。李さんの映画を辿ることで現在と未来が見えると思いました。配給されたポン・ジュノ監督やパク・チャヌク監督がいまやハリウッドで活躍し、世界の映画の中心に存在しています。アジア映画の今日の在り様を考えたとき、どうしても李さんがプロデュースした「KT」という作品に行き着く。ここに映画の現在や未来に対するヒントがあると思います。どのように「KT」といういわゆる合作＝グローバルな映画は誕生したんでしょうか。

「KT」が公開された2002年は、日韓のサッカーワールドカップ開催の年でもありました。開催が4年前に決まって、それまでになかった日韓でのプロジェクトをやろうという機運は各業界にあったと感じていました。経済界でもあったし、それは文化の領域にも及ぼうとしていました。

双方に問題があったんでしょうが、日韓の合作映画というものは、それまでなかなか実現しませんでした。

日本のメジャー、東宝、東映、松竹は全くそういう気はない。韓国でやろうという機運が高まってもメジャーは動きませんでした。それはそうでしょう。マーケットを考えると、必要がない。日本国内で、日本人が作って、日本人が見るのが日本映画です。合作は何の得もないわけです。今も基本的には同じ考え方だと思います。

そんな流れの中で、阪本順治監督から「シネカノンでしかやれない映画をやりたい。李さんとしかできない映画をやりたい」という話がありました。

以前から日本のメジャーがやらないこと、メジャーができないことに、インディペンデントとしてチャレンジしてみたいという気持ちがありました。そのひとつが海外との合作です。合作という言葉はあまり好きではありませんが、ここではわかりやすく使わせてもらいます。フランスとの合作でも、イギリスとの合作でもいいと考えていました。そのころ、配給した『GO NOW』『バタフライ・キス』のマイケル・ウィンターボトム監督から日本とイギリスの合作の提案を受けました。それは面白いと思って、双方で企画開発をして、漫画の映画化を立ち上げるところまでいきました。しかし、原作側との折衝で折り合いが付きませんでした。日本の有名漫画家の世界を、マイケル・ウィンターボトムが描くという、わくわくするプロジェクトです。それが潰れたことで、ずっとフラストレーションが溜まっていたんです。

そんなとき、阪本監督から話があり、日韓ワールドカップ前ということもあって、自分にしかできない日韓合作映画に挑戦してみようと思ったんです。

——そして、テーマを探されたと。

いろいろな案がありましたが、日韓の中でいちばん大きな事件、日韓のつっかえ棒みたいなものを探していました。そして、小説の「拉致―知られざる金大中事件」にたどり着いたんです。原作者の中薗英輔さんにお会いして、許諾をいただき、そこからですね。1年くらいかかりました。

――阪本監督のプロフィールを調べていくと、高校時代は引きこもりで、学生運動にあこがれて横浜国立大学に進学したと聞きました。そうした阪本監督の想いみたいなものも「KT」とはリンクしているのでしょうか。また、李さんは当時の日本をどのように見ていたのでしょうか。

全共闘世代に対する憧れのような感情を、阪本はもっていたでしょう。映画研究会にいた阪本が大学時代にいちばんやったのは、上映運動です。三里塚などそういう映画の上映運動に関わっていたようです。ただ、旗を振ったり、立てこもりをしたりするような過激なタイプではなかった。引いてみているタイプだったんだろうと思います。

阪本も含めて私たちの世代には、全共闘世代の、やり残したこと、やれなかったこと、失敗したことばかりが重くのしかかってくる。その「負の遺産」みたいなところから私たちの青春ははじまっているわけです。上の世代が丸投げした様々な問題をどう引き受けるのか、というのが我々の世代の課題でもありました。キチンと総括されないで、曖昧な状態を放置したまま、結局は、誰もその問題に取り組もうとしない社会を時に絶望的に感じていました。

私には、韓国の政治状況を知っているから、日本の学生運動が、すごく生ぬるく見えました。誰も命をかけて戦っていない。本気で勝てるとか、本当に変えられるとは思っていない。どこか遠いところで吠えているふうに、見えてしまって。政治の季節はずいぶん前に終わっているというのが、我々の世代がもつ全共闘世代への印象です。彼らの世代が作った映画を観ても、どうも生ぬるいと思っていました。それはエンタテインメントでも、社会的メッセージでも何か物足りない、アナーキーなチャレンジをくり返している風に見えて、私には成功している映画には見えなかったんです。

そういう意味では、いちばん共感できたのは若松孝二監督です。いちばん肌感覚でこの国の政治状況や風土を描けていた作家だと思います。なぜ、若松孝二にできて、ほかの全共闘世代の監督にできなかったのかは、冷静に分析する必要があると思います。

そんな中でエンタメとしても観られて、問題性にも一歩踏み込む、そういう映画がやりたかったんです。「KT」はいちばんやってみたかった素材でしたし、日韓の両方の観客にぶつけてみたいという思いが強く沸き起こりました。

――「KT」はまさに、国と個人を描いた映画だと感じます。「KT」のキャッチコピー「国ヲ愛スル心ガ人ヲコロス」は李さんの発案なんですね。

金大中を誰が、殺そうとしたのか――これはKCIAだと言われているけれど実際には、KCIAの一個人が勝手に動けるわけがない。公権力が働かないと動けるはずがない。

冷静に考えると、イデオロギーのために、何か犯罪を犯すわけではなく、実は、体制が犯罪を助長する。もっといえば体制自体がそれに関わる。しかし、関わっていないと見せるのが体制やテロ事件や陰謀の罪深いところです。そういう視点で金大中拉致事件をとらえてみた。我々がいちばん関心を持ったところは、自衛隊がどうかかわったかということです

佐藤浩市演じる主人公のアイデンティティは自衛隊とのかかわりがすべてです。すべての日本人にとって韓国という国の問題は、どれだけ遠いのか、それとも、どれだけ近いのかです。

元自衛官は韓国語が喋れました。自衛隊では諜報活動をやっていて、自衛隊を辞めた後も興信所をつくって、韓国からのオーダーに応じて、内偵・報告をしていました。韓国のKCIA、いまの安全企画部に極めて近い人物でした。ある時、特別なオーダーが来る。それまでは調査やリサーチが主な仕事だったけれど、はじめて「殺したい」という究極のオーダーでした。「自分にはできない」と、彼は山口組傘下の柳川組長に相談に行く。しかし、在日でもある組長は「殺せない」という。そこでキム・ガンス演じるもうひとりの主人公が自分でやるしかないと考えるんです。

KCIAは逡巡しながら、自分たちで暗殺は実行すると決めるが、車のチャーター、手引き、逃走経路の確保、そういうものは全部、日本人に委託する訳です。大型船舶をチャーターして密航するなんて公権力が絡んでないとできない芸当でしょう。映画では、そこにどんな人が絡んだのか、というのを解き明かしていきました。最後の疑問は誰のどういう判断で、金大中は生き残ったのか、という——。

——「KT」はたいへん評価されている映画であった一方、わからないという人たちもいたと思います。だからこそ、いま、ここで取り上げているわけですが。それは、佐藤浩市、キム・ガンス、ふたりの〝正義〟というものがわからなかった人が多かったのではないかと感じます。佐藤浩市演じる元自衛官は言いますよね、「これは俺の戦争なんだ」と。

佐藤浩市、キム・ガンス、ふたりの主人公にそれぞれの生きざまがある。三島由紀夫の自決に花を手向ける浩市の姿から映画は始まります。浩市は自分を肯定していないと生きていけないわけです。

キム・ガンス演じる主人公の生きざまは韓国人的です。特に朝鮮戦争を経験した、韓国の公務員の気持ちが代弁されている。朝鮮戦争を経験した人たちは、社会主義、共産主義は悪だという考えを強烈に植え付けられてきた。彼らが教育を受けた中でいうと、金大中がやろうとしていることは韓国を共産主義、社会主義化していくとことだと嫌悪感を抱くんです。だから盲目的に、こいつをとにかく除去しないといけない、彼らはそれが社会正義だと信じているわけです。朝鮮戦争という悲劇がなければそんな極端な発想はしなかったと思う。済州島四・三事件に続いて朝鮮戦争は韓国人の心を大きく変えてしまいました。

日本は戦後、180度方向転換したから、アメリカ産民主主義ばんざいで来ています。だから自分たちが変えたという認識がない。〝押し付けられた〟と感じて、どうせこの先も何も変わらないと思っている。ここでの元自衛官も同じでしょう。だから彼は腹を切る覚悟で暗殺という「変化」に協力するんです。

キム・ガンスは最初、出演を断ってきたんです。評価も定まっていない人物をやるのは危険すぎると。周りも反対していたようですね。でも、どうしてもやって欲しかった。みんなで飲んだ時にお互いに歌を歌って、打ち解けました。そんな時、彼がもし、これを違う俳優がやってうまくいったら一生後悔する、と言い出したんです。

――キム・ガンスの起用というその一歩が、合作＝グローバル映画の第一歩だったんですね。クライマックスの洋上の撃ち合いものすごいシーンになっています。

あのシーンは釜山で撮ったんですが大変でした。船だけでなくヘリコプターを飛ばしていますが、ヘリコプターって早いんで止まらないんです。それを限界まで低空で飛ばして、あのカットが生まれました。日韓のスタッフのリレーションの賜物です。何回も撮れないので、キム・ガンスも相当なプレッシャーだったと思います。私は、キム・ガンス史上最高の名演技だと思っています。

――グローバルということでいうと、音楽監督の布袋寅泰さんの存在が大きいと感じました。クエンティン・タランティーノの『キル・ビル』の1年前の映画ということになりますが、すでにその予感がこの映画で出ている。劇伴が絶妙ですね。

その通り、布袋寅泰が素晴らしかった。音楽的なセンスだけでなく、いろいろなアイデアのある人なので、インターナショナルなサウンドに仕上がったのは彼のおかげです。世界観を表現するという意味でも、映画を大きくしてくれた彼の功績が大きいと思います。佐藤浩市、キム・ガンス、阪本順治に布袋寅泰と、同世代で映画を作れたことは良かったと思います。

――映画のグローバル化が進み、ウクライナ侵攻で世界が変わった、変わってきているいまこそ「KT」は見直すべきコンテンツだと思います。

現在、「KT」のような映画はなかなかつくりづらいと感じます。それは韓国においても同じです。「愛国心」という言葉の捉え方は日本と韓国では異なります。日本で「愛国心」は右翼的な響きをもっているので、決してポジティブな印象を与えません。しかし一旦、戦争が起きると急にポジティブな光を放ち始める。とは言え、元自衛官の行動は理解されなかった。何故手伝うのか？　いまなら1億円の報酬があるという設定を入るべきかもしれない。金でもイデオロギーでもない、自分自身のため、自分が生きてきた人生や信念を肯定する、歴史を肯定する、というように、自己肯定のための命がけの行動が理解できなかった。

それがバカげた行動に見える方が健全で平和的です。しかしウクライナ侵攻後、パースペクティブが変わって、「愛国心」が「正義」や「連帯」とつながって大義になっていく流れが恐ろしいです。

# LB | Ⅲ Library

『シュリ』で来日したカン・ジェギェ監督、キム・ユンジンと

『オールド・ボーイ』のチェ・ミンシクと

# 第5部 — 2005—2006

『パッチギ！』『フラガール』の高い評価。パク・チャヌク『復讐者に憐れみを』。ケン・ローチがカンヌを獲った『麦の穂を揺らす風』。

## 2005 年

155 パッチギ！
156 復讐者に憐れみを
157 カナリア
158 オオカミの誘惑
169 恋は五・七・五！
160 やさしくキスをして
161 スカーレットレター
162 奇蹟のイレブン
1966 年北朝鮮 VS イタリアの真実
163 Dear フランキー
164 マラソン
165 南極日誌
166 クレールの刺繍
167 スクラップ・ヘブン
168 マカロニ・ウエスタン 800 発の銃弾
169 モンドヴィーノ
170 ビッグ・スウィンドル！
171 ディア・ウエンディ

## 2006 年

172 転がれ！たま子 ※
173 送還日記
174 ククーシュカ ラップランドの妖精
175 ヒョンスンの放課後
176 青いうた のど自慢 青春編※
177 クレマスター 3
178 ゆれる
179 ジダン 神が愛した男
180 劇場版 遙かなる時空の中で 舞一夜
181 Dear Pyongyang（ディア・ピョンヤン）
182 フラガール
183 ベルナのしっぽ
184 明日へのチケット
185 麦の穂をゆらす風
186 みえない雲

『フラガール』（李相日）

## 2005年

155

# パッチギ！

We shall overcome someday／２００４年／日本／１１９分
監督・脚本：井筒和幸
出演：塩谷瞬、高岡蒼佑、オダギリジョー、沢尻エリカ
日本公開日：２００５年１月22日

井筒さんの青春は、コウスケに託され、
僕の青春はアンソンに託された

『ゲロッパ！』の公開を控えて、各地に移動してプロモーションしている時、松山猛さんの「少年Ｍのイムジン河」という本を手にした。松山氏の少年期の体験が、とても瑞々しい文章で綴られた本に感銘を受けた。僕は、井筒さんに本を勧め、この本に書かれたエピソードを原案に、映画を計画した。あの時代を背景に、井筒さんとなら日本版「ロミオとジュリエット」を作れるんじゃないだろうかと考えた。「パッチギ」とは韓国語の動詞「パッチャダ」からきているが、「パッチャダ」は「何かを突き破る、乗り越える」という意味をもつ。そして何故かケンカ用語に変換されて、「パッチギ」は「頭突き」の意味に変わり、主に関西の不良高校生の間では、朝校生たちの得意技とされていた。『パッチギ！』の舞台となったのは１９６８年の京都だった。フォーク・クルセダーズの「イムジン河」が発売中止になった時期を背景に、唄ってはいけない歌と、どうしてもその歌を唄いたい人の物語を描こうと考えた。

シナリオの羽原大介を交えて、僕たちはホテルに篭って、半合宿状態で、シナリオを作り上げた。井筒さんの青春期は、主人公のコウスケに託され、僕の青春はアンソンに託すことになった。僕たちの身の回りに起こった事件や出来事を話し合い、実際に居た人たちを思い浮かべながらキャラクターを立てていった。

チーフ助監督の武正晴は、井筒映画の鬼軍曹として、東京と大阪で大掛かりなオーディションを行い、血気盛んな若い俳優たちを数多く発掘してくれた。

最終的に主要キャストに名を連ねた高岡蒼佑、塩谷瞬、桐谷健太、波岡一喜、尾上寛之、小出恵介、沢尻エリカ、真木よう子、ちすん、江口のりこ等は京都での2ヶ月に及ぶ合宿生活を通じて、何かを掴んで成長していった。

その後、彼らはそれぞれの人生を歩んで、俳優としてシッカリと根を張って生きているが、何人かはやんちゃなエネルギーが災いして、道を外したり、立ち止まったりした。でも激しい感情をぶつけ合いながら過ごした3ヵ月の合宿を、彼等は忘れることはないだろう。

本作の映画宣伝にまつわるエピソードは、過去に「パッチギ的 世界は映画で変えられる」という本で詳しく書いたけれど、ひとつだけ記すとすれば、テレビスポットの経緯だろう。

15秒のテレビスポットは、事前にテレビ局の考査を通すから、オンエアーのかなり前に完成して収めるのが決まりだ。僕らは、手順に従って素材をテレビ朝日に納品したが、公開9日前の木曜日、電通の営業部長から突然電話があった。彼は慌てた様子で、これからテレビ朝日の担当部長と会って欲しいと早口で言った。何のことかと事務所で待っていると、血相をかえた二人が現れて、「あのスポットは流せないんです」と頭を下げた。

彼等曰く、テレビ局の考査も無事済んで、流すだけというタイミングで、局内のある役員から、このスポットを流すと問題になるから修正しろと指示されたという。彼等が考える「問題」とは、1週間後に控えていたサッカー・ワールドカップ最終予選の日本対北朝鮮の放送だった。このスポットを流せば、「抗議の電話が殺到するだろう」という局内の憶測を説明された。

そして「もし結婚するようなことになったら、朝鮮人になれる?」とキョンジャが康介に問う、核心的なセリフが問題だと言う。でも本作は、このセリフを聞かせるための映画だ、言い換えれば民族の壁を乗り越えて、愛情を育もうと訴える、映画のメッセージでもある。僕は、当然ながら激しく反発した。

馬鹿げた自主規制が、名曲「イムジン河」を葬ったし、忖度や憶測で物事をおざなりにしてきたから、我々の社会は停滞してしまった。僕は、勇気を持って一歩踏み込みましょうと、何時間も彼等を説得したが、無駄だった。解決策や妥協策はなくて、セリフをカットするか、流さないかの二択しかないのだ。僕は、断腸の思いで再編集バージョンを流す事にした。

これほどまで厚い壁を感じたことはなかった。僕が何を訴えようと、何を作ろうと、通じないのはどうしてだろう？過去に何度も何度も経験した無気力をまたも感じて呆然とした。

それでも公開が始まると、たくさんの観客が劇場に駆けつけてくれた。雑誌「ぴあ」の満足度ランキングの邦画1位を20週間キープし、日を追うごとに口コミで広がりをみせた。

結果、本作はキネマ旬報ベストワンをはじめ多くの賞を受賞し、韓国でも公開し話題を呼んだ。僕は、かつてないほど多くの手紙や葉書を受け取った。中には韓国からの物もあった。そして地方に行って初めて会った人からも、まず挨拶のように「『パッチギ！』を観ました。泣きました」とか、朝鮮高校のOBからは「どうして私の青春時代のエピソードを知っているのですか？」と聞かれたこともあった。僕にとっての特別な物語は、普遍的な物語でもあると実感した。たくさん頂いたコメントの中でも、特にパク・チャヌク監督のコメントが嬉しかった。「この映画には近年の日本映画にない強いドラマがある。この映画には近年の韓国にない強い怒りがある。この映画には近年の世界中の映画にない深い感動がある」という最大限の賛辞だった。

本作は、劇場公開が終わった後も、各地のホールや学校で上映会が実施され、その数は現在まで300回を超えている。2009年には、新国立劇場で羽原大介の戯曲によって舞台にもなった。

156

# 復讐者に憐れみを

Sympathy for Mr. Vengeance／2002年／韓国／117分
監督：パク・チャヌク
出演：ソン・ガンホ、シン・ハギュン、ペ・ドゥナ
日本公開日：2005年2月5日

## パク・チャヌク復讐三部作の第一作

パク・チャヌク監督の出世作にあたるだろう。のちに彼が撮る『オールド・ボーイ』、『親切なクムジャさん』と並んで復讐三部作と呼ばれる連作の第一作に当たる。最近、仕事で出会ったイ・ムヨンが、この作品をパク・チャヌクと一緒にシナリオ執筆していたので、創作の経緯や作業の進め方などを聞けて参考になった。

聾者の青年リュウ（シン・ハギュン）は姉の腎臓病の治療のため、工場の退職金を使って、闇マーケットで腎臓を

探すが、あえなく失敗する。そんな時、姉のドナーが見つかったという連絡を受ける。だがリュウは、すでに手術費用を闇マーケットに注ぎ込んでしまっていた。

仕方なくリュウは、同じ聾唖学校に通うユンミ（ペ・ドゥナ）を誘って、身代金をせしめるために誘拐を企てる。ターゲットは会社経営者のドンジン（ソン・ガンホ）の幼い娘だった……。

原題は「復讐するは我にあり」という。そのままだと今村昌平の映画タイトルと被ってしまうから、敢えて邦題を付けた。

登場人物たちの個性がどれも際立っている。ソン・ガンホ、シン・ハギュン、ペ・ドゥナはもちろん、イム・ジウン、リュ・スンワン、リュ・スンボム等の演技力の高さにとても驚かされた。物語は、どんどん後戻りできない最悪の展開を帯びていく。目を覆いたくなるような残酷な表現が随所にあるものの、ついつい暴力的な復讐を応援する自分に気付かされる。そんな気持ちにさせる、とても恐ろしいスリラーだ。

157

## カナリア

CANARY／２００４年／日本／１３２分
監督・脚本：塩田明彦
出演：石田法嗣、谷村美月、西島秀俊 りょう
日本公開日：２００５年3月12日

塩田明彦監督の、鮮烈な映画。オウム真理教と教団に入信した信者と、その家族を追った、怖いくらいリアルな映画だ。統一教会の一連の事件が表沙汰になる中、再評価するべき映画だと思う。どんな間違いを犯したのかが浮き彫りになるはずだ。

158

## オオカミの誘惑

Romance of their own／２００４年／韓国／１１３分
監督・脚本：キム・テギュン
出演：チョ・ハンソン、カン・ドンウォン
日本公開日：２００５年3月19日

韓国のイケメン俳優といえば沢山名前が上がるが、いま

もカン・ドンウォンが真っ先に思い浮かぶ。「恋人にしたい男No・1」のカン・ドンウォンと、これまた元サッカー選手の美男子チョ・ハンソンが共演し、公開されるや興行収入1位の座を4週間キープした青春ラブストーリーだ。

ごく普通の女子高生、ハンギョン（イ・チョンア）は母親と暮らすためにソウルに上京して来た。都会の子にはない純情さと可愛いらしさを持つハンギョンは、転校先の高校で女学生の憧れのボス、パン・ヘウォン（チョ・ハンソン）と、隣の高校の伝説のボス、テソン（カン・ドンウォン）の両方から好意を寄せられて困ってしまう。とうとう愛を賭けた、ボスたちの戦いが勃発する。監督はアクション映画『火山高』で成功を収めたキム・テギュン。彼はのちに日本映画の『彼岸島』の監督にも抜擢された。

プロモーションで来日したカン・ドンウォンが原宿でショッピングしていると、何人ものスカウトマンが声を掛けた。彼の名前も知らない女子たちが、いつの間には彼の周りに集まってくる。その光景を見ながら、特別なオーラを持った俳優って、こういう人を指して言うのかと思い知った。雑誌「ヴォーグ」とタイアップして、ディオールのモデルを引き受けた彼は、パンツの裾を上げないで履いていた。そんなアジア人に初めて出会ったと、スタイリスト熊谷隆志は驚いていた。

159

# 恋は五・七・五！

2004年／日本／105分
監督・脚本：荻上直子
出演：関めぐみ、小林きな子、細山田隆人、杉本哲太
日本公開日：2005年3月26日

『かもめ食堂』や『めがね』で知られる荻上直子監督の映画だ。愛媛県松山市で開かれる「俳句甲子園」を題材に、俳句に青春を燃やす高校生たちの物語。先行して制作に着手していた東北新社から提案され製作委員会に参加した。

帰国子女の高山治子（関めぐみ）は、半ば強制的に俳句部に入ることになった。未知の伝統文化に出会い、生き生きと変わっていく女子高生と、俳句を通じて出会う友人たちが力を合わせて奮闘する、一夏の青春を描いている。

松山市がロケに全面協力している。スターダストの期待の新人、関めぐみを起用した青春映画だったが、荻上監督

は高校生の青春にはさほど興味がなかったのかもしれない。オリジナル・シナリオで映画を撮ってきた監督に、フォーマットが決まっている「企画映画」を押し付けるのは良くないと思ったが、幸い作品は面白いコメディに仕上がった。

160

# やさしくキスをして

Ae Fond Kiss／2004年／英＝伊＝独＝スペイン／104分
監督：ケン・ローチ
出演：エヴァ・バーシッスル、アッタ・ヤクブ
日本公開日：2005年5月7日

ケン・ローチが扱うテーマは時代と共にどんどん進化する。本作は、さらに覚醒された問題意識が窺える挑戦的な映画だった。

原題の「Ae Fond Kiss（やさしいキス）」は、劇中で演奏される伝承曲のタイトルで、その詩はスコットランドが誇る18世紀の詩人ロバート・バーンズによるものだ。この曲はグラスゴー出身のバンド、フェアグランド・アトラクションが、そして解散後はボーカルのエディ・リーダーが再び取り上げている。バーンズはあの「蛍の光」の原詩の作者としても有名だ。

グラスゴーに住む、イスラム教徒のパキスタン移民2世のカシム（アッタ・ヤクブ）はDJをしながら、将来は自分のクラブを開業する夢を抱いている。ある日、彼は弟のタハラが通うカトリック系の学校で、音楽教師をしているロシーン（エヴァ・バーシッスル）と出会い恋に落ちる。だが、カシムには婚約者がおり、一方のロシーンは離婚経験があった。この事実は二人にとって大きな障害だったが、さらに大きな壁はそれぞれの神の存在だった。

イスラム教の因習やパキスタンの伝統と、ヨーロッパ社会の自由主義の間に翻弄される二人が苛まれる姿が痛々しい。別れと出会いを繰り返す二人の姿は、この問題の根深さと複雑さを象徴している。特にロシーンの愛を疑うカシムの家族の厳しい視線は、差別に苦しんできたパキスタン移民たちにとっては当然のものだろう。イスラム教の問題だけにとどまらず、ロシーン側にあるキリスト教徒の問題にも触れている点が、さすがだと思わせる。

公開前にリリースされたドリカムの楽曲「やさしいキス

をして」と間違えられて随分損をした。

161

# スカーレットレター

The Scarlet letter／2004年／韓国／119分
監督・脚本：ピョン・ヒョク
出演：ハン・ソッキュ、イ・ウンジュ
日本公開日：2005年5月14日

2023年5月の今、韓国の芸能界は隆盛を極めているようにみえる。映画界に目を向けると才能溢れる監督、意欲的なシナリオライター、個性的で素晴らしい俳優たち、そして彼等を支える国家的振興機関など、挙げればキリがないくらいだ。

だが華々しい成功の陰に、競争社会がゆえに生じる残酷な出来事もままある。2005年2月22日、将来を嘱望されていた女優イ・ウンジュは24年の短い生涯を閉じた。彼女の遺作なってしまった『スカーレットレター』の渾身の演技に、女優としての無限大の可能性をあらためて確信した。今はただ冥福を祈るばかりだ。彼女の永遠の美しさは本作に哀しいほど強烈に焼き付けられ、冒頭で彼女が歌い上げる〝Only when I sleep〟が、いつまでも心の中に響き続ける。

美しい妻に情熱的な愛人、そして約束されたキャリア、強盗殺人課の刑事ギフン（ハン・ソッキュ）は署内トップのエリートだ。清楚な妻スヒョン（オム・ジウォン）との間に念願の子供を授かり、穏やかな生活を送っている。その一方、彼は可憐にして情熱的なジャズシンガー、カヒ（イ・ウンジュ）との不倫愛にものめり込んでいる。ある時、ギフンが担当することになった殺人事件で、ギフンは犠牲者の妻であるギョンヒ（ソン・ヒョナ）を疑い、身辺調査にあたる。案の定、怪しい男たちに金を渡すギョンヒが確認される。同じ頃、ギフンは妻のスヒョンと愛人のカヒが高校時代からの親友だったことを知らされる。更に翌日、ギフンは愛人カヒから妊娠を告白され、青ざめる……。

アジア初の「ドクマ」作品として話題になった『Interview』で長編デビューを飾ったピョン・ヒョク監督は、長くフランスで映画を学んだ。周到に張り巡らされた伏線が少しずつ明らかになっていく、緊張感に満ちた演出で、サスペンスとエロチシズムを融合した物語は衝撃的なラストを迎える。

162

## 奇蹟のイレブン　1966年北朝鮮VSイタリア戦の真実

The Game of their Lives／2002年／英／81分
監督：ダン・ゴードン／〈ドキュメンタリー〉
日本公開日：2005年5月28日

1966年サッカー・ワールド・カップ、イングランド大会。この大会にアジア代表として参戦した北朝鮮代表は、おおよその予想を覆す活躍をみせ、アジア初のベスト8に勝ち進んだ。

あの強豪イタリア代表を1－0で撃破し、世界中を驚かせた。2002年の大会で韓国が、ベスト16を賭けたイタリア戦に勝利する大番狂わせを演じてみせた時、競技場には「リメンバー66」の横断幕が掲げられていた。

1966年のイタリア戦で決勝点をあげたパク・トゥイは、いまなら間違いなくヨーロッパのクラブチームに移籍する程、躍動していた。その後、北朝鮮は英雄エウゼビオを擁するポルトガル代表に5－3で敗れたものの、サッカースキルの高さと、最後まで走り切る全員サッカーで、世界に存在を知らしめた。

本編は、この大会に臨んだ北朝鮮代表選手の足跡と、当時を回想する元代表選手たちの証言で構成されている。北朝鮮選手の前向きなプレーと縦横無尽に走り回るサッカー・スタイルに熱狂したファンが、人種やイデオロギーの違いを超えて、彼等を肩車して賞賛する光景は、いま見ても、サッカーファンの胸を熱くする。

北朝鮮のベスト8進出以降、ワールド・カップでベスト8まで進んだアジアの国は、2002年大会での韓国代表だけだ。日本代表が、ベスト16の壁を突破するのはいつの大会になるのだろう？

163

## Dear フランキー

Dear Frankie／2004年／英／102分

監督：ショーナ・オーバック
出演：エミリー・モーティマー、ジェラルド・バトラー
日本公開日：２００５年６月25日

素晴らしいプロットだった。こんなプロットを読まされると、決まって日本映画でリメイクしたくなる願望がふつふつと湧き上がってくる。この時も、そんな妄想を抱きながら、配給していたはずだ。本作と『ディア・ウエンディ』の2本を、共同事業という形でワイズポリシーと一緒に配給した。

主演のジェラルド・バトラーがプロモーションで来日した。西麻布で会食した際、サービス精神旺盛で笑顔をたやさない彼のファンになった。『３００』や『エンド・オブ・ホワイトハウス』といったハリウッド大作のアクション俳優として有名だが、実はスコットランドで弁護士資格を取得したエリートだと聞いて、そのギャップの大きさに驚いた。

9歳のフランキーは、幼児期に父のＤＶによって聴覚障害を患っているが、父の記憶が全くない。母、リジー（エミリー・モーティマー）は暴力的な夫から逃げるように住まいを転々としながら、フランキーとひっそりと生活していた。リジーは息子に「お父さんは船乗りで、客船アクラ号で世界中を航海している」と嘘をつき、フランキーと私書箱を通じ月に2回、父に成り代わって文通を続けている。ある日、本当にアクラ号が街に寄港することになり、焦ったリジーは、友人マリーに頼んで、父親役を1日だけ引き受けてくれる代役（ジェラルド・バトラー）を雇うことにする……。

母親役リジーを演じたエミリー・モーティマーはウディ・アレンの『マッチポイント』でも印象的な演技をみせていたが、本作のような気丈で優しい母親がピッタリだ。どことなく演じる役と表情が中村ゆりに近いなーと、いつも思う。

164

## マラソン

Marathon／２００５年／韓国／１１７分
監督・脚本：チュン・ユンチョル
出演：チョ・スンウ、キム・ミスク
日本公開日：２００５年７月２日

チョ・スンウは凄い俳優だ。僕が初めて彼を知ったのはイム・グォンテク監督の『春香伝』だったけど、その後、映画『ラブストーリー』を経て、ミュージカル「ジキルとハイド」と「ヘドウィグ」で爆発的な人気を博した。

特に「ジキルとハイド」で、韓国ミュージカル大賞の主演男優賞に輝いて以降、彼は韓国で最も人気の高い舞台俳優として確固とした地位を得ている。

その後、出演した『マラソン』の演技は、彼の真骨頂と言っても過言ではない、迫真の名演だ。本作は、その年の大鐘賞作品賞をはじめ主要映画賞を全て受賞した。

5歳の心を持つ20歳のチョウォン（チョ・スンウ）は〝走り〟の才能だけは並外れていた。母のキョンスク（キム・ミスク）はそんなチョウォンから目を離せず、息子より1日だけ長生きしたいと願っている。何とか息子の長所を伸ばしたい母は、かつての有名ランナーで、今は飲んだくれのチョンウクにコーチを依頼し、フルマラソンへの参加を目標にトレーニングを始める……。

クライマックスのマラソンシーンはCGを一切使わず、2004年に開催されたチュンチョン国際マラソン大会の現場に5台のカメラとヘリを使って6万人のランナーを大画面に収めて、韓国映画史上最大規模の空撮シーンと語り継がれた。本作のモデルである実在のペ・ヒョンジンさんは2002年に実際、チュンチョン国際マラソンに出場し、自閉症というハンデにも拘らず、健常者でも困難なフルコースを2時間台で完走した。その際には、20年間、惜しみない愛情を注ぎ、見守り続けた母の姿があった。

丸の内ルーブル、新宿ミラノ座、他で拡大公開した。

チョ・スンウは、本作以降、話題作への主演が続くが、『タチャ イカサマ師』、『インサイダーズ／内部者たち』のような本作とは180度違う硬派な役柄が増えている。そのイメージはドラマ『秘密の森』にも引き継がれているようだ。まさにカメレオン俳優と呼ばれる所以だろう。僕は、チョ・スンウの活躍を見る度に、何故だか演技派俳優の鈴木亮平を思い浮かべる。彼等が共演したら、どんな映画が生まれるのだろうと、勝手に想像してみる。

165

## 南極日誌

Antarctic journal／2005年／韓国／115分

監督・脚本：イム・ピルソン
出演：ソン・ガンホ、ユ・ジテ
日本公開日：２００５年８月27日

南極到達不能点を目指して、６人の探検隊員が歩みを進めていく。そこは地球最低気温マイナス80℃を記録し、ブリザードが吹き荒れる、地球上で最も過酷な自然条件を持つ場所。ある日彼らは80年前に遭難したイギリス探検隊の日誌を発見するが、やがて日誌に導かれるように不思議な出来事が頻発する。遂には犠牲者も出てしまうが、それでも隊長（ソン・ガンホ）は隊員たちの反対を押し切り、強引に目的地を目指すのだった……。

激しい寒さ、突然の突風、深いクレバス、昼だけの日が6カ月間続き、夜だけが6カ月続く不気味な空と太陽。そんな極限状態の場所を舞台とした本作は、克服するべき様々な障害の連続だったようだ。名優ソン・ガンホ、ユ・ジテがゴーグルとマスクの間から僅かに見える微妙な表情で演技している。シナリオは本作の監督イム・ピルソンと巨匠ポン・ジュノ、そして『白頭山大噴火』『彼とわたしの漂流日記』のイ・ヘジュンが共同で執筆した。また音楽は『リング』『GHOST IN THE SHELL 攻殻機動隊』の川井憲次が担当し、メインテーマは〝奇跡の歌声〟を持つオペラ歌手のイム・ヒョンジュが歌い、特殊効果には『ロード・オブ・ザ・リング』のスタッフも参加している。

僕が撮影を見学しに行った時は、ちょうど雪に見立てた塩田がトラック4台分運び込まれてスタッフ総出で「雪山」を積み上げている最中だった。汗まみれで作業しているスタッフを眺めながら、不思議な感動を覚えた。

166

# クレールの刺繍

Brodeuses／２００３年／仏／88分
監督・脚本：エレオノール・フォーシェ
出演：ローラ・ネマルク、アリアンヌ・アスカリッド
日本公開日：２００５年９月３日

## ぜひヒットしてほしかった女性監督の一作

素晴らしい映画にも拘らず、ヒットしなかった映画は沢山あるけれど、中でも本作が話題にならなかったのは残念

でならない。

17歳のクレールは、妊娠5ヶ月半、膨らみ始めたお腹を隠し、スーパーで働きながら自宅で刺繍の創作に打ち込んでいる。望まない妊娠を母親にも打ち明けられず、産後すぐに養子に出す「匿名出産」を選ぶが、不安は消えない。そんな彼女は、息子を事故でなくしたばかりの刺繍職人メリキアン夫人のアトリエに通ううちに、刺繍の奥深さに触れ、そして他者と心を通わす充足感を知るようになる……。

「匿名出産」とは、1993年に改定されたフランス民法典131－1条で「出産に際し、母はその身元を秘すべきことを求めることができる」と定めた、通称「マドモワゼルXの出産」と呼ばれる権利だ。

僅か9歳の時、名匠ロジェ・ヴァディムによって見出されたローラ・ネマルクは、紅葉を思わせる深い赤毛と、肉感的かつ古典的な顔立ちが、まるで中世の絵画から飛び出したように神秘的な18歳だった。

女性監督のエレオノール・フォーシェは、本作でカンヌ映画祭国際批評家週間グランプリを受賞した。彼女は3年間を費やして、このシナリオを完成させたが、動機を聞いただけで非凡さが感じられる。

「ある日、もう捨てた方がいいかしらと独り言をいいながらセーターの穴を繕っていた時、はっとしました。祖母が何年間も裁縫箱にためていた衣類を縫う姿を見ていましたが、私がそういった仕草をしていることって、祖父母、両親が私の中に存在しているからだと感じました。彼等がそれをしなかったら、今の私は別人だろうと思ったのです。セーターは母から譲り受けた大切なものでした。30年以上前に母が編んだもので、私が妊娠したときにくれた物です。こうした『糸』をキッカケに、娘を産んで1年後に、この映画について書き始めました。……私は世代の入れ替わりを経験している。きっかけは糸（fil）と親子の愛情(filiation)なのです。」

まるで中島みゆきの歌の如く、東西を問わず、女性クリエイターは命の連続性に想いを馳せて、作品を創り出すのだろう。

来日したフォーシェ監督をインタビューした時、彼女の描く女性像にとても共感を覚えた。

「私はスポットライトが当たらない職業について描きたかったんです。刺繍は映画作りの陰影そのものです。映画を見ながら、技術パートの苦労など想像しないのと同じで、ステージ上のファッション・モデルを見て、背後にいる多くの職人が費やした膨大な時間など考えないでしょう。映画の刺繍作品を提供してくれたフランソワ・ルサージュ氏やナジャ・ペリュイエのアトリエを訪ねた時、私は探し求めていた雰囲気を感じ取る事が出来ました。つまり、それは女性たちの暗黙の連帯感です」と監督はいう。

アリアンヌ・アスカリッドが演じたメリキアン夫人の寡黙で頑固な表情、そして一言も無駄口を吐かず黙々と刺繍に没頭する姿は、監督の言葉を証明している。一度は人生に絶望したメリキアン夫人は、最後に17歳のクレールに救いの手を差し出す。厳しい状況に置かれた女性を、同じ女性が救う物語に心地よい温もりを感じる。

167

# スクラップ・ヘブン

Scrap Heaven／2005年／日本／117分
監督・脚本：李相日
出演：加瀬亮、オダギリジョー、栗山千明、光石研

日本公開日：2005年10月8日

## 佐々木史朗さんが見出した李相日の自由な発想

李相日がオリジナル脚本で監督した。この作品を観て、僕は初めて彼と仕事する事を意識した。とても意欲的で挑戦的な物語だった。

バスジャック事件に遭遇した警官シンゴ（加瀬亮）と清掃員テツ（オダギリジョー）は、偶然再会し、「復讐代行業」を始める。そして密かに爆弾製造をするサキ（栗山千明）も加わり、出会うはずもなかった3人の過激な冒険が幕をあける。シンゴとテツは、医療ミスを隠蔽した病院長を捕まえて拷問を加えたり、息子を虐待する母親に狂言誘拐をしかけたりしながら、活き活きと変わっていく。しかし、シンゴが吐いた愚痴をキッカケに、テツは交番を片っ端から襲撃し拳銃を強奪する事件を起こしてしまう……。

李相日の自由な発想を面白がったのは、佐々木史朗だった。佐々木さんは、伸び盛りの監督を見出して、伸び伸びとした現場を提供するやり方で映画を作ってきた。古くは

長崎俊一、中江裕司、沖田修一も、そんな恩恵に預かった監督たちだ。『スクラップ・ヘブン』は、佐々木さんとの関係から配給に至った映画だけれど、この作品に関わった事が2年後の『フラガール』に繋がっていると思っている。

168

# マカロニ・ウエスタン 800発の銃弾

800 Balas／2002年／スペイン／124分
監督・脚本：アレックス・デ・ラ・イグレシア
出演：サンチョ・グラシア、アンヘル・デ・アンドレス・ロペス
日本公開日：2005年10月15日

スペイン映画界で天才と謳われた監督、アレックス・デ・ラ・イグレシア。彼の映画に驚いたのは、1995年の『ビースト 獣の日』が最初だった。その後、『どつかれてアンダルシア』は国内で大ヒットを記録し、『気狂いピエロの決闘』はヴェネチア国際映画祭で銀獅子賞を得ている。彼の映画は全てが驚きと興奮に満ちているが、2002年の映画『マカロニ・ウエスタン 800発の銃弾』も、イグレシアの天才ぶりが発揮された映画だ。

かつて多くの名作西部劇が撮影されていたスペイン南部アルメリアの砂漠町を舞台に、映画村を閉鎖しテーマパークを建設しようと企む会社に立ち向かう、元スタントマンたちの体を張った抵抗を描いている。

この映画には、グローバリゼーションの名の下に独自の文化を破壊していく社会へ反旗を翻す姿勢が込められている。それはビルバオ出身のイグレシア監督のアイデンティティーが、映画に詰まっているからだろう。ビルバオには、いまだにバスク人だけで構成する伝説のサッカー・クラブ「アスレチック・ビルバオ」が存在し、あの激しいリーガ・エスパニョーラに連続残留する奇跡を続けている。

映画のラストに、いかにもイーストウッドだと思わせる人物を登場させる映画への愛情も嬉しいし、滅びゆくマカロニ・ウエスタンへの敬意が映画ファンの心を擽る。

169

# モンドヴィーノ

Mondovino／2004年／仏＝米／136分

監督：ジョナサン・ノシター／〈ドキュメンタリー〉
出演：ミッシェル・ロラン、エメ・ギベール
日本公開日：2005年10月29日

ボルドー、ブルゴーニュ、ナパ、トスカーナ、アルゼンチン……、世界各国のワインの産地をめぐって監督のジョナサン・ノシターが出会った登場人物たちは、一筋縄ではいかない面々ばかり。世界のワイン価格を決めると言われるワイン評論家、「売れるワイン」を世界中に伝授するワイン・コンサルタント、アメリカ随一の巨大ワイン企業、そして小さな畑を代々守り抜き、一篇の詩のようなワインを造る生産者、そんな彼等の生き様を紹介しながら、ワインの真髄に迫ったドキュメンタリー映画だ。ワインの蘊蓄も満載で、ワイン同様味わい深い人間ドラマを見せてくれた。僕は、この映画を通じて、ワイン・コンサルタントの存在を知った。さすがフランス、本作はカンヌ映画祭のコンペティションに正式出品された。

クロックワークスと共同配給した作品だ。

170

# ビッグ・スウィンドル

The Big Swindle／2004年／韓国／115分
監督・脚本：チェ・ドンフン
出演：パク・シニャン、ヨム・ジョンア
日本公開日：2005年12月3日

チェ・ドンフンはまさしく稀代のヒットメーカーだ。彼の初監督作である『ビッグ・スウィンドル』は、パク・シニャンとヨム・ジョンアを主演に迎えて、観客動員300万人のスマッシュ・ヒットを飛ばした。韓国で実際に起きた銀行横領詐欺事件から着想を得た犯罪サスペンス。

出所して間もないチャンヒョク（パク・シニャン）は、詐欺師キムに銀行を相手にした大金の横領をもちかける。口八丁のオルメ（ヨム・ジョンア）、偽造の天才ガソリンらを加えて計画は実行されるが、騙し取った大金が忽然と消えてしまう。そこから5人の悪党たちのコンゲームが始まる。

チェ・ドンフンは初監督ながら、巧みなストーリー・テリングとテンポの良い演出が評価されて、数々の賞を受賞

した。監督のパートナー、アン・スヒョンは、彼を製作面で支えており、ふたりは業界一のオシドリ夫婦として知られている。チョ・スンウが主演した『タチャ イカサマ師』では570万人、カン・ドンウォンが主演した『チョン・ウチ 時空道士』は600万人、チョン・ジヒョンが出演した『10人の泥棒たち』はなんと1300万人、そして2年後の『暗殺』では1270万人と、監督作品が全て負け知らずのチェ・ドンフン。韓国の映画製作は日本の製作委員会システムと違い、いくつものファンドが製作会社に資金提供し、企画開発から配給までを行うから、不敗神話を持つチェ・ドンフンのような監督にはたくさんのオファーが舞い込むことになる。

永いコロナ禍を挟んで公開された、彼の最新作『宇宙+人』は、数百年前から人間社会に浸透しているエイリアンとの闘いを描く、斬新なSFアクションだったが、莫大な製作費にも拘わらず、初めてヒットしなかった作品になったようだ。それでもチェ・ドンフンは、次回作で必ず挽回するだろう。彼にはそれをやり遂げるだけの才能と意欲がある。

171

# ディア・ウエンディ

Dear Wendy／2005年／デンマーク＝独＝仏＝英／105分
監督：トマス・ヴィンターベア
出演：ジェイミー・ベル、ビル・プルマン
日本公開日：2005年12月10日

## ラース・フォン・トリアー脚本、トマス・ヴィンターベア監督作品

トマス・ヴィンターベア監督、ラース・フォン・トリアー脚本、ジェイミー・ベル主演と聞くだけで興奮した。ドグマ95の規律の中で撮ったヴィンターベア『セレブレーション』はカンヌをはじめ、世界中の映画祭で喝采を浴びた。

本作の舞台は小さな炭鉱町、そこで暮らす気弱な青年ディックは、ある日、玩具店で偶然美しい銃を見つけそれを手にいれる。彼はあえて銃のパワーを他者に誇示せず、コントロールすることで、自分に自信を付けていく。自分に似た負け組の弱虫たちは、その〝思想〟に賛同して集まってくる。ディックは銃に〝ウエンディ〟と名付け、銃による平和主義を提唱して仲間たちと〝ダンディーズ〟を結成

する。

殺人の道具である銃を、決して人に見せず、人に対して使わないことを宣言して、彼等は銃よりも強い心を得ようとする。それは、どこか武士道精神を追求する求道者のようだ。ラース・フォン・トリアーが書く人物は、非現実的な存在だけれど、一人一人は生々しいほどリアルだ。

ラストに、〝美しい銃撃〟シーンが用意されているが、それは通常のアクション映画の銃撃とは違うカタルシスを湛えている。カッコいいシーンだが、同時に凄まじい痛みや恐怖を感じさせる。とても斬新な切り口だった故に、大衆的なヒットには繋がらなかった。ワイズポリシーと共同配給した。

# 2006年

172

## 転がれ！たま子

Princess In An Iron Helmet／2005年／日本／103分
監督：新藤風
出演：山田麻衣子、岸本加世子、竹中直人、松澤傑
日本公開日：2006年2月4日

偉大なシナリオライターであり監督である、新藤兼人監督の孫にあたる新藤風が監督した。主演にはスターダストプロモーションの山田麻衣子を起用した。美容室を経営する母と高校生の弟と暮らす櫻井たま子（山田麻衣子）は、臆病で異常に用心深く、いつも外出時には兜を被っている変わり者だ。自分の殻に閉じこもって生きて来たたま子は、自宅から半径500メートル以上離れた場所へ移動ができない。何故か水玉とハートの模様が散りばめられたインテリアに囲まれ、彼女は好物の甘食を買いに行く時だけ外に出る。

ある日、甘食屋の店主が倒れてしまい、たま子は仕方なく、甘食を求めて〝遠出する〟羽目になる。女子だけにしか判らない、萌えるポイントが散りばめられた映画で、オジサンたちには不評だった。たま子の拘りやキャラクターって、ひょっとして草間彌生のそれだったのかもしれない。今度、監督に会ったら聞いてみたい。

173

# 送還日記

Repatriation／2003年／韓国／148分
監督：キム・ドンウォン／〈ドキュメンタリー〉
出演：チョ・チャンソン、キム・ソンミョン
日本公開日：2006年3月4日

韓国のドキュメンタリー作家、キム・ドンウォンが12年間に亘って撮り続けた映画だ。30年以上もの間、〝転向〟を拒み続け囚人として収監されている北朝鮮のスパイの老人を中心に、歴史に翻弄された元スパイや、その周辺の人々を追った記録だ。韓国の映画雑誌「CINE21」の10周年記念号で過去10年のベストワンに輝いたドキュメンタリー映画は、サンダンス映画祭で「表現の自由」賞も受賞した。シグロと共同配給し、ポレポレ東中野で公開した。

174

# ククーシュカ
## ラップランドの妖精

The Cuckoo／2002年／露／100分
監督：アレクサンダー・ロゴシュキン
出演：アンニ＝クリスティーナ・ユーソ、ヴィッレ・ハーパサロ
日本公開日：2006年3月25日

2023年4月5日、フィンランドがNATOに加盟することが決まった。ロシアによるウクライナ侵攻を機に、北欧諸国でにわかに危機意識が広がっている。本作は、そんなフィンランドとロシアが戦っている頃の物語。命を落とし掛けた互いの国の兵士2人を、サーミ人の未亡人アンニが偶然に助ける。自分の小屋にかくまってやることにした彼女と、2人の男の共同生活が始まるが、彼等はそれぞれロシア語、フィンランド語、サーミ語しか話せなかった……。

森と湖に囲まれた、フィンランド。ムーミンやサンタクロースの国として馴染みがあるこの土地は、夏は白夜が続き冬にはオーロラが降り注ぐ、神秘的な自然に満ちている。この地の北部ラップランドに暮らすサーミ人は、トナカイを育て大自然と共に生きている。未亡人のアンニを演じるのは、ランプランドに生まれたアンニ＝クリスティーナ・ユーソ。彼女の人懐っこい笑顔が2人の兵士を徐々に癒し

ていく。

平和を訴えるメッセージを伝えながら、ウィットに富んだユーモラスな語り口、心温まるラストに至るまで、丁寧な演出が高い評価を得てモスクワ映画祭で最優秀監督賞、主演男優賞をはじめ5部門を独占した。ロシアが今よりも寛容だった時代の話だ。

175

# ヒョンスンの放課後

A State of Mind／2004年／英／94分
監督：ダニエル・ゴードン／〈ドキュメンタリー〉
日本公開日：2006年4月22日

サッカードキュメンタリーの『奇跡のイレブン』を監督したダニエル・ゴードン監督は、北朝鮮政府からよほど信頼されていたのだと思う。でなければ、平壌で行われた巨大マスゲームに参加した、ふたりの女子学生を追いかける許可など得られなかったはずだ。ゴードンは、彼女らの日常や学園生活に分け入って、マスゲームに参加する学生たちの高揚感を伝えているカメラには、世界共通の青春の輝きが映っていた。ただ、ダニエルがカメラを向ける学生たちは、みんな優等生で、〝選ばれた学生たち〟に見えてしまう。BBCで放送された番組を、映画用に編集した作品だった。

176

# 青いうた
## のど自慢青春編

2006年／日本／115分
監督：金田敬
出演：濱田岳、冨浦智嗣、落合扶樹、寺島咲
日本公開日：2006年5月13日

自分自身が企画した『のど自慢』の続編にあたる映画だ。この映画のアイデアは僕が考え、斎藤ひろしにシナリオを依頼した。大阪芸大出身の金田敬は、木下ほうかが紹介してくれた監督だった。彼は、それまで主にピンク映画を撮っていたけれど、あまり〝普通の映画〟を撮る機会に恵まれていなかった。映画初主演となる濱田岳を中心に、落合モトキ、寺島咲、冨浦智嗣らを起用して、青森県むつ市で

のど自慢の本番シーンを撮影した。

クライマックスで、斉藤由貴が演じる母親が、本作のテーマ曲でもある「木綿のハンカチーフ」を歌う。撮影最終日、斉藤由貴は800人のエキストラを前に、体調不良で舞台に立てないほど、衰弱していた。スタッフ一同は青ざめたけれど、そのあと何とか回復し、ワンテイクで無事撮影は終了した。

「ケ・セラ・セラ」「翼をください」「昴」「地上の星」「花」といった有名楽曲をふんだんに使った。音楽の加藤和彦は、主人公が夜行バスで東京に向かうシーンに、ベッツィ&クリスの「花のように」を挿入するアイデアを提案した。当ててみると素晴らしい効果を生んでいた。彼の音楽センスには恐れ入った。

177

## クレマスター3

Cremaster 3／1994-2002年／米／182分
監督・脚本：マシュー・バーニー
出演：マシュー・バーニー、リチャード・セラ
日本公開日：2006年7月1日

現代美術界のスターであり、自ら制作・脚本・監督するマシュー・バーニー。本作は彼の集大成にして、182分の大作だ。アイルランドとスコットランドの巨人神話から始まり、ニューヨークでもっとも有名な2つの建築を舞台にストーリーが展開する。ひとつはNYのクライスラー・ビルで、世界一美しい尖塔を持つと言われる。バーニーはもちろん、彫刻家リチャード・セラがフリーメイソンの伝説の建築家ヒラム・アビフ役で登場する。もうひとつはフランク・ロイド・ライト設計のグッゲンハイム美術館。ラインダンサーや義足のアスリート、エミー・マランスと一緒にバーニーがパフォーマンスを披露する。巨人やゾンビ、フリーメイソンが登場、ケルト神話やミステリー、アクション、ミュージカルといった要素を複雑に織り込んだ『クレマスター3』は、シリーズ最終作に相応しく、他の『クレマスター』の流れも組んでいて、バーニーの美学、映像、彫刻、パフォーマンスが一体となった超大作だ。

マシュー・バーニーは名門イエール大学でフットボール特待生として入学し、医学と美術を学んだ。ファッション・モデルの経歴もあり、のちにヴェネチア・ビエンナーレ「ヨーロッパ2000」賞、グッゲンハイム美術館「ヒュー

ゴボス」賞などを受賞した。因みにクレマスターとは睾丸を上下させる筋肉のことで、母体内で胎児の性別が決まる時に昇降する。転じて、上下運動の存在の曖昧さを描く本作のタイトルになった。

映画館で上映したけれど、映画と呼ぶには少し特殊すぎる内容だった。まさしく「新しいコンテンツ」と呼ぶ方が相応しいだろう。

178

# ゆれる

2006年／日本／119分
監督・脚本：西川美和
出演：オダギリジョー、香川照之、伊武雅刀、新井浩文
日本公開日：2006年7月8日

是枝監督の『歩いても歩いても』と同じ座組で製作委員会を形成した『ゆれる』は、西川美和監督の2本目の映画だ。彼女自身がシナリオを書き、是枝裕和の全面支援で映画が実現した。従って、僕は本作の海外配給をフランスのセルロイド・ドリームに依頼した。ヘンガメ・パナヒは本作を気に入って、カンヌ映画祭の監督週間にアプライした。

東京で写真家として成功した猛（オダギリジョー）は母の一周忌で久しぶりに帰郷し、実家に残り父と暮らしている兄の稔（香川照之）、幼馴染の智恵子と3人で近くの渓谷に出かける。懐かしい場所ではしゃぐ稔。稔のいない所で、猛と一緒に東京へ行くと言い出す智恵子。だが渓谷にかかった吊り橋から流れの激しい渓流に、智恵子は転落して死亡してしまう。その時、そばにいたのは稔だけだった。事故だったのか、事件なのか。裁判が始まり、次第にこれまでとは違う一面をみせる兄を前にして、猛の心はゆれていく。

オリジナル脚本を貫く西川美和の姿勢は、原作ものが目立つ映画界にとって貴重な存在だ。ましてや女性監督がオリジナル脚本で映画を完成させるのは、日本映画界において極めて難しい。彼女の溢れる才能を、世に知らしめた作品だ。オダギリジョーの魅力が存分に発揮された映画としても、記憶されるだろう。本作は毎日映画コンクールで日本映画大賞を受賞した。

179

# ジダン神が愛した男

Zidane-A 21st Century Portrait／２００６年／仏＝アイルランド／95分
監督：ダグラス・ゴードン、フィリップ・パレーノ／〈ドキュメンタリー〉
日本公開日：２００６年７月15日

２００６年５月７日。Ｗ杯後の引退を表明した世界一華麗なフットボーラー、ジネディーヌ・ジダンは、所属するレアル・マドリードのホームグランドであるサンティアゴ・ベルナベウで最後の試合ビジャレアル戦に臨み、見事得点を挙げその勇姿を人々の目に焼き付けた。その1年前、05年4月23日の同じ場所、そして同じ対戦相手ビジャレアル戦で、ある特別な〝出来事〟が進行していた。

ヨーロッパで初めて使用される高解像度カメラ17台が、たった1人の選手、ジダンだけを追い、３００倍のズームやハイヴィジョンなど様々な最先端技術を駆使して、あたかもピッチ上の視点そのままに撮影した。

３６０度の展望を実現するこのカメラの大群は、観る者を多次元空間へと誘い、ゲーム全体を通じてジダンの呟き、ジダンのうめき声、ジダンの足音、ベッカムやロナウドとのやりとりなどを、ハリウッドが誇る最高のサウンド・エンジニアが収録した。監督は現代美術のアーティストである、ダグラス・ゴードンとフィリップ・パレーノが手を組み、サッカー・ゲームを優雅に演出している。

サッカーとロックとモダン・アートの融合した、新感覚ドキュメンタリーだ。２００６年7月9日、ジダンは最後に出場したワールドカップ決勝戦のイタリア戦で、なんと試合の終盤に、吐かれた暴言に激怒して、マテラッツィに頭突きを喰らわし退場した。その後、ジダンの行為は数々の議論を巻き起こした。

本作は、その事件から1週間後の7月15日に劇場公開した。

180

# 劇場版 遥かなる時空の中で～舞一夜

Haruka ～ Beyond The Stream of Time ～ The Movie Maihitoyo／２００６年／日本／１０４分
監督：篠原俊哉／〈アニメーション〉

日本公開日：２００６年８月19日

初めてアニメーション映画の配給を手伝った。和を基調にした世界観と幻想的なビジュアルで多くの女性ファンに支持されている水野十子のコミックは、ゲーム、テレビアニメ、ＣＤ、イベントと幅広く展開されるヒット作だった。コーエーは、本作の成功で、〝女性向け恋愛ゲーム〟の路線を確立した。

181

# Dear Pyongyang
## （ディア・ピョンヤン）

Dear Pyongyang（ディア・ピョンヤン）
２００５年／日本／１０７分
監督・脚本：ヤン・ヨンヒ／〈ドキュメンタリー〉
日本公開日：２００６年８月26日

ヤン・ヨンヒは昔から知り合いだった。朝鮮大学の後輩でもあり、同じ劇団に籍を置いていたこともあるけれど、彼女が映画の監督をしていることは知らなかった。

ある日、シネカノン映画の宣伝や広告でお世話になっていたおすぎから呼び出された。彼は淀川長治先生亡き後、最も影響力のある映画評論家だった、おすぎ曰く、「ニューヨークに出張した際にとても優秀な在日の女性に出会った。彼女が監督しているドキュメンタリー映画を応援しているから、あなたも一肌脱ぎなさい」と半ば強制だった。そして試写した映画は、思いのほか素晴らしい出来だった。

下町人情あふれる大阪の路上で、金日成讃歌が流れる万景峰号の中で、兄の家族が生活する平壌のアパートで、ヤン・ヨンヒは真正面から父にカメラを向ける。朝鮮半島と日本の政治情勢に翻弄されながら、祖国の発展を一途に信じ、家族のささやかな暮らしのために働いて来たアボジと、日本で育った在日二世の娘とのジェネレーション・ギャップは埋め難い。それでも誰もが微笑まずにいられない、温かくておおらかな家族の情景がつまった本作は、ベルリン、サンダンス、山形で絶賛を浴び、数々の栄誉ある賞を受賞した。ヤン・ヨンヒのデビュー作であり、彼女自身の存在証明のような意味を持つ。

僕と同じような境遇と環境で育った、ヤン・ヨンヒの心情が手に取るように理解できるから、家族を曝け出す彼女の覚悟がやけに心に響いた。

182

# フラガール

２００６年／日本／１２０分
監督・脚本：李相日
出演：松雪泰子、豊川悦司、蒼井優、山崎静代
日本公開日：２００６年9月23日

## インディペンデントが製作した「王道映画」の成功

「人生には降りられない舞台がある――彼女たちは、まちのため、家族のため、そして自分の人生のためにステージに立つ」

宣伝部の山ちゃん、こと山崎園子が考えたコピーが好きだ。

制作部の石原仁美がテレビ番組で紹介されていた常磐ハワイアンセンターの成功秘話に感動して、僕に提案した企画だった。興味を持った僕は、当初、常磐炭鉱の社長の中村豊の一代記を想定して、企画を進めた。

茨城県北部から福島県にかけて広がった常磐炭田は、江戸時代末期より石炭採掘がはじまり、1950年の朝鮮戦争による特需で全盛期を迎えた。1953年には130もの炭鉱が操業し、年間360万トンもの石炭を採掘し、常磐炭鉱株式会社は延1万6000人もの従業員を抱える巨大企業だった。この常磐炭鉱が採炭を行っていた磐城鉱業所坑内は、多量の温泉が滞留していて、採炭場は高温多湿の過酷な労働環境で、温泉排出に多くの費用を費やした。それは石炭1トンを採掘するために温泉40トンを汲み出した程だった。

だが、石油に主役の座を明け渡したエネルギー革命によって、全国の炭鉱事業は衰退し、常磐炭鉱も1962年、2000人の人員削減を発表した。中村は、廃れいく炭鉱事業から、大量に湧き出る温泉を利用して、温泉観光事業へと大きく舵を切った。かくして常磐湯本温泉観光株式会社が設立され、炭鉱労働者600人は常磐ハワイアンセンターに転籍した。

大胆な発想で企業を再生させたヒーローである、中村豊の胸像はいまも、ハワイアンセンターの玄関前に鎮座して

いる。それほど彼は、関係者や地元住民から尊敬を集める人物だ。故に映画化は、その足跡を描くのが当然と考えられていた。シナリオを依頼した羽原大介も、それを念頭に取材を重ねたが、どうもイマイチ弾けるようなネタに欠けていた。

ある時、僕らは何度目かの訪問時に、温泉プールの脇に小さな舞台があることに気付いた。舞台では日に何度か、ハワイアン・ショーが披露されていたが、舞台前のベンチは家族連れの休憩所と化していて、ショーを観覧している客は数えるほどだった。僕の興味を引いたのは、舞台の脇で腕を組んでダンサーたちに鋭い視線を送っている女性の存在だった。

カレイナニ早川、こと早川和子さんは当時、72歳の高齢にも拘らず、常磐音楽舞踏学院の先生であり、振り付けからダンス・レッスンやカリキュラムまで、全部をとり仕切っていた。福島県いわき市に来る前、彼女は松竹ＳＫＤの花形ダンサーだった。そんな彼女が、どういうキッカケで、この地に移り住んだのか？　どうして30年以上もこの地で、孫の年齢に当たる10代の少女たちを指導しているのだろう？　そんな疑問をぶつけ、取材していく過程で、少しずつ映画の骨格は変化していった。やがて興味は確信に変わっていった。彼女の情熱、経験、人生こそが映画になる。こんな偶然は「ハッピー・アクシデント」と呼ばれて、ハリウッドでもたまにあるけれど、僕自身にとっては初めての経験だった。羽原大介は『パッチギ！』『ゲロッパ』と続けて書いているから、僕と意思疎通も早く、おまけに弾けるような人物を創造する天才だ。

結局、2年近い準備期間を経て、製作費は本作の直前に募集を始めた「シネカノン・ファンド」から大部分を調達した。加えてシネカノンの映画をずっと資金面で支えてくれたハピネットの力を借りた。

僕が製作してきた映画は大半がオリジナル脚本だったから、原案は僕が考えていたけれど、本作は大枠のプロット以外にも幾つかの拘りを持っていた。

一つ目は危険な採炭場で働く炭鉱労働者たちは、『ブラス！』や『リトルダンサー』でもそうだったが、厳しい労働環境に身を置く過程で、精神バランスを保つため、酒に頼る傾向が強くなる。それは僕が育った京都の在日集落も同じで、日雇い労働の男たちは酔って家族を傷つけてしまう悲劇があとを絶たなかった。

高橋克実演じる木村は、アルコール依存症だが、ある日解雇を通知され、わずかな退職金を受け取り、憂さ晴らしの大酒を食らって帰宅する。

炭住で幼い兄弟の世話をする長女の早苗（徳永えり）は、腰蓑を付けて踊りながら遊んでいる。娘の「ふしだらな格好」を見た木村は、カッとなり、娘を殴り、彼女の長い髪を切り落としてしまう。幼い弟たちが泣きじゃくる炭住に駆けつけた平山まどか（松雪泰子）は、「父ちゃんは悪くない、悪いのはオラだ」と父を擁護する早苗の静止を振り切り、酔い覚ましに銭湯に浸かっている木村に殴りかかって、銭湯で大立ち回りを演じる。これは僕が、近所の在日部落で見た光景から発想したシークエンスだ。

同じような事を監督の李相日がパンフレットで語っている。

「僕は、富司純子さんに千代役を説明する時、自分のおばあちゃんを引っ張り出して（笑）説明しました。朝鮮から日本に渡ってきて、慣れない環境の中で、女手ひとつで子供たちを育てた、そういう人なので、時代の流れに意識が追いつかなるところが、千代さんと同じなのです」

僕が拘った二つ目は、炭鉱で働く男たちの意地というか、プライドのような行動だ。ハワイアンセンターの開業日、平山まどかの母親が作った借金を取り立てに、借金取り（寺島進）が東京からやってくる。街につながる橋の上では、まどかを救うために洋次郎（豊川悦司）がツルハシを持って待っている。ふたりは乱闘になり、洋次郎は殴られながらも、借金取りから借用書を奪い取り、飲み込んでしまう。殴られ倒れた洋次郎の目に、炭鉱のボタ山が霞んで見える。あくまで炭鉱労働者のプライドを表現したかった。一つ目の拘りとは真逆にも見えるが、相反する要素を持っているのが人間だから、拘りも相反する。

三つ目はシークセンスではなく、あるキャラクターだった。実はフラダンスショーで最も目立つ存在は、ファイヤーダンスを舞う、男性ダンサーだ。

キモ青木さんは、炭鉱で働いていた坑夫だったが、閉山に従って他の炭鉱へ移動することもなく、身体中に火傷を作りながら修行を積んで、ファンヤー・ダンサーになった人だ。女性だけのダンサーズの中で、一点光り輝く男性ダンサーを登場させたかった。でも、三つ目の拘りは、スタッフ一同から反対された。無理やり通す事も出来ただろうが、全体のバランスを考えれば、無くて良かったのかもしれない。

14人のフラガールたちは、主要キャラクターを演じた蒼井優や静ちゃん等を除く10名をオーディションで選んだ。彼女たちは3ヶ月に渡る猛特訓を重ねて、ラストに見事なダンスを披露し、フィナーレを飾ってくれた。撮影最終日に撮ったダンスシーンは映画のフィナーレでもあったから、「カット！」と声が掛かった時は、格別な感動があった。

2006年9月23日に公開された本作は、試写会での大きな反響そのまま、公開一週目よりも二週目がさらに多くの観客が集めた。劇場は段々と拡大され、ロングランする結果になった。140万人を超える観客を動員し、興行収入は16億円を超えた。年末年始の主要映画賞は、キネマ旬報や毎日映画コンクールをはじめ殆どで最優秀賞を獲得したけれど、意外にも翌年2月に発表された日本アカデミー賞でも、最優秀作品賞を受賞した事だった。電通が運営し、日本テレビが放送するこのイベントは、過去にもノミネートは3度されているけれど、縁のない賞だと思っていたから、さすがに驚いたし、嬉しかった。

格別嬉しかったのは、インディペンデントの製作、配給した映画が史上初めて最優秀を獲得したからではなく、『フラガール』は、『武士の一分』などと同じ土俵にある、本来メジャー映画会社が製作する「王道映画」だったからだ。貧しい製作費で、「半径3メートルの自分探し」と揶揄されるインディー映画ではなく、普遍的な感動をキチンと描いた作品で受賞できた事が誇らしかった。そして、本作の企画、製作、配給、宣伝、興行は、僕らが築いてきたチーム一丸で成し遂げた事がもっとも誇らしかった。

183

# ベルナのしっぽ

2005年／日本／102分
監督：山口晃二
出演：白石美帆、田辺誠一
日本公開日：2006年9月30日

配給受託作品。郡司ななえの小説を映画化したBSプロジェクトから預かった作品。24歳で病気のため視力を失ってしまったしずく（白石美帆）は建築デザイナーになる夢を諦めたが、夫とともに自分たちの子供を産み育てるというもう一つの夢のため、盲導犬ベルナとパートナーを組み自立する決意を固める。1981年、世間ではまだ盲導犬の存在が理解されておらずベルナを見る目は冷ややかだったらしい。ベルナはしずくの子育てを助け、家族との絆を深めていくが、やがてリタイヤの時期がやってくる……。渋谷シネアミューズで公開した。

184

## 明日へのチケット

Tickets／2005年／伊＝英／110分
監督：E・オルミ、A・キアロスタミ、ケン・ローチ
出演：カルロ・デッレ・ピアーネ、ヴァレリア・ブルーノ・テデスキ
日本公開日：2006年10月28日

これほど良くできたオムニバス映画は初めてだった。『麦の穂をゆらす風』のケン・ローチ、『木靴の樹』のエルマンノ・オルミ、『桜桃の味』のアッバス・キアロスタミ、いずれもカンヌ映画祭で最高賞パルム・ドールを受賞した巨匠が奇跡のコラボレーションを果たした。

テロ対策の警備で、全ての列車が遅延しているインスブルック駅。ようやく発車したローマ行きの特急列車に偶然乗り合わせた、人種も階級も異なる人々が織りなす人生模様を描く。ただのオムニバスではなく、3つのエピソードがお互いに重なり合う1本の長編映画になっている点が特別な余韻を残す。

それぞれの監督が、しっかり自分のスタイルを貫いている姿勢が見える。特に3本目のケン・ローチの章に登場するセルティック・ファンの少年たちが、駅でローマ・ファンの群れを見て、興奮して走り去るシーンが好きだ。

185

## 麦の穂をゆらす風

The Wind That Shakes the Barley／2006年／アイルランド＝英＝独＝伊＝スペイン／126分
監督：ケン・ローチ
出演：キリアン・マーフィ、ポードリック・ディレーニー
日本公開日：2006年11月18日

ケン・ローチの来日
筋金入りのエピソード

2006年、ついにケン・ローチがカンヌでパルム・ドールを受賞した。受賞を知った瞬間、永い間、彼の映画を配給してきた甲斐があったと思い嬉しさが爆発した。カンヌであれほど嬉しかった授賞式はなかったから、僕は彼のホテルにシャンパンを贈った。

『麦の穂をゆらす風』はまぎれもない傑作だ。冒頭からイギリス軍の兵士たちが、アイルランドの村でアイリッシュ名を使う村人たちに英語を強要するシーンで幕をあける。ケン・ローチが、この映画を通して何を語ろうとしているのかが、すぐに理解できる象徴的なシーンだ。

1920年、緑深きアイルランドの独立を夢見て、医師になる将来を捨て、兄と共に強大なイギリス軍との戦いに身を投じるデミアン(キリアン・マーフィ)。彼等は、多くの同志を亡くすが、イギリスとの戦いに勝利して独立を勝ち取る。しかし今度は、アイルランド人同士が敵味方になる内戦が勃発し、デミアンと兄、そして恋人シネードとの絆も引き裂いていく……。

カンヌの観客たちは上映が終わると、過去のイギリスによるアイルランド支配という、不平等で不当な歴史を曝け出したケン・ローチへの尊敬を、長い喝采で表現した。審査員たちは、全員一致で本作を最高賞に選んだ。

日本で紹介を始めた当初はテーマが社会的すぎるとか、左翼思想に偏りすぎているといった批判を浴びることも多かったが、この作品の受賞以来、パタリとそんな論調は影を潜めるようになった。

2003年10月、ケン・ローチの来日が初めて実現した。ただ目的は映画のプロモーションではなく、高円宮世界文化賞の授賞式に参加するためだった。かねてから心臓を患っていたケン・ローチが長時間飛行機に乗って日本に来てくれたことは、理由はさておき、僕たちにとっては感動的な出来事だった。

彼は、渋谷円山町にあった事務所を訪れて、宣伝都がある3階の狭い空間でスタッフたちと一緒にお茶を飲みながら、映画の制作秘話を語ってくれた。宣伝部の部屋を見渡して、彼は「このフロアは人が密集し過ぎていて労働環境が劣悪だ。組合を立ち上げて社長に改善させよう」とスタッフをけしかけた。その時ばかりは、僕も苦笑するほかなかった。

感心したケン・ローチの制作秘話の中でもとっておきは、彼がキャスティングのオーディションに一度も姿をみせないという「慣例」だった。彼はカーテン越しに座って、助監督の質問に答える候補者たちの声をただひたすら聞いている。そして終了後、声や話し方だけで選んだ俳優の名前を発表していくのだという。何故そんなことをするのかと聞くと、彼は平然と「容姿を先に見てしまうと先入観でキャスティングしてしまうから顔は見ない。声や話し方は、その人の育ちや出身地や宗教、時には考え方まで手に取るように解る」と説明してくれた。エピソード一つ取っても、このイギリスの巨匠は只者じゃない、と舌を巻いた。

貴重な来日の機会を知って、彼のファンを公言する様々な映画関係者がやってきた。極端に作風が違う井筒和幸と是枝裕和を同じ控え室で待たせてしまった時は、間が持たなくてドキドキしたことを憶えている。

ただケン・ローチは、せっかく受賞した世界文化賞の授賞式の当日、会場には行かなかった。彼は朝から頭が割れるように痛いから授賞式は欠席したいと関係者に告げた。イベント主催者は大あわてで、僕らに参加を促してくれとせっついて来たが、彼に説得なんて無意味だった。授与式が無事終了した後、一緒に来日した夫人曰く、実はケン・ローチは選考委員の中に中曽根康弘氏の名前があることを知り、部屋から一歩も出なかったらしい。会場で彼と握手することが耐え難いということが真相だった。受賞は名誉なことだし、賞金も魅力的だ。しかし彼はどうしても自分の信念を曲げない男だ。子供のような振る舞いには些か閉口したが、徹底的にイデオロギーにこだわる彼の姿勢から、ケン・ローチがケン・ローチたる所以を知った感があった。

そして日本を離れる1日前、彼は世界文化賞の賞金の一部をＪＲ労組に寄付して帰って行った。まさに筋金入りとは彼のことをさす言葉だろう。その後、主演のキリアン・マーフィーがプロモーションで来日し、アイルランド出身の俳優らしくアイルランド語やゲール語を披露してくれた。最新作、クリストファー・ノーラン監督の『オッペンハイマー』でどんな演技を見せてくれるのか楽しみにしている。

186

# みえない雲

Die Wolke／2006年／独／103分
監督：グレゴール・シュニッツラー
出演：パウラ・カレンベルク、フランツ・ディンダ
日本公開日：2006年12月30日

映画を観た時、他人事ではないと物語だと感じ、日本での配給を申し出た。原作はドイツ青少年文学賞をはじめ多くの賞を受賞したベストセラー小説で、チェルノブイリ原発事故から20年の節目の2007年に公開され、当時まだ17基の原発が稼働中だったドイツで、その評判と衝撃が瞬く間に広がり、大ヒットした。

高校3年生のハンナ（パウラ・カレンベルク）は、幼い弟ウリーと母親の3人で暮らすごく普通の女子学生。ある日、転校生のエルマー（フランツ・ディンダ）から呼び出されて人気のない教室へ行くと、ぎこちない会話の後、突然キスした。幸せな気分も束の間、突然サイレンが鳴り響き、美しい自然に囲まれたのどかな街はパニックに陥る。近郊の原子力発電所で事故が起こったのだ。放射能を帯びた黒い雲が迫ってくる中、ハンナは弟ウリーと全速で避難するが……。

監督は、『レボリューション6』のスタイリッシュな映像で話題を集めた、グレゴール・シュニッツラーが務めた。

本作はパニック映画にありがちな大惨事の迫力をエンターテイメントとして描いた作品ではない。極限状況下の群衆を緊迫感たっぷりに見せながらも、同時に青春映画特有の少女の反抗心や恋心が繊細なタッチで表現されている。そして社会的責任とは何か、生きる意義とは何か、我々の社会にあるべき基盤とは何か、といった大切な問題を原発への問題提議と共に浮かび上がらせる。

日本人なら誰しも、この映画を観ながら福島第一原発の事故を思い浮かべてしまうだろう。いつ起こるか判らない原発事故の危険性を訴えた、ディザスター・ムービーの枠を超えた真摯な映画だ。

福島第一原発の事故後、ドイツは国内の原子力発電所を全面停止した。

長い歴史を誇り、100万人の定期購読者を持つ「通販生活」は、2013年春号に本作の趣旨に賛同して、雑誌巻末にDVDを添付して販売した。

『麦の穂を揺らす風』(ケン・ローチ)

INTERVIEW

# グローバル化する映画

「これからのエンターテインメントは映画にとどまる必要はないと感じています。もちろん映画で見るべきものもありますが、すべてをゼロから考えることが大事です」と李鳳宇は語る。

構成＝生嶋マキ

パラサイト
©2019 CJ ENM CORPORATION, BARUNSON E&A ALL RIGHTS RESERVED

李鳳宇がやってきたこと。それはアメリカ映画全盛の時代に、世界各地の映画を発掘し、日本で上映してきた。その中でも、韓国映画を早期から輸入し、『シュリ』に見られるように大ヒットを記録した。そうした流れの中で見ると、韓国との合作となった『KT』は、グローバル映画の走りのように見える。そうした配給・製作の流れの中で、ポン・ジュノ、パク・チャヌク、ソン・ガンホとの親交も生まれ、それは今年開催される舞台「パラサイト」へ繋がっている。一方で、映画は李が言うようにグローバル化が加速している。

――ポン・ジュノ監督の『パラサイト 半地下の家族』がアカデミー賞の作品賞を獲得しました。もっといえば、日本でもロングランでヒットしているインド映画『RRR』もある。目を転じれば、日本の『スラムダンク』が中国、韓国、台湾とアジア各国で記録的なヒットを記録しています。かつてアメリカ映画とヨーロッパ映画と日本映画が軸だった構造が完全に変わり、いわゆる〝グローバル化〟が進んでいます。このような状況は李さんがやられてきたこととリンクしますが、どのように感じられていますか？

こういう流れを望んでいました。世界的に見ても日本人は保守的なので、きっとグローバル化は進みにくいだろうと考えていました。またグローバル化が進んでいるとはいえ、まだ世代間、業界間のギャップはあるように感じます。そもそも日本は映画の製作システムや業界団体のあり方が、海外とは違うのですが、クリエイターたちはどんどんグローバル化へ向かっている気がします。是枝裕和監督だって日本を飛び出していきました。

2000年、僕が『シュリ』を日本に持ってきた頃は、壁がありました。韓国映画やインド映画は、まだ一般的なメジャー映画館に掛からない時代でした。『シュリ』があそこまでヒットするとは誰も予想していなかったんです。見向きもしてなかった大手映画会社も〝次は『ＪＳＡ』をやりましょう〟となりましたから、心地よかったです。ようやく彼らも考え方を変えてくれたんだと嬉しかったです。時間はかかるけれど、そうやって変わっていくものなんだと、僕自身が実感していますが、その掛かりすぎる時間が一番問題だと思うんです。

今、演劇のプロデュース（舞台「パラサイト」）をやっていますが、次の舞台作品は、２０２５年に、東京と大阪での上演を考えています。これも韓国原作です。昔だったら、〝いやあ、韓国原作の演劇はちょっとうちではできない〟と言われたかもしれませんが、今ではそんな壁はありません。舞台「パラサイト」のチケットは先行販売でほぼ完売しました。

――先行前売りチケットは驚異的に売れて、一般販売ではもうほとんど残ってないだろうという状況ですよね。すごいですね。

アカデミー賞をとった韓国映画が、日本でどう料理をされるのか、期待している人がいるのだと思うと、そういう方々へのアンサーとして、期待以上の作品を提供しないといけないと感じています。

今、ジブリの『となりのトトロ』が、ロイヤル・シェイクスピア・カンパニーによる舞台となり、イギリスの権威ある演劇賞までとって大成功しています。世界初の舞台化を提案したのは、スタジオジブリ作品の音楽を手がけた作曲家の久石譲です。その提案を宮崎駿監督が快諾して、舞台化を熱望していたシェイクスピア・カンパニーが製作。おそらくこの先何百回も公演していくでしょう。

今回の舞台「パラサイト」は、東阪あわせて46公演ですが、もしこれを英語で舞台化したら、〝トトロ〟

と同じようにきっと何百回と公演ができると思います。出演者も変わり、国も変わって、そして、設定も変わる。そうして形を変えて世界へ拡大していくことが、これからは大事なのではないでしょうか。

僕はキャリアをたまたま映画から始めたけれど、これから必ずしも映画にとどまる必要はないと感じています。もちろん映画館で見るべき作品もありますが、すべてをゼロから考えることが大事です。監督はこうあるべきとか、時間は2時間か3時間くらいと決めつけないで、プラットフォームも含めてフォーマットをゼロから考えていくことがグローバルに広がっていくことだってあると思います。

——李さんは、「最終的には映画スタジオを作りたい」と答えられていました。その想いはまだありますか。

昔の映画は、スタジオが「夢の工場」だったので、そこから人が育っていくのが当たり前でした。スタジオには、制作部や脚本部、そして、俳優部もありました。まるでベルトコンベアーのように毎週映画を制作するシステムが機能していました。でも、そんな映画の工場が少なくなった時代に、どうやって映画を作ればいいのか？

ただ大きいだけでは物足りない、現在はどういう形のどんなスタジオが必要なのか、吟味する必要があります。工場を作ったら工場長が必要だし、土地を確保したら、次は管理者、次はスタジオマンと膨張していく。同じ道をたどることになってしまいます。ネット配信を前提にしたドラマも劇場公開される作品も同じスタジオで撮るわけだから、より効率的なシステムがスタジオにも必要でしょう。最新鋭の装置だと思っていたら、いつのまにか旧式と呼ばれてしまう。半導体の工場とどこか歴史が似ていて、かつては日本が一番だったという技術力とプライドだけでは勝てない時代を生きています。

——リーダーシップの問題なのか、日本の空気の問題なのか、どこに問題があると思われますか？

風土とリーダーシップの問題、どちらもあると思います。しかし、一番はインターネットを基盤とした情報産業で遅れをとったところからではないでしょうか。よく〝失われた30年〟という言葉が出てきますが、そもそも日本はエンターテインメントのプラットフォームを作ろうという気概がないようです。Netflix のようなプラットフォームがなぜ、日本から生まれないのか。本質的な原因を考えた方がいいと思うんです。国産のプラットフォームを持つことは、今の映画業界の勢力図やしがらみを考えると、なかなか難しいものがあります。日本の全コンテンツを集めて、Netflix に勝てるプラットフォームを作ろうといったところで、はたしてそれが可能なのか。結局、目先の利益を考えると、誰も賛同しないんじゃないかと。映画の製作委員方式のような護送船団になってしまいます。業界再編を唱えると必ず護送船団方式に立ち返ってしまうのが日本です。いくら日本映画がシュリンクして、特にインディペンデントが落ち込んでも業界全体で手を打つことは決してないでしょう。

——海外で大ヒットした日本映画は、もはや『スラムダンク』が代表になりました。一方で、映画批評や業界の中でも、漫画家が監督をした映画は映画じゃない、という人が常に存在しています。

岩井俊二監督に先日お会いしました。改めて素晴らしいと感じたのは、岩井俊二って実は作風とは少し違って、竹を割ったようにすっきりした男なんです。昔、パリに一緒に旅行したことがあるんですが、彼は絶対に人の悪口を言わない。人の成功を素直に喜べる人なんです。作家の中には往々にして、人の成功を妬む人っているでしょう？　彼のような人がアニメーションと実写を横断的に撮れると思うんです。才能も必要だけど、人柄はもっと大切です。

僕のようなプロデューサーの仕事って、結局はゴールを決めて、そこに一緒に向かおうよって説得していく仕事だと考えています。小さなゴールでもいい。ドキュメンタリーだろうが、合作映画だろうが、それに関わる人たちがいかにハッピーになるか。関わった人たちのプライドを保ちつつ、生活も向上させることが大事だと思っています。

演劇の世界はまだ勉強中だからわかりませんが、関わっている人たちが生活できないような演劇制作は、僕はやらないと思います。もちろん学生時代から演劇に関わっていて、演劇が好きで、アルバイトをしながら小さなハコ（劇場）で好きな演目をやっていく……素晴らしい生き方だと思いますが、今からそこに立ち寄る時間はないですから。

ただ、もうハコじゃないということはわかっています。要はコンテンツがすばらしいかどうか。コンテンツの力だけは衰えないだろうから、はしっこでも名作に関わって生きていれたらいいなと思っています。


——これから李さんが目指すところを教えてください。


なんなのでしょうね。今撮っているドキュメンタリー映画の取材で、先日久しぶりに京都でお目にかかった哲学者の山折哲夫先生の言葉が、すごく腑に落ちました。

「日本人は10年単位でモノを考えすぎる。しかも1年ズレると大騒ぎする。オリンピックが、コロナで1年延長したら大騒ぎしたでしょう？　1965年の日韓条約締結から何年、これも大騒ぎしている。もっというと、日韓併合の1910年から考えて113年とか。しかし、歴史って、そんなスパンではない。時間の感じ方には個々人で濃淡の差がある。そして長短もある。その人の立場や経験によって、実は伸縮自在です。例えば420年前に朝鮮人が渡来して焼き物を作りました。日本の土を掘って焼き物ができ、それをきれいに焼いたら売れたそうです」

「今の政治家は50〜60年前の日韓基本条約を土台にして歴史を組み立てようとしている。しかしそれでは駄目だ。終戦・解放から七十年、朝鮮併合から百十年、朝鮮出兵から四百三十年、百済・高句麗が滅亡して、日本に渡来人が激増してから千三百五十四年、そういう尺度で歴史を見る必要がある」

山折先生の視点こそ、グローバルです。なるほどと納得しました。

僕たちのやっている映画の歴史なんて短いものです。たった130年くらい。1895年、シネマトグラフ（初期の映像装置）を発明したリュミエール兄弟が、グラン・カフェで、『工場の出口』や『列車の到着』の上映をしたのが、映画史的には映画の誕生と見なすのが一般的です。長い歴史ではないんです。だから、この先の歴史が本当の進化だと感じます。配信プラットフォームはどんどん増えていくだろうし、映像コンテンツも増えています。観るだけじゃなく、聞くだけのコンテンツも出てきました。映像が持つ意味は多種多様になっているんです。それは決して映画館にかかるだけじゃない。あらゆる機会で人は映像に接しています。この先の映像の歴史は、限りなく続きます。

我々は、英語教育よりもよっぽどこちらの教育に力を入れた方がいいと思います。映像リテラシーの時代に生きていることを自覚しないといけない。

僕はプロデュースする側にいるので、自分自身を変化させて何かを開拓していきたいと考えています。今、60年ほど生きてきましたが、あと何年かはクリエイトする側に携わっていきます。作家やカメラマン、監督だって息が長くなっている時代です。クリント・イーストウッドも、山田洋次監督も、まだまだがんばってくれるでしょう。

映像の世界で、自分もフォーマットにこだわらない形で多くのものを発信していきたいと思っています。

# LB | Ⅳ Library

『のど自慢』
井筒和幸監督、徳井優

『のど自慢』製作風景

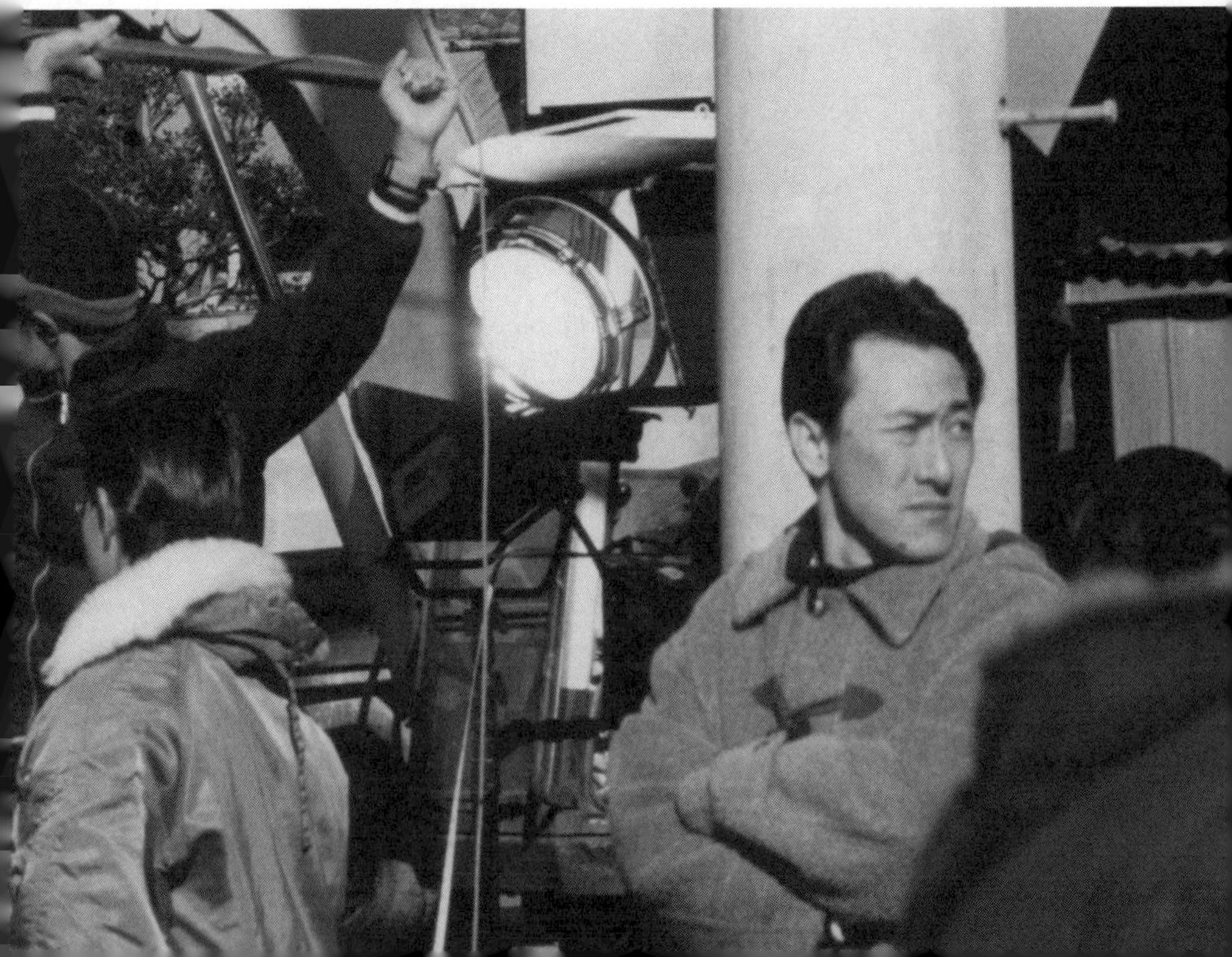

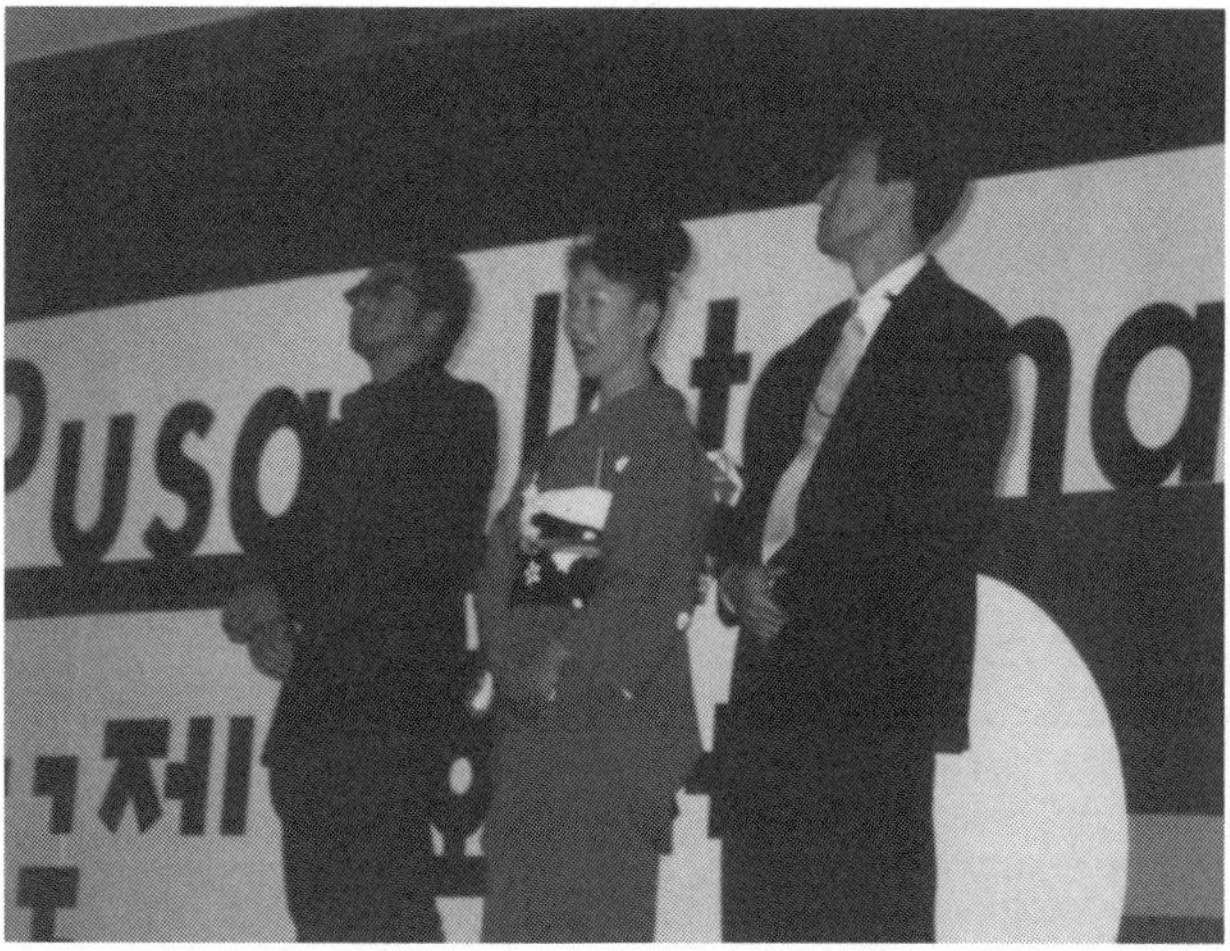

『のど自慢』
釜山映画祭で上映

釜山映画祭
阪本順治、崔洋一、望月六郎らと

『KT』撮影中
プロデューサーの椎井友紀子、
スクリプターの今村治子

『月はどっちに出ている』
ソウルでの会見

『月はどっちに出ている』鄭義信らと

# 第6部 2007—2023

スサンネ・ビア『アフター・ウェディング』。是枝裕和『歩いても歩いても』。高倉健を追った『健さん』。新時代へ『ひかり探して』。

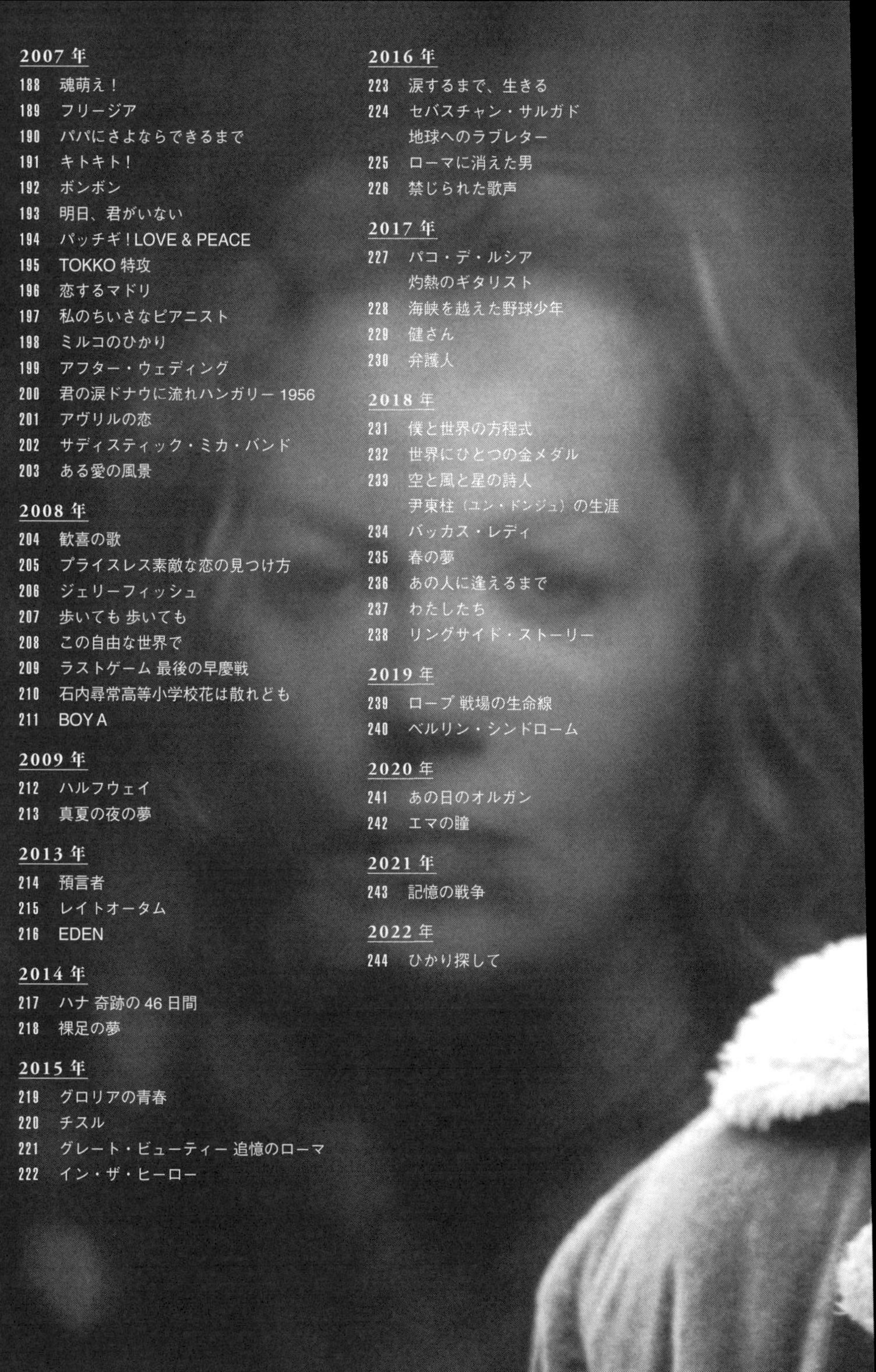



写真：Photofest/アフロ「ある愛の風景」（スサンネ・ビア）

# 2007年

188

## 魂萌え！

2006年／日本／125分
監督・脚本：阪本順治
出演：風吹ジュン、田中哲司、常盤貴子、藤田弓子
日本公開日：2007年1月27日

阪本順治は、ある時「シネカノンで撮った映画はどれも男っぽい映画ばかりだから、たまには違う色合いの映画にしたい」と、僕に訴えた。そしてある日、本屋でピンク色の表紙の原作を見つけたと勧めてきた。

桐野夏生の「魂萌え！」がそれだった。なるほど、これなら映画に出来る、いや映画にするべき原作だと納得して、映画化を進めることにした。

定年を迎えた夫（寺尾聰）と敏子（風吹ジュン）の平穏な暮らしは、夫の急死によって一変する。葬儀を終えて帰宅すると、夫の携帯に見知らぬ女性から電話が掛かってくる。長く隠されていた夫の愛人（三田佳子）が明らかになり、8年ぶりに現れた息子（田中哲司）は突然遺産相続を持ちかけてくる。深い喪失感を味わう敏子の前に次から次と難題が山積する。敏子は生まれて初めて家出を体験し、携帯電話を持ち、女同士の対決に臨む……。

婦人公論文学賞に輝いた原作は、多くの女性読者の共感を呼んだ。阪本順治は原作を上手くまとめ、丁寧に普通の主婦の「ある成長」を描いた。

主人公の敏子は風吹ジュンが演じたが、他にも彼女と対決する愛人を三田佳子、敏子の友人たちは、藤田弓子、由紀さおり、今陽子が演じた。日本映画界を代表する第一線の女優たちが顔を揃えたが、実はもう1人、大原麗子が登場するはずだった。久しぶりに映画出演を承諾した大原さんは、僕らを自宅に呼んで、役作りの事や自分の生い立ちを詳しく語ってくれた。結局、大原麗子は、自分自身へのこだわりを捨てきれず、役を辞退した。

僕は、寂しがりやの彼女から呼び出されて、度々酒を奢られた。2008年8月、早すぎる訃報に触れた時は愕然とした。

主人公敏子は、人生のリセットを決意し、映画好きを活かして映写技師に辿り着くのだが、ラストに登場するのは、彼女の心情と重なる映画『ひまわり』の名場面だ。ソフィ

ア・ローレン演じるヒロインの慟哭と凛とした強さを目にして、敏子は大切な夫の言葉を思い出す。敏子が、やっと過去との決別を果たす、とても美しいラストシーンだった。

僕は、映画『ひまわり』の映像使用の交渉をしたが、交渉相手はなんと、あのソフィア・ローレン自身だった。カルロ・ポンティの資産相続人として、彼女が『ひまわり』の著作権者だったのだ。映画の趣旨を説明すると、快く許諾して頂けた。届いたメールはお宝物になった。

映写技師として一本立ちして、『ひまわり』を映写する名画座のシーンは、高田馬場の早稲田松竹で撮影した。

189

## フリージア

2006年／日本／103分
監督：熊切和嘉
出演：玉山鉄二、西島秀俊、つぐみ、三浦誠己
日本公開日：2007年2月3日

カルト的な人気を誇る松本次郎の原作漫画を、『鬼畜大宴会』や『アンテナ』の熊切和嘉が脚色し監督した。過激な設定の近未来ＳＦアクション。

犯罪被害者が加害者を処刑することができる〝仇討ち法〟が存在する近未来の日本を舞台に、感情を失い機械のように任務を果たすプロの執行代理人ヒロシ（玉山鉄二）が、宿命の敵トシオ（西島秀俊）と対決する。脇を固める助演俳優たちが、何故か際立っていた。三浦誠巳、竹原ピストル、嶋田久作、大口広司、特に熊切映画のミューズともいえる坂井真紀がアクセントになっている。製作委員会には入らず、配給を受託した。

190

## パパにさよならできるまで

Hard Goodbys：My Father／2002年／ギリシャ＝独／114分
監督・脚本：ペニー・パナヨプトル
出演：ヨルゴス・カラヤニス、イオアンナ・ツィリグーリ
日本公開日：2007年2月24日

初めてのギリシャ映画だった。

1969年のアテネ。10歳の少年イリアスは両親とお

兄ちゃんの4人家族だが、家電を行商している父はたまにしか帰ってこない。イリアスは、アポロ11号が月面着陸する時を、父と一緒にテレビでみる約束をするが、父は交通事故で帰らぬ人になってしまう。死の事実を受け入れる事ができないイリアスは、父になりすまして手紙を書いたり、クラスメートに嘘をついたりする。そして遂に約束の月面着陸の日が訪れる……。

2002年のロカルノ映画祭で、一つの事件が起きた。本作の主人公イリアスを演じた10歳のヨルゴス・カラヤニスが、なんと名優ジェラール・ドパルデューやロビン・ウィリアムズをおさえて史上最年少で主演男優賞に輝いたのだ。

ベニー・バタヨトブル監督が「星の王子さま」と称した少年は、哀しみをたたえた大きな瞳で世界中の観客の胸を締め付けた。

僕は、本作を観ながらフランス映画『ポネット』を思い浮かべた。

191

# キトキト！

2006年／日本／109分
監督・脚本：吉田康弘
出演：大竹しのぶ、石田卓也、平山あや、尾上寛之
日本公開日：2007年3月17日

井筒和幸監督を『ゲロッパ！』以来ずっと助監督として支えていた吉田康弘が初めて監督した。初監督らしく、自分自身の母親を描いた本作は、自伝的コメディ映画だ。

富山県高岡市に住む〝スーパー智子ちゃん〟は、保険のセールスからスナックの手伝い、ヤクルト販売まで沢山の仕事をこなしながら子供を女手ひとつで育ててあげてきた評判の肝っ玉かあちゃん。しかし娘の美咲は三年前に駆け落ちしたまま音信不通、やんちゃな息子、俊介は激しい気性の智子について行けず、家出同然で東京へ上京する。

優介には石田卓也、姉の美咲には平山あや。そして主人公の智子は2年ぶりの映画出演になる大竹しのぶがシナリオを気に入って出演を快諾した。

ベテランの大竹は「熱意があるだけでなく、才能にみちあふれている」と若干27歳の吉田康弘の手腕を絶賛した。

井筒作品でお馴染みの尾上寛之、伊藤歩、光石研が確かな芝居で脇を固めている。「キトキト」とは富山弁でイキがいいという意味で、登場人物たちがその「キトキト」ぶりを発揮している。

192

# ボンボン

Bombon el Perro／2004年／アルゼンチン／100分
監督：カルロス・ソリン
出演：フアン・ビジェガス、ワルテル・ドナド
日本公開日：2007年4月14日

御伽話のようなアルゼンチンの映画だ。あるところにツイてないおじさんがいました。おじさんは真面目に勤め上げたガソリン・スタンドをクビになって、途方に暮れていました。おじさんは人助けのお礼に大きな白い犬「ボンボン」をもらいました。貧乏だから犬の面倒などみれないと困惑してしまいますが、その日を境に、おじさんに少しずつ良い事が起こり始めます……。

観ればきっと幸せな気分になれる、不思議な雰囲気を持った映画だ。不思議な雰囲気を醸し出す、主人公ファン・ビジェガスを演じているのは、実際に20年間まじめにガレージ勤めしたファン・ビジェガス本人だ。監督にスカウトされて初めて映画に出演した。ドックトレーナーの役もそのままアニマル・コーディネータのワルテル・ドナードが演じている。

ヨーロッパ各地で大ヒットし、映画祭ではラストシーンに、決まって大爆笑と温かい拍手が湧き起こる映画だ。

193

# 明日、君がいない

2：37／2006年／オーストラリア／99分
監督・脚本：ムラーリ・K・タルリ
出演：テレサ・パルマー、ジョエル・マッケンジー
日本公開日：2007年4月21日

2006年のカンヌ映画祭「ある視点」部門で上映された時、僕は会場に居た。20分以上にわたるスタンディング・オベーションが、カンヌ特有の儀礼だとはいえ、この時ばかりは特別な熱気を感じた。オーストラリア人監督の

ムラーリ・K・タルリが脚本を持ってプロデューサーのニック・マシューズを訪ねた時、彼はまだ19歳で映画製作の経験は全くなかったという。

友人を自殺で失った半年後、自らも自殺しかけたという衝撃的な実体験をもとに、ムラーリは、わずか36時間で脚本の第一稿を書き上げたばかりか、軸となる登場人物6人それぞれの視点からエピソードとインタビュー映像を巧みに交差させ、演技未経験者の彼等から最大限の力を引き出した。

プロデューサーのニックは結局、カメラも編集も手伝うことになるが、監督のタリルとはひとつの共通認識を持っていた。それは「与えられた予算の10倍が掛けられた内容に見える映画にしたい」ということだった。2人は低予算だからといって粗い画の映画にはしたくないと思っていた。予算やストーリーからすれば、荒々しい現実を視覚的に強調するやり方もあっただろう。すべて手持ちカメラでこなし、低予算にありがちなゲリラ撮影も選択肢のひとつだろう。だが、〝神秘的な美しさ〟を映像に込めたい、「観客に体験して欲しい」とタリルは拘り、カメラをひとつの配役として物語に組み込むことを目指した。

「登場人物の様子を覗き見する存在、シーンの中にこっそり忍び込んで観客が見たいものを見せてくれる存在にしたい」と要求する監督に、ステディカム・オペレーターは一度も「無理だ」と言わず、むしろ難題をクリアすることを楽しんだという。結果、とても詩的なショットが完成した。たびたび挿入される、光を受けて輝く木の葉のショット、廊下を行き交う生徒たちを複数の視点から、流れるようなカメラワーク、画面の中につねに存在する透明感。そんなショットの積み重ねが、生命の輝きや希望を暗示して、命の尊さを強調している。上映後、フランス各紙は19歳のタルリを「アンファン・テリブル」と絶賛した。

184

# パッチギ！ Love & Peace

2007年／日本／127分
監督・脚本：井筒和幸
出演：井坂俊哉、西島秀俊、中村ゆり、藤井隆
日本公開日：2007年5月19日

## 映画に日本人の顔が映っている

『パッチギ！』の続編を製作した。

この映画は、前作にもまして李家の家族史の側面が色濃く反映されている。我が家は、筋ジストロフィー症を患っていた兄、鳳基を中心に回っていた。東京の足立で暮らしていた我が家は、兄の発病以来、引っ越しを繰り返した。東北大学に良い医者がいると聞くと、我が家はすぐさま仙台・塩釜に引っ越した。そして病状が回復に向かわないと判ると、オモニは京都府立医大の医師を頼って、京都に引っ越しを決めた。だから長女は仙台、次女は東京、僕と妹は京都で生まれた。医師が診断した通り、兄は18歳で亡くなったけれど、オモニは最後まで兄を救おうと、それこそ死に物狂いで奔走した。

最後は自宅で家族全員が見守る中で息を引き取った。

本作は、何よりもまず、幼い息子の命を懸命に守り抜こうとする「家族の物語」として描かれている。病気にかかったチャンス（これは僕の父親の名前だ）を治療するため、アンソン（井坂俊哉）とその一家が京都から東京への引っ越してくるところから、物語は始まる。

その舞台として井筒和幸監督が選んだのが、江東区枝川だった。東京朝鮮第二初級学校を中心に、いまなお在日の地域コミュニティーがしっかり根付いているエリアだ。リアリティを追求する監督らしく、今回も徹底的なリサーチを怠らなかった。１９７４年、当時子供達が着ていた服装から共同売店で売られていた菓子、路地に貼られた映画ポスターまで緻密に再現し、時代の空気をスクリーンに定着させた。そこに住む人間をリアルに再現させるのは、井筒監督の真骨頂だ。枝川で撮影されたシーンでは、もちろん地元の人たちにエキストラとして協力を仰いだ。

続編の本作は、キャスト総勢３００人以上・エキストラ５０００人以上という空前のスケールで撮影された。織り上げられたドラマの「縦糸」役を果たすのは、アンソンとキョンジャという兄妹だ。２０００人を超えるオーディションから主役に選ばれた中村ゆりが、家族への愛情と自由を求める心情に引き裂かれるヒロインの胸中を、繊細に演じた。

そしてドラマのもうひとつの主役は、アンソンとキョンジャの父親、李ジンソン（ソン・チャンウィ）であり、彼の青春時代にあたる１９４４年が描かれる。

日本軍の徴兵から脱走したジンソンとその仲間は、船に乗りこんで南洋のヤップ島へ避難する。しかしヤップ島もまた、サイパンなどと同じく日本の統治下にあり、島内には神社が設けられ、島民には日本語教育が行われている。そしてジンソンたちも、米軍機の激しい爆撃にさらされることになる。

ジンソンの戦争体験が、鮮烈な映像によって1974年の「現在」に挿入されていく。本作は、アンソン一家のルーツを明らかにする「クロニクル」であり、ボロボロになっても命を受け継いで生きるサバイバーたちの「大河ドラマ」の要素を持っている。キョンジャに恋して、在日家族にシンパシーを感じる青年・佐藤を藤井隆が軽やかに演じてハードな物語にコメディを注入してくれた。

西島秀俊は決して善人とは言い難い、「嫌な奴」の役を引き受けてくれた。

キムラ緑子、米倉斉加年、村田雄浩、風間杜夫らが、確かな演技でドラマにリアリティを加え、韓国の実力派俳優たちがこぞって協力してくれた。特にジンソン役のソン・チャンウィはミュージカル「ヘドウィグ・アンド・アングリーインチ」で主役に抜擢されたのも頷ける、迫真の演技を披露した。

本作は、僕にとって『KT』に引き続き2回目の日韓合作になった。

私の友人であり、映画批評家の四方田犬彦氏は、映画を観て以下のようなコメントを寄せてくれた。

「井筒和幸が描くキョンジャは、マイクを前に堂々と、日本人だけが作り上げてきた歴史物語の虚偽を告発し、自分の真実を衆人に告げて、試写会場に大混乱をもたらすのだ。天晴れではないだろうか！　今の韓国映画がすごいのは、韓国人の顔がみごとにそこに映っているからだ。それに比べ日本映画は、日本人の顔を直視する事を避けて通ってばかりいる。製作者の李は、かつてそう語ったことがあった。本作にはみごとに日本人の顔が映っている。日本人が見たくもあり、見たくなかった自分たちの映像と、日本社会のなかにありながら日本人だと思いたくなかった者たちの映像とが、分け隔てなく並んでいる。映画とは異なった顔と顔を引き合わせ、文字通りパッチギをおこなわせるメディアなのである」

前作に続き、音楽は加藤和彦が担当し、韓国が誇るカウンターテナーのイム・ヒョンジュがその美しい歌声を聴かせてくれた。60人編成の東京フィルハーモニー交響楽団が「イムジン河」を豊かなサウンドで奏でている。

195

## TOKKO　特攻

Wings of Defeat／2007年／米＝日本／90分
監督：リサ・モリモト／〈ドキュメンタリー〉
出演：江名武彦、浜園重義、中島一雄、上島武雄
日本公開日：2007年7月21日

9・11ニューヨーク同時多発テロ事件以降、自爆テロと特攻隊を結びつけて語られる事が増えた。この映画は、日系アメリカ人2世のリサ・モリモトの視点から、日本の特攻隊員たちの忘れられた真実に迫るドキュメンタリー映画だ。彼女は自分の亡き叔父が戦時中に特攻隊員として訓練を受け、戦後はそれを誰にも語らなかったことを知って衝撃を受ける。彼の足跡を追うべく日本を訪れたリサは、訓練を受けた何百人もの特攻隊員の生存者が海外にいることを知る。なぜ彼等は特攻を志願したのか？　自ら命を捨てる行為に疑問はなかったのか？　そして何よりも叔父は何故そのことを自分だけの胸の内に秘めて、この世を去ったのか？　彼女は、親族や、特攻隊員の生存者たちにカメラを向け、彼等の驚くべき体験談に耳を傾けていく。

プロデュースと構成を手掛けたのは日本映画の英語字幕の第一人者として知られるリンダ・ホーグランド。日本人のルーツを持つアメリカ人であるリサ、そして日本で生まれ育ったアメリカ人のリンダの二人は、かつて敵対していた双方の国の視点から、「神風」伝説に光を当てた。

本作は、トロント映画祭でプレミア上映され、大きな衝撃と反響を呼んだ。リンダ・ホーグランドは、『ＫＴ』や『幻の光』の字幕製作に携わっている。

196

## 恋するマドリ

2007年製作／日本／113分
監督・脚本：大九明子
出演：新垣結衣、松田龍平、菊地凛子
日本公開日：2007年8月18日

新垣結衣が初出演した映画だ。インテリアショップ

Francfranc の15周年記念作品として製作された。幻冬舎の見城徹と次原悦子が企画して、オフィス・シロウズの松田広子がプロデュースし、大久明子が監督した。初々しい頃の松田龍平、菊地凛子、江口のりこ等も共演している。初めて中目黒のマンションで一人暮らしをはじめるユイ（新垣結衣）が、引越しをきっかけに、年上の女性への憧れと隣人の男性への恋に悩む姿を描いた。オフィス・シロウズと共同配給した作品だったが、はっきり言って何もしなかった。Francfranc が出資し、サニーサイドアップが取りまとめた企画だった。

197

## 私のちいさなピアニスト

For Horowitz／２００６年／韓国／１０８分
監督：クォン・ヒョンジョン
出演：オム・ジョンファ、シン・ウィジェ
日本公開日：２００７年8月25日

ウクライナ出身の天才ピアニスト、ウラジミール・ホロヴィッツ。１９４４年以降アメリカに渡った彼は、とりわけラフマニノフの「ピアノ協奏曲第3番」の演奏が有名で、世界中に熱狂的なファンを持つ。

そんなホロヴィッツをこよなく愛するジス（オム・ジョンファ）は、一流ピアニストになる夢破れ、ソウル郊外で小さなピアノ教室を開いている。近所に住むわんぱく盛りの少年キョンミンが〝絶対音感〟の持ち主であることを知ったジスは、彼をコンクールで優勝させることで、名声を得ようと一計を案じる。純粋にピアノが大好きで、鍵盤を叩くことに夢中なキョンミンを、時に厳しく、時に親身になって指導するジス。やがて打算を超えて、ふたりの師弟は母子のような情愛で結ばれていく。そして、コンクール当日。意気揚々と壇上に立ったキョンミンに、あるトラウマがフラッシュバックし、あえなく棄権してしまう……。

『北京バイオリン』の夢に突き進む情熱、『アバウト・ア・ボーイ』の人生を変える出逢い、そして『リトル・ダンサー』の少年時代の記憶、それらの名作を彷彿とさせる素晴らしいヒューマニズムあふれる音楽映画だ。成長したキョンミン役で〝韓国クラシック界の貴公子〟と呼ばれるジュリアス＝ジョンウォン・キムが出演した。

198

# ミルコのひかり

Rosso, Come Il Cielo ／２００５年／伊／１００分
監督・脚本：クリスティアーノ・ボルトーネ
出演：ルカ・カプリオッティ、シモーネ・グッリー
日本公開日：２００７年9月8日

イアリアの著名なサウンド・デザイナーであるミルコ・メンカッチの実話を映画化した２００４年の作品だ。

１９７１年イタリア・トスカーナ。映画好きの10歳のミルコは誤って父のライフルを落として暴発させ、失明してしまう。

当時のイタリアでは盲目の子供が通常の教育を受けることが許されていなかったため、ミルコは両親と離れて全寮制の盲学校へ転校させられる。

突然の転校と失明を受け入れられず、心を閉ざすミルコは、ある日、学校で古ぼけた1台のテープレコーダーを見つける。そこで知った音との出会いが、彼に新しい世界をもたらしてくれる。

彼の優れた聴力に気づいた担任の神父やクラスメイトに助けられながら、ミルコはある大胆な行動を起こす。やがて自由を信じる彼の想像力は、閉ざされた世界に留まっていたクラスメイトにも大きな夢と希望を与えていく。

イタリア映画が十八番にしているジャンルのひとつに盲目の主人公が活躍する映画がある。僕はかねてから、何故イタリア人俳優の多くは、この難しい役にチャレンジするのだろう、と考えみたことがある。

名作『女の香り』で盲目の元軍人を演じたビットリオ・ガスマンは数々の映画祭で主演男優賞を獲得して名優と呼ばれた。彼に憧れていたアル・パチーノが『セント・オブ・ウーマン／夢の香り』で同じ役を演じたかったのは痛いほどよく判る。２０１４年にイタリア映画祭で上映された『狼は暗闇の天使』（Salvo）は殺し屋と盲目の娘のサバイバルを描いた映画で、本国ではかなり評判になった。２０１８年に僕が配給した『エマの瞳』も間違いなくこの系譜の映画だった。盲目の主人公を演じたヴァレリア・ゴリノは、「イタリアの俳優らしく」進んでこの難しい役柄に挑戦した。『エマの瞳』の監督シルヴィオ・ソルディーニは、前作のドキュメンタリー映画『多様な目』で、実際の視覚障害者を追っている。彼は視覚障害者たちの内面に注目して、もっと彼等の人間性を語るべきだと主張している。

ちなみに世界一有名な盲目のミュージシャンはイタリア人のアンドレア・ボチェッリで、奇跡のテノールと呼ばれている。原題の「空のような赤」というタイトルが好きだ。ミルコが扉を開けた自由な世界に一瞬明るい光がさすようだ。

199

# アフター・ウェディング

After The Wedding／2006年／デンマーク／119分
監督：スサンネ・ビア
出演：マッツ・ミケルセン、ロルフ・ラスゴード
日本公開日：2007年10月27日

彼女の才能には驚いた。デンマーク映画の真打、スサンネ・ビアは世界中から賞賛を浴びる女性監督の一人だ。特に本作は、現在ハリウッドに進出して人気を博しているマッツ・ミケルセンが主演したこともあり、アメリカでリメイクもされた。

インドで孤児の救済活動に従事するデンマークの人権活動家ヤコブ（マッツ・ミケルセン）は、あるデンマークの実業家から巨額の寄附の申し出を受ける。条件はたった一つ、直接会って話をするという事。久しぶりにコペンハーゲンに戻ったヤコブは、実業家ヨルゲン（ロフフ・ラズゴード）との交渉を成立させるが、週末に行われる彼の娘の結婚式に参加してくれとせがまれる。断れずに出席したヤコブは、かつて愛し合った元妻ヘレネ（シセ・バネット・クヌッセン）がヨルゲンの妻だと言う事実を知って驚愕する。

スサンネ・ビアの映画は本作も含めて『しあわせな孤独』『ある愛の風景』がすでにハリウッドでリメイク版が製作されている。

女性ならではの繊細で美しい映像によって容赦のないリアリティを描き切る、彼女の才能にはとても驚いた。故に引き続き彼女の映画を探したが、その後彼女はドリーム・ワークスに招かれてハル・ベリーとベニチオ・デル・トロ主演の映画を撮影し、デンマーク王室の歴史大河ドラマに取り組んでいると聞いた。

200

# 君の涙ドナウに流れ　ハンガリー1956

Szabadsag, Szerelem ／２００６年／ハンガリー／１２０分
監督：クリスティナ・ゴダ
出演：イバーン・フェニェー、カタ・ドボー
日本公開日：２００７年11月17日

ハンガリー映画史上最高の動員を記録した映画だ。

１９５６年、独裁的な共産主義政権下のハンガリーで、市民たちは自由を求める声を上げた。「ハンガリー動乱」と呼ばれた革命は、西側の多くの知識人たちが連帯を表明したにも拘らず、軍事介入したソ連軍の前に、あえなく潰えてしまう。その数週間後、運命の女神の悪戯か、メルボルンで開催されたオリンピックでハンガリー水球チームは、ソ連チームと戦うことになった。のちに「メルボルンの流血戦」として伝えられる、オリンピックの歴史に残る悲劇のゲームだ。ハンガリーが経験した、ふたつの歴史的な事件を映画にしようと企画したのは、この時、ハンガリーからアメリカに亡命した名プロデューサー、アンドリュー・G・ヴァイナだ。彼は『ミュージックボックス』や『ニクソン』の製作で知られるが、彼の意思を受け継いだ女性監督クリスティナ・ゴダが、実際にハンガリーで撮影した。

革命が頓挫した悲しい過去を胸に秘め、革命を信じて、自由を勝ち取りたいと信じる女子学生ヴィキ。政治から距離をおき、水球と家族の為に人生を謳歌したいと願っていたスター選手カルチは、彼女との運命的な出会いを通じて、悩みながらも戦いに身を投じていく。戦いは一度は勝利し、ふたりは平穏な日々を得たかに見えたが、運命は過酷な結末をむかえる……。

本国ハンガリーでは、「革命50周年」を祝う２００６年10月23日に公開され、これまでのすべての映画を上回る最高の動員を記録した。映画の要といえる水球シーンは、五輪２大会連続の金メダリストのハンガリー代表が参加し、臨場感あふれるシーンに仕上がっている。

201

# アヴリルの恋

Avril ／２００６年／仏／96分
監督・脚本：ジェラール・ユスターシュ＝マチュー

出演：ソフィー・カントン、ミュウ・ミュウ
日本公開日：2007年11月24日

絵画のような抒情的で美しい映画だ。人里離れた修道院で、捨て子として拾われたアヴリル（ソフィー・カントン）は、厳しい戒律のもと修道女となるべく育てられてきた。21歳になり、神への永遠の忠誠を誓う儀式を目前にしたある日、彼女はシスターから双子の弟の存在を初めて知らされる。弟に会いに行くために二週間の休暇を与えられ、生まれて初めて外の世界へと踏み出した彼女は、再会した弟やその友人たちと共に、「普通の少女」として束の間のひとときを過ごす。初めて体験する世界への憧れと、神への忠誠心に揺れ動く、少女の心の成長を丹念に描いた。

敬虔なカトリック教徒の多いフランスでは、修道院や修道士を描いた秀作が多い。古くはカール・ドライヤーの『裁かるるジャンヌ』があり、近年では『大いなる沈黙へ　グランド・シャルトルーズ修道院』やグザヴィエ・ボーヴォワの『神々と男たち』などが記憶に新しい。ポール・ヴァーホーベンの『ベネデッタ』は、そんな正統派宗教映画への叛逆なのかもしれない。

202

# サディスティック・ミカ・バンド

2007年／日本／72分
監督：滝本憲吾
出演：加藤和彦、高橋幸宏、小原礼、高中正義
日本公開日：2007年10月13日

『パッチギ！』の音楽監督を引き受けてくれた加藤和彦さんとは、その後も『のど自慢　青春編』や『パッチギ！　Love and peace』でご一緒した。いつだってシーンに最適な音楽を充ててくれる作曲家であり、映画の音楽的な可能性を広げてくれる、僕のメンターだった。そんな加藤さんから依頼を受けて、製作したドキュメンタリー映画だ。

1972年にデビューし、日本のロック史に鮮烈な足跡を印した〝サディスティック・ミカ・バンド〟。解散間際の1975年には、〝ロキシー・ミュージック〟とともにイギリス・ツアーを敢行し、アルバム『黒船』が海外でも高い評価を得るなど、数々の伝説を残した。2度目の再結成を機に2007年3月8日にNHKホールで行った、一夜限りのスペシャル・ライブを軸に、その軌跡と現在に

追った。加藤和彦、高橋幸宏、小原礼、高中正義、木村カエラという豪華なメンバーが集結し、チケットは即完売したという。

彼等は、ロックバンドの「理想の再結成」を提示してみせた。しかも、実にさりげなく。ライブ当日の演奏、リハーサルやバックステージ、観客の声、さらには合宿形式のレコーディングの様子が綴られている。軽井沢での合宿所で加藤さんが作ってくれたパスタや、好物のデザート〝ババ〟の味が忘れられない。監督と構成は井筒和幸の助監督を務めた、滝本憲吾が務めた。

203

# ある愛の風景

Brodre／2004年／デンマーク／117分
監督：スサンネ・ビア
出演：コニー・ニールセン、ウルリッヒ・トムセン
日本公開日：2007年12月1日

## 衝撃の事実と驚愕の選択

スサンネ・ビアが『アフター・ウェディング』の2年前に撮った映画だ。こちらも「衝撃の事実と驚愕の選択」が待ち受ける感動的な物語だ。まるでギリシャ悲劇のように、観る者の心を掴んで話さない、スザンヌ特有の語り口だ。

美しい妻サラ（コニー・ニールセン）と二人の可愛い娘と幸せな日々を送るエリート兵士ミカエル（ウルリッヒ・トムセン）に、戦禍のアフガンへの派遣が命じられ、久々に家族全員が顔を揃える。刑務所帰りの弟ヤニック（ニコライ・リー・カー）は、兄とは対照的に定職もなく独身で孤独だった。しかしミカエルの訃報が届き、嘆き悲しむサラや娘たちの心の支えとなったヤニックは、初めて人から必要とされる幸せを噛み締めていた。その頃、ミカエルは捕虜となって過酷な状況に直面していた。そして国連軍に助けられ、突然帰国する。ヤニックとサラの前にミカエルが現れる……。

2005年サンダンス映画祭観客賞、サンセバスチャン映画祭最優秀主演男優賞、女優賞をダブル受賞している。オープン間もない有楽町シネカノンで公開した。『マイ・ブラザー』というタイトルで、ジム・シェリダン監督が2008年にトビー・マグワイア、ジェレク・ギレンホ

ール、ナタリー・ポートマンの出演でリメイクした。

# 2008年

204

## 歓喜の歌

2007年/日本/112分
監督・脚本:松岡錠司
出演:小林薫、安田成美、伊藤淳史、由紀さおり
日本公開日:2008年2月2日

落語が好きだ。僕の落語好きは、立川志の輔を知ってからさらに興じた。

立川志の輔の『中村仲蔵』を聴いたあとで、古今亭志ん朝、三遊亭圓生、林家正蔵のそれと聴き比べると、志の輔の演出ぶりが際立っていた。

ある年、正月恒例になっているPARCO劇場の「志の輔落語」に出掛けた。毎年、志の輔師匠は古典に加えて、必ず創作落語を披露するのが常だが、その年の創作落語「歓喜の歌」は秀逸な出来栄えだった。僕は古典落語にいきる人情噺を織り交ぜた、とても現代的で音楽的な物語に魅了された。

感動した僕は、さっそく映画化の許諾を取りに楽屋に走った。

誰もが慌ただしくなる12月30日。小さな街を揺るがす〝事件〟は、一本の電話から始まる。「はい、みたま文化会館です。ええ、コンサートご予約の確認ですね。『またま町コーラスガールズ』さん、明日の夜7時から、はい、大丈夫ですよ、お待ちしています」。調子よく電話を切った、主任(小林薫)は、その直後にまったく大丈夫じゃなかったことに気付く。「みたま町コーラスガールズ」と「みたま町レディースコーラス」の名前を取り違え、大晦日の会場をダブルブッキングするという大失態をやらかしてしまった。

仕事も家族もその場しのぎでこなしてきた主任は、合唱にかける彼女らの情熱を前に、右往左往するばかり。さらには夫婦間の危機から、飲み屋のツケまで、日頃のおざなりな生活が一気に破綻に向かい……大晦日に起きた一大ハプニング。はたして主任の運命は? 〝ママさん〟たちの歌声は響くのか?

これまで様々な音楽ジャンルの、ある種の「音楽映画」を製作してきた。

歌謡曲をふんだんに使った『のど自慢』、ソウルミュージックのオンパレード『ゲロッパ！』、フォークソングをモチーフに使った『パッチギ！』、そしてハワイアン・ミュージックで貫徹した『フラガール』。そんな流れに添うなら、日本人が最も好きなクラシック音楽の「第九」が、本作の影の主役だった。

人情噺の映画化には、ぴったりと信じて、松岡錠司に監督を依頼した。

松岡の推薦もあって小林薫に会って、企画書を渡すと、彼は、「僕じゃなくて、この役は三宅裕司か高田純次がいいんじゃない」と乗り気じゃなかった。

僕は、ドタバタ喜劇を目指す映画じゃなくて、ジャック・レモンが演じるような哀愁漂う人情喜劇にしたいんですと説得した。

真夏に真冬のシーンを撮ることは、「映画の嘘」としてよくあることだけど、観測史上最高気温を記録した埼玉県熊谷市で撮影を行ったのだから、俳優は堪った物じゃなかったろう。2007年7月末から9月頭にかけて行われたロケは、立っているだけで目が眩むほどの酷暑だった。役者たちはコートにマフラーという真冬の衣装で毎日熱演を続けた。小林薫は撮影中の暑さで記憶が飛んだという程、連日朦朧としていた。

無理を言って立川談志師匠にカメオ出演して貰ったが、志の輔さんに余計な気を遣わせてしまい、待ち時間は微妙な空気が流れた。談志師匠は、その間も、韓国人俳優の演技論を持ち出して博学ぶりを披露してくれた。

6年ぶりにスクリーンに復帰した安田成美は、監督が「菩薩のような笑顔」と評したように現場の空気を常に優しく和ませていた。家族のバックアップを得て〝ママさんコーラス〟の指導と訪問介護のパートをこなす役どころに奮闘した。難曲「第九」の指揮にクランクイン前から取り組み、短期間でスタッフが驚く上達ぶりを見せた安田成美は、「4歳の娘が『歓喜の歌』の節を口ずさんでくれます」と言っていた。

シネカノン映画の常連だった、塩見三省、笹野高史、光石研、田中哲司、由紀さおり、等が一風変わった役柄を楽しく演じてくれた。

エンド・タイトルでは、その年に亡くなられた阿久悠さんへのオマージュとして、「あの鐘を鳴らすのはあなた」を、クレイジーケンバンドに再録音してもらい、流した。

日本のコーラス人口は裾野が広く、全日本合唱連盟に加盟しているグループだけでも約５０００団体ある。それ以外にも地域や職場などさまざまな場で多くの人が合唱を楽しんでいる。主婦コーラス関連の催しである「全日本おかあさんコーラス大会」は、２００７年時点で30回を迎え、各地から約７００団体・約2万人が参加する、大イベントになっている。つくづく歌うことに喜びを見出す人が多いことを感じる。

205

## プライスレス 素敵な恋の見つけ方

Hors de Prix／２００６年／フランス／１０４分
監督・脚本：ピエール・サルバドーリ
出演：オドレイ・トトゥ、ガド・エルマレ
日本公開日：２００８年3月8日

『アメリ』の世界的なヒットで一躍有名になったオドレイ・トトゥが主演したラブ・コメディ。『めぐり逢ったが運のつき』のピエール・サルヴァドーリが監督し、多彩なコメディアンとして知られるガド・エルマリが主演した。

ジャン（ガド・エルマリ）は高級ホテルで働くお人好しのウェイター。ある夜、彼を億万長者と勘違いした美女イレーヌ（オドレイ・トトゥ）に誘惑されて夢のような一夜を過ごすが、ジャンの正体を知った彼女はあっさり消えてしまう。イレーヌの事が忘れられないジャンは、彼女を追ってコート・ダジュールで再会を果たす。ジャンはイレーヌに散々貢ぎ、彼女のそばにいたい一心で、未亡人のジゴロに転じて、彼女と同じ人生を歩むことになるが……。

『アメリ』のイメージとは１８０度違う、したたかな女性を演じたオドレイ・トトゥは、体のラインを見せつける大胆なドレスで奔放に振る舞いながら、脆さを隠しきれない女性を、持ち前のキュートな魅力で演じた。

イヴ・サンローラン、ショパール、シャネル、エルメス、ジャガー・ルクルト、グッチ、等々の高級ブランド・アイテムがゴージャスな風景と共に楽しめる、物質至上主義者（マテリアリスト）の憧れが詰まった映画だ。

ツモリチサトの洋服がお気に入りだったオドレイを、原宿のショップに案内すると、とても感激してくれた。決してマテリアリストではなかった、彼女は有楽町の新館オープン・イベントに来日し、花を添えてくれた。

206

## ジェリーフィッシュ

Meduzot／2007年／イスラエル・フランス合作／82分
監督：エトガー・ケレット、シーラ・ゲフェン
出演：サラ・アドラー、ニコル・ライドマン
日本公開日：2008年3月15日

ウェス・アンダーソンにも通じるキッチュな感覚を持った、イスラエルの映画だ。本作でカンヌ映画祭のカメラ・ドールを受賞したのは、公私共にパートナーで人気作家でもあるエトガー・ケレットとシーラ・ゲフェン。

美しい海辺の街を舞台に語られる3つの物語。バティアは、海辺で浮き輪をつけたまま何もしゃべらない不思議な少女に出会い、週末だけ預かることになる。ケレンは結婚披露宴の最中に骨折して、旅行には行けず、近所のホテルで過ごす羽目になり、謎めいた女性に出会う。一方フィリピンから出稼ぎにきたジョイは気難しい老女マルカのヘルパーになり、マルカと娘ガリアの冷え切った関係を修復してゆく。

そんな三人三様、彼等の人生は寄せては返す波に揺られ、漂うように彷徨っているようだった。とても不思議な雰囲気のピースフルなイスラエル映画が、僕等にイスラエルという国の違う側面を見せてくれた。

207

## 歩いても 歩いても

2008年／日本／104分
監督・脚本：是枝裕和
出演：阿部寛、夏川結衣、YOU、高橋和也
日本公開日：2008年6月28日

是枝裕和の最高傑作だと考えている。是枝裕和が樹木希林という女優に出会った作品でもあり、この作品以降、樹木希林という切り札が、是枝映画に加わることになった。

夏の終わり、横山良多（阿部寛）は15年前に亡くなった兄の命日のため妻と息子を連れて実家を訪ねた。開業医だ

った父（原田芳雄）とそりのあわない良多は失業中のこともあり、ひさびさの帰郷も気が重い。明るい姉の一家も来て老いた両親の家は久しぶりに笑い声が響くが、姉たちが帰り、残った良多たちが両親と食卓を囲むうち、それぞれの秘めた思いが滲み出ていく……。

大人になって家を離れた子供たちと老夫婦の一日をたどる家族劇は、海外では小津映画のオマージュと称されたけれど、是枝裕和は彼自身の両親を思い描いた、等身大の物語だと言っている。

それを体現した原田芳雄、樹木希林、阿部寛、夏川結衣等は絶妙な距離感でそれぞれ位置していた。

登場人物たちのキャラクターをシンプルな衣装が支え、山崎裕のカメラとゴンチチのギター音楽が、彼らの営みを丹念に刻んでいる。

診療所と住まいが繋がっている古い家を、磯見俊弘と三松けいこの美術がリアルに再現した。叙情を抑えた淡々とした描写が、クライマックスの劇的な感情表現を際立たせている、何を取っても完璧な映画だった。無駄を排した一点主義を極めたようにみえる作品こそ沢山の気づきに満ちている。

208

# この自由な世界で

It's a Free World… ／２００７年／イギリス・イタリア・ドイツ・スペイン合作／96分
監督：ケン・ローチ
出演：キルストン・ウェアリング、ジュリエット・エリス
日本公開日：２００８年８月16日

本編は２００７年製作の映画だが、「自由市場」と呼ばれる経済圏の制限のない広がりによって犠牲になる人々と、それを操る「ビジネスの腐敗」を鮮やかに予見している。

息子ジェイミーを両親に預けて働くシングル・マザーのアンジー（キルストン・ウェアリング）は、息子と暮らす日を夢見てハードワークを厭わない。彼女は自分で職業紹介所を開き、外国人労働者を企業に斡旋する。ある日、不法移民を働かせる方が儲けになることを知ったアンジーは、儲けのために一線を超えてしまう。

彼女はやがて自分の「幸福」が、誰かを犠牲にすることに直結している事実を知り、深く後悔する。今日的であり、リアルなテーマを正面切って、提示してくる巨匠はやっぱり凄い。

ケン・ローチ作品を永く配給して感じることは、『自由と大地』以降、全作品に関わっているレベッカ・オブライエンという女性プロデューサーの存在がとても大きいということだ。

もちろん脚本に関しては、全面的にポール・ラヴァティに信頼を託しているが、近年ケン・ローチの映画はイギリス国内だけではなく、イタリアやドイツなどとの合作になるケースが多い。カンヌのパルム・ドールを獲って以降は、特にその傾向が強くなっているから、合作のアレンジや海外配給全般に関してもレベッカの尽力があってこそ成立している。一度、カンヌのパーティーで話した際、レベッカは「ケンは撮るべきテーマやキャスティング、スタッフに関しては煩いけど、それ以外は全部私に任せてくれる」と話していた。本作はイギリス、イタリア、ドイツ、スペインの合作になっているが、ちなみに一つ前の『明日へのチケット』はイギリス、イタリアの合作だし、『麦の穂をゆらす風』はイギリス、アイルランド、ドイツ、イタリア、スペインの資本が入っている。

当然だがテーマや規模、そしてマーケットによって出資国は変わる。映画製作において、その戦略も大切な要素になっている。

209

# ラストゲーム 最後の早慶戦

2008年／日本／96分
監督：神山征二郎
出演：渡辺大、柄本佑、和田光司、脇崎智史
日本公開日：2008年8月23日

東北新社が進めていた企画を、奥山和由氏から預かり、途中から製作参加した。すでにシナリオは出来上がっており、監督も神山征二郎に決まっていた。神山監督の『月光の夏』に感動した記憶があったので、素直にリスペクトを持って、入って行けた。キャスティングと編集、音楽といった最終ピースが残っていたけれど、途中参加の難しさを実感した映画でもあった。

第二次世界大戦真っ只中の1943年。戦局の悪化に伴って六大学野球大会は、敵国アメリカのスポーツとあって、廃止が決定。学生たちは徴兵猶予も停止され、戦地へ

赴くことが決まる。

そんな中、戦地に向かう学生に、最後の想い出を作ってやろうと考えた慶應義塾大学塾長・小泉信三（石坂浩二）は、出陣式の直前に、早稲田大学野球部顧問の飛田穂州（柄本明）に〝早慶戦〟を申し込む。

主演には新人の渡辺大、柄本佑、原田佳奈、片山亮、等を起用した。早稲田大学の稲門会と慶應義塾大学の三田会に協力を依頼して、チケット販売やプロモーションを展開した。全国各地の稲門会や三田会の催しに出向いて、協力を呼びかけた。

完成披露試写会には、〝最後の早慶戦〟に一年生でベンチ入りしていた松尾俊治（慶應ＯＢ）氏が登壇してくれた。「これが最後だと思うと悲しくもあったが、試合が始まると全部忘れて、試合に取り組んだ。この一戦で思い残すことはないと言って、戦死した学友もいる」とゆっくりと語っていた。彼の重くて尊い言葉を忘れない。

210

## 石内尋常高等小学校 花は散れども

２００７年製作／日本／１１８分
監督・原作・脚本：新藤兼人
出演：柄本明、豊川悦司
日本公開日：２００８年9月27日

日本映画界のピカソ、こと95歳の日本最高齢の監督、新藤兼人。今まで執筆した映画脚本２４０本弱、生きた日本映画史と呼ぶにふさわしい70年の作家活動を続けてきた新藤監督の自伝ともいえる作品だ。これは故郷広島で少年時代から新進気鋭のシナリオライターとして自立するまでを破天荒なキャラクター造形とポップで実験的な構成で描いた集大成だ。〝愛とエロス〟、〝戦争と平和〟、〝教師と生徒〟といった自身が生涯追い求めてきたテーマがストレートに表現された若さに溢れた映画だった。

小学校の恩師には柄本明が演じ、若き新藤監督役は、全く似ても似つかない豊川悦司が演じたが、監督は真面目に自分の若い時分にそっくりだと証言していた。それ以外にも成人した同窓生役に大竹しのぶ、六平直政、大杉漣、渡辺督子が出演した。

毎朝、早くに起床する監督の撮影は早朝から開始されるが、午後3時を超える頃にはシュートを終了する。スタッフは、経験したことのないリズムに面食らっていた。

211

# BOY A

Boy A／2007年／イギリス／107分
監督：ジョン・クローリー
出演：アンドリュー・ガーフィールド、ピーター・ミュラン
日本公開日：2008年11月15日

今やハリウッドを代表する演技派俳優の仲間入りを果たしたアンドリュー・ガーフィールドが主演した映画。アンドリューは23歳の時、ロバート・レッドフォードが監督した『大いなる陰謀』に大抜擢され、トム・クルーズやメリル・ストリープ等と堂々と共演している。

もう一度生き直すために本当の名前を捨てた青年の心の傷、希望、孤独を胸が痛くなるほどエモーショナルに描いたイギリス映画だ。親に愛されず、学校でいじめられ、「BOY A」となったジャックは、新しい名前で新生活を始める。ケン・ローチの『マイ・ネーム・イズ・ジョー』の名優ピーター・ミュランが、ソーシャル・ワーカーとしてジャックと父子のような関係を築きながら、実の息子とは心を分かち合えない難しい役柄を演じた。アイルランド映画『ダブリン上等！』を監督したジョン・クローリーが、マーク・オロウの脚本を得て、衝撃的な傑作を撮り上げた。

監督と脚本家は「この映画は先入観なしに、主人公と出会って欲しい」と口をそろえる。特にマーク・オロウは言う。「映画のタイトルから想像できるだろうが、主人公は過去に何かをした。しかしはっきりとは判らない。私は観客に彼の過去を知る前に、彼という人間に出会って欲しい。それがこの映画の一番大切な点だ。だから映画を見た人は、まだ見ていない人に彼の過去を語らないで欲しい」。カンヌ映画祭のマーケット試写で観て、感動した僕は、タフな相手とは知りつつ、初めてミラマックスとの契約に臨んだ。厳しい契約内容に些か躊躇したけれど、映画に惚れてサインした。ハーヴェイ・ワインスタインのスキャンダルが暴露されたのは、それから10年後だった。

映画は2008年BAFTAの最優秀男優賞、監督賞

を受賞している。

僕にとって、アンドリュー・ガーフィールドは『スパイダーマン』のピーター・パーカーではなく、『BOY A』で社会の不寛容に苦しむ繊細で傷つきやすい青年ジャックだ。

# 2009年

## 212 ハルフウェイ

2009年／日本／85分
監督・脚本：北川悦吏子
出演：北乃きい、岡田将生、溝端淳平、仲里依紗
日本公開日：2009年2月21日

岩井俊二は、男前な性格だ。

見かけによらず面倒見のいい、岩井俊二は、本作をプロデュースするに至った経緯を次のように明かしている。「ある日、北川悦吏子さんから、自分で映画を撮ってみたいんだけど、と言いつつ、実は身体があまり強くないんだと告白されました。現場に立てるのは5時間が限度だろうと。それでも監督はできますか、と。監督の仕事内容を知っている人なら、それは無理だと即答したでしょう。僕もそれを知ってる者のひとりですが、つい、なんとかなるだろうと答えてしまいました。こういう時にこういうことを言ってしまうのも監督の本能かも知れません。映画はこうやってできていくモノです。それから僕は周到に準備をはじめ、彼女の身体に負担なく現場が進むような手立てをいろいろ考え、本番に臨みました」。

岩井俊二がプロデュースした本作は、卒業を控えて揺れる高校生のせつない恋物語だ。「この恋は永遠に続く」と誰もが信じてしまう10代の恋は、ひたむきだからこそ、深く傷ついてしまう。そんな青春期を描いた本作は、「ロングバケーション」や「ビューティフルライフ」などのヒットドラマを世に送り出した脚本家・北川悦吏子が初めて監督した。

時代の空気感を映し出し、丁寧な心理描写で人物を描く作風は、多くの女性の共感を呼び、彼女は恋愛ドラマのカリスマと呼ばれた。岩井俊二の盟友とも言えるメロディ・メーカーの小林武史が劇中音楽を手掛け、共同プロデュー

サーにも名を連ねている。北乃きい、岡田将生が等身大の高校生を初々しく演じた。

213

## 真夏の夜の夢

2009年／日本／105分
監督・脚本：中江裕司
出演：柴本幸、蔵下穂波、平良とみ、平良進
日本公開日：2009年7月25日

オフィス・シロウズの佐々木史朗が『ナヴィの恋』の中江裕司と組んで製作した映画で、初めて中江のパナリ本舗が製作出資に加わった。

シェイクスピアの「真夏の夜の夢」を翻案し、沖縄の小さな離島を舞台に描いたラブ・コメディだ。不倫の恋に疲れて東京から故郷、沖縄の小さな島・世嘉冨（ゆがふ）島に戻ってきたゆり子（柴本幸）。ゆり子を追って、不倫相手やその妻もやってきて、精霊のマジルーが、恋の秘薬を振り撒いたことから、島は大騒動に発展する。中江裕司は、沖縄に移り住んで以来、沖縄の精霊に魅せられてきた様だ。彼の映画で、物語を大きく動かす存在はいずれも島の精霊で、その精霊は沖縄の歴史や人々の営みを静かに傍観している、大自然そのものだ。

それにしても同じタイトルの映画は、世の中に少なくても10本以上存在するから、ややこしい。

# 2012年

214

## 預言者

Un Prophete／2009年／仏／150分
監督：ジャック・オディアール
出演：タハール・ラヒム、ニエル・アレストリュプ
日本公開日：2012年1月21日

ジャック・オディアールの傑作だ。微罪で監獄に送られた、あるアラブ系フランス人の成長物語であり、フランスの今を、刑務所という限定された空間を通して描いた斬新な映画だ。オディアールは、本作でカンヌ映画祭のグランプリを受賞し、セザール賞では9部門独占した。

この作品で一躍、フランスを代表する俳優のひとりに飛躍したタハール・ラヒムは、監獄の仲間に弄ばれる弱々しい青年から、人種間の争いをうまく利用してしたたかにのし上がって行く知恵者を経て、ラストには子分たちを従えて一家を築くボスに成るまでを、大胆に、そして繊細に演じた。中東寄りの顔立ちも味方して、ラヒムはジョディ・フォスターと共演した『モーリタニアン　黒塗りの記録』でも高い評価を得た。

刑務所で圧倒的なボスとして君臨するセザールを演じた、ニエル・アレストリュプは、本作の演技が評価されて、その後スピルバーグの『戦火の馬』などにも起用された。

フランスの映画セールス会社、セルロイド・ドリームの代表ハンガメ・パナヒはイラン出身のフランス人女性だが、僕は彼女より有能な女性に会ったことがない。フランス語は当然、英語、イタリア語に加え、スペイン語も流暢で、彼女が映画を解説し出すと、どんな映画も傑作に聞こえてしまう。僕は、彼女に「Sorcière／魔女」という渾名をつけた程だ。

セルロイド・ドリームはベルリン、カンヌ、ヴェネチアのヨーロッパ三大映画祭の全てで最高賞を獲得したプロダクションであり、「ディレクターズ・ラベル」と自らを位置付けているように、徹底的に作家主義に拘っている会社だ。僕等は、『ウオレスとグルミット』シリーズを皮切りに、これまで主にヨーロッパ映画を、セルロイドから10本以上は購入した。

ハンガメのパートナーである、ジャンピエール・リモザン監督は、日本でも『ノボ』や『TOKYO eyes』などの公開作がある。彼等の家族と我が家は、一カ月間、東京とパリの家を交換する程、仲良しの関係だった。小学生低学年だった夫妻の子どもたちは、漫画図書館と化した吉祥寺の我が家で、思う存分漫画を読み漁っていた。

セルロイド・ドリームが海外セールした『預言者』は、ジャック・オディアールの最大ヒット作であり、数々の賞に輝いた傑作だった。ハンガメが、ビジネスよりも友情を重んじて、大切な作品を任せてくれたにも拘らず、僕は映画を日本で成功させることが出来なかった。大きな宣伝費が掛けれなかったから、刑務所が舞台の暗い印象とフランス映画の持つオシャレな印象が噛み合わなかったから、どちらも言い訳にならない。映画は「当たった映画」が「良い映画」なのだから。

ハンガメは、一方、僕が製作に関わった多くの日本映画を海外に紹介した。『誰も知らない』や『ゆれる』は、彼女の協力があってこそカンヌに出品が可能だった。彼女は、北野武の一連の映画を海外に紹介し、河瀬直美の映画の製作者にも名を連ねた、日本映画の恩人でもある。

215

# レイトオータム

Late Autumn／２０１０年／韓国＝香港＝米／１１３分
監督・脚本：キム・テヨン
出演：ヒョンビン、タン・ウェイ
日本公開日：２０１２年2月4日

直接配給していないが、配給調整と劇場営業などを手伝った。本作は、イ・マニ監督が１９６６年に撮った『晩秋』のリメイクだ。監督を務めたキム・テヨンが、舞台をアメリカのシアトルに置き換えて全編英語で撮っている。主演には今をときめくヒョンビンと、『別れる決心』で話題のタン・ウェイが務めた。エグゼクティブ・プロデューサーのイ・ジュイクは、日本に住んでいた経験を持ち、僕とは旧知の仲だ。彼は、韓国語、日本語、英語に加え中国語も流暢で天才的な語学センスを持っている。チェン・カイコーの『北京ヴァイオリン』は、彼のアレンジで実現した配給作品だった。

ＤＶに苦しんでいたアンナ（タン・ウェイ）は刑務所にいたが、母の葬儀のため72時間の外出を許可されて、バスでシアトルに向かう。バスで運賃を貸して欲しいと頼んで来た男フン（ヒョンビン）と出会い、彼女の道中は賑やかな旅に変わっていく。束の間の二人は、徐々に惹かれあっていくが……。

この映画の撮影を通じて出会った監督のキム・テヨンとタン・ウェイは、２０１４年7月にスウェーデン・フォーレ島のベルイマン・ハウスで結婚した。

因みにオリジナル作品『晩秋』を海外で観た日本人監督の斎藤耕一は萩原健一と岸惠子で『約束』という似た作品を作っているが、リメイクとは謳っていない。

# EDEN

2012年／日本／101分
監督：武正晴
出演：山本太郎、高橋和也、中村ゆり、齋賀正和
日本公開日：2012年11月17日

僕は、原田芳雄に映画化の報告をすることが出来なかった。

いつの頃だったろうか、原田芳雄邸に集まって飲んでいる時、芳雄さんから船戸与一の小説「新宿、夏の死」を勧められた。その中に収められた短編小説「夏の渦」が特に面白いと、力説していた。芳雄さんは、自ら新宿二丁目のゲイバーの店主を演じるつもりだった。モデルになったBARの場所も教わり、行ってみたけれど、当時はどうしても映画化する気になれなかった。

2011年、阪本順治が監督した『大鹿村騒動記』が撮影終了して間もなく、原田芳雄が癌に侵されていると訊いた。僕は、居ても立ってもいられなくて、芳雄さんが映画化を望んでいた船戸与一の小説を再読し、映画『大鹿村騒動記』の元ネタになった延江浩の原案小説「いつか晴れるかな」も併せて読んでみた。

FM東京のプロデューサーが本職の延江氏の元ネタ小説も、偶然かどうかは判らないが、主人公が2丁目でゲイバーを営んでいる設定だった。自分の中で様々な符号が重なり、僕は「夏の渦」の映画化に動き出した。原田芳雄の紹介だというと、船戸与一との原作契約は驚くほどスムーズに進んだ。

2011年6月8日に僕が原作権を取得して間もなく、7月16日に『大鹿村』が公開日を迎えた。それから3日後の7月19日、原田芳雄は帰らぬ人となってしまった。僕は、芳雄さんに映画化の報告が出来なかった。

本作の監督は、シネカノンの多くの映画を助監督として支えた、武正晴に依頼した。彼は、『カフェ・ソウル』を単身ソウルに乗り込んで撮ってきたばかりだった。『カフェ・ソウル』は、低予算にも拘らず、隅々まで巧みな演出が行き渡った秀作だ。斎藤工と韓国人俳優たちが、見事なアンサンブルを披露していた。

本作は、僕が先ずプロットを書いて、羽原大介に渡した。何回かキャッチボールをして、シナリオを完成した共同脚

本だった。

これまでシネカノン製作の映画の多くは、僕が企画者であり、原案者だったけれど、著作者の立場を主張しなかった。著作権者であったから、そんな必要もなかったのだが、その後リメイクの際、名前がクリエイティブ・スタッフにクレジットされていない事が問題になった。僕は、本作以降、海外展開を念頭にクレジットを再考するようになった。

EDENとは本来が、旧約聖書に登場する楽園の名前だ。男女の性の分離など存在していなかった。

新宿2丁目のショーパブ「エデン」。店長兼演出家のミロ（山本太郎）と従業員たちは、それぞれが様々な問題を抱えながら、明るく逞しく日々を過ごしている。今日はミロの42回目の誕生日。よりによってそんな日に、仲間のノリピー（入口夕布）がホルモン注射の打ち過ぎによる心臓麻痺で死んでしまう。落ち込んだ仲間たちは、いつになくしんみりと身の上話を語り出す。すると、エルメス（高橋和也）が突然、親族から引き取りを拒否されたノリピーの遺体をトラックに載せ、実家のある千葉に〝送り届ける〟無謀な計画を提案する。

所属事務所を出て、役者を続けるかどうか悩んでいた山本太郎が、僕の誘いに応じて主役のミロを演じてくれた。クライマックスでミロが母親に電話するシーンで、太郎はスタッフ一同が涙するほどの熱演を演じた。山本太郎はこの映画を最後に、政治家に転身したけれど、昔から暑苦しいほど熱い熱血漢で、曲がったことが大嫌いな男だった。政治や宗教は判らないけれど、僕は彼の人柄を全面的に信用している。

ゲイやニューハーフといった性的マイノリティーを演じる男優たちに混じって、高岡早紀と中村ゆりが、孤独な女性を気丈に演じている。他にも2丁目住人を高橋和也、斎賀正和、池原猛、大橋一三、そして声優で活躍する小野賢章等が出演している。松田聖子の「赤いスイートピー」が、海辺に優しく響くシーンがとても印象的だ。ポートレイトを撮らせたら日本一のカメラマン、石井孝則のスチール写真が秀逸だった。

# 2013年

217

## ハナ　奇跡の46日間

As One／2012年／韓国／127分
監督：ムン・ヒョンソン
出演：ハ・ジウォン、ペ・ドゥナ、チェ・ユニョン
日本公開日：2013年4月20日

移動映画館の実験は、たくさんの気付きと希望を与えてくれた

2010年夏、僕はひどく落ち込んでいた。韓国で始めた映画館事業が不動産詐欺に遭い、銀行取引が停止する事態に陥ってしまった。悪いことは重なるもので、時を同じくして映画ファンドを組成した会社が破綻した。僕がシネカノンの民事再生に踏み切った理由は、これまで製作した映画の監督や著作者たちを守るためだった。敢えて倒産を選ばず、茨の道を選んだ訳だが、経営者としては完全に失格だ。

全速力で走り続けた人生が急停車し、僕は昼夜を問わず睡魔が襲い、頭痛と吐き気に心身とも疲れ果てていた。

そんな時、友人たちが200人余り集まって、「すもも祭」なる復活祭を催してくれた。はるばる韓国、京都、大阪、福岡、北海道からも友人たちが駆けつけてくれた。その復活祭がキッカケで、移動映画館という新しいチャレンジが始まった。13tの大型トラックに帝人が開発した超軽量ドーム型テントと130席の可動式座席を積み込み、50坪程度の空き地や駐車場さえあれば、1時間程度で映画館が立ち上がる。試行錯誤の末、移動映画館MOMO(Moving on Movie Oasis)が完成したのは2011年春だった。

無一文になった僕に、資金を提供してくれたのは、他ならぬ友人たちだった。

MOMOは、皮肉にも東日本大震災後の被災地で、その機動性を発揮した。

映画館がなくなってしまった太平洋沿岸地域や上映施設のない街で、映画館を復活させようと、ボランティアで集まった仲間たちが一丸となって取り組んだ。

MOMOは東北の被災地数カ所を巡回する旅に出た。福島、盛岡、松島と巡った後、MOMOは東京虎ノ門に

6ヶ月間限定で、「ガーデンシネマ」と名付けて開館した。

主にクラシック映画を掛ける一方、友人の紹介で僕は1本の新作映画を契約し上映した。シネカノン以外で初めて購入した映画、それが『ハナ　奇跡の46日間』だった。

本作は1991年、千葉で開催された世界卓球選手権大会で女子団体優勝した、統一コリア・チームの奇跡のような出来事を描いた映画だ。

韓国卓球界のスター選手、ヒョン・ジョンファ（ハ・ジオン）は、世界選手権決勝で万年、中国選手に敗れて悔しい思いをしていた。そんな折、日本で開催される世界選手権に、韓国と北朝鮮が統一チームで参加することが決まる。政治的な圧力に反発する選手たちをよそに、ヒョン・ジョンファは統一チームへの参加を決める。しかし合同チームの合宿で、最初にぶつかったのは北朝鮮のエース、イ・プニ（ペ・ドゥナ）とヒョン・ジョンファだった。チームは分裂の危機を迎えてしまう……。

やがて判り合った二人が海岸を散歩しながら交わす会話がある。ヒョン・ジョンファが「南で暮らしたいと思わない？」と訊くと、イ・プニは真顔で「私はどんなに豊かな国よりも祖国で暮らしたい」とキッパリ言う。そして「裕福な国がいいなら、あなたはアメリカで暮らす方が幸せなの？」と聞き返す。

発言が本音かどうかは分からない。でも、そういう言葉を吐くほど強い女性なのだ、という台詞の立て方が素晴らしかった。キャラクターの補強に、絶大な効果を与えるシーンだった。

本作は、K'sシネマ新宿で公開した後、虎ノ門ガーデンシネマで、3ヶ月間に渡って上映した。

近所に住む和菓子屋の主人は、生まれて初めて韓国の映画を観たと言った。隣接していたキリンのビアホールに来店した30代のカップルは、本作を観終わって、卓球部だった学生時代を熱く語ってくれた。10年ぶりに〝映画館〟で映画を観たというサラリーマンは、常連になって5回も観てくれた。

上映後、彼等が語ってくれた言葉や、彼等の笑顔や泣き顔に、僕は癒されていった。僕は連日「ガーデンシネマ」に通い、映画を観た観客から感想を訊いた。期間中、MOMOの会員になってくれた人の数は2500人を超えた。MOMO移動映画館の実験は、僕にたくさんの気付きと希望を与えてくれた。夜空の下で、僕等は様々な映画に魅了され、深夜まで映画や人生を語り合った。
そんな日々を境に、僕は映画の世界に舞い戻ったようだ。

218

# 裸足の夢

A Barefoot Dream／2010年／韓国／120分
監督：キム・テギュン
出演：パク・ヒスン、コ・チャンソク、清水圭
日本公開日：2013年4月28日

直接配給していないが、配給調整と劇場営業などを手伝った。実話をもとに製作されたサッカー映画だ。『オオカミの誘惑』のキム・テギュン監督が、西チモールの少年サッカーチームの監督に就任した韓国人と少年たちとの交流と成長を描いた。ラストシーンの撮影を広島の市民競技場で行った。韓国の撮影チームの広島ロケも手伝った。

## 2014年

219

# グロリアの青春

Gloria／2013年／スペイン=チリ／109分
監督：セバスチャン・レリオ
出演：パウリーナ・ガルシア、セルヒオ・エルナンデス
日本公開日：2014年3月1日

ベルリン映画祭で銀熊賞（主演女優賞）を獲得したチリ映画だ。

チリの首都、サンチアゴに暮らすグロリア（パウリーナ・ガルシア）は、10年以上前に離婚し、成人した息子と娘は独立している。58歳の彼女は責任ある仕事に恵まれ、ヨガ・スクールにも熱心に通う活発な女性だ。一見幸せそうにみえるグロリアは、毎週末ダンスホールに出掛けて、新しい出会いを求めていた。ある日、出会ったロドルフォ（セルヒオ・エルナンデス）は知的な元海軍将校で、今やビジネスマンとしても成功を収めていた。彼から正式に交際を申し込まれたグロリアは、久しぶりに信頼にたる男性と出会い、有頂天になる。グロリアは息子の誕生日に、ロドルフ

ォを娘や息子にも紹介するのだが……。

セバスティアン・レリオ監督は、ハリウッド映画でいつも無視されがちな中年女性のキャラクターを、独自の視点で誠実にリアルに描いた。主演のパウリーナ・ガルシアが、アラフィフを迎えてなお、青春を謳歌する女性をエネルギッシュに、そして哀愁たっぷりに演じて絶賛を浴びた。

そのパウリーナ・ガルシアを日本に招いた際、四谷のセルバンテス文化会館でパーティーを開いた。パーティーにはスペイン領事をはじめキューバ大使館の職員まで駆けつけ、会場は大いに盛り上がった。スペイン語を母語とする国々の連帯と共通意識を感じるいい機会になった。

レリオ監督は、その後『ナチュラルウーマン』でアカデミー賞最優秀外国語映画賞に輝き、全米から注目を浴びる存在になる。それはメキシコ人監督のアレハンドロ・ゴンサレス・イニャリトゥやギレルモ・デルトロに、ハリウッドから声がかかるタイミングと重なる。人材難、企画難のハリウッドは、常に新しい映画を求めてリクルートを絶やさないようだ。

2017年、本作を気に入ったジュリアン・ムーアが、自ら主演とプロデュースを買って出て、ハリウッド版リメイクを製作した。

220

# チスル

Jiseul／2013年／韓国／108分
監督：オ・ミヨル
出演：ヤン・ジョンウォン、イ・ギョンジュン、ソン・ミンチョル
日本公開日：2014年3月29日

済州島の「4・3事件」にまつわる映画だ。「4・3事件」は長い間、韓国現代史の最大タブーとして、誰も公には語らなかった大虐殺事件だ。日本語で記された、金石範先生の大作「火山島」は、大佛次郎賞をはじめ数々の文学賞を受賞した1981年発行の歴史大河小説だが、韓国では様々な理由から2015年になってはじめて韓国語版が読めるようになった。

僕の父は、解放後の1945年、25歳の時に済州島に帰るが、1948年4月に起きた「4・3事件」を逃れて、やむなく日本に舞い戻ってきた。僕は、我が家のルーツに関わるこの事件の凄惨な現場を、母から何度も聞かせれて

育った。だから、金石範先生の「鴉の死」の映画化は、僕にとってはいつか果たさなければなれない宿題でもある。昨年お会いした際に、先生から「やるんなら早くやってくれ、わしゃもう97歳やで。時間がないんやから」とお叱りを受けた。

本作は、済州島で劇団を主宰するオ・ムヨルが、体験者やその家族の証言を元に初監督した。全編モノクロ映像の本作は、派手な仕掛けもなければ、映画的カタルシスも少ないが、キャスト全体が地元の俳優で構成され、済州島方言が自然に話されている。虐殺現場から逃れて、60日間洞窟に隠れていた村人たちの実話に焦点を当てているが、とてつもなく残酷で不条理な歴史の事実が刻まれている。「チスル」とは、生存と希望を象徴する「ジャガイモ」の方言だ。

試写会に金石範、梁石日の両先生をお招きして、食事会をひらいた。京橋の居酒屋で食事を終えると、金石範先生は、なんと二次会の店のある上野まで徒歩で移動すると言って、スタスタと歩き始めた。先生の跡を追いながら、仕方なく歩いている自分を、どこか恥ずかしく感じた。僕たちは、この在日一世の先輩たちの跡を追って歩いてきただけではないのか。彼等は異国の地で、何もない所から、学校、銀行、商工会、パチンコ業、焼肉店、そして文学を生み出した。僕たちが築いたモノなどなにもない。

その夜、僕には先生の背中が、とても大きく見えた。

221

# グレート・ビューティー
## 追憶のローマ

La grande bellezza ／２０１３年／伊＝仏／１４１分
監督・脚本：パオロ・ソレンティーノ
出演：トニ・セルビッロ、カルロ・ベルドーネ
日本公開日：２０１４年8月23日

現在、イタリア映画界のスターといえば、パウロ・ソレンティーノ監督だろう。彼は本作でアカデミー賞とゴールデン・グローブ賞の外国語映画賞を受賞した。２０１３年にカンヌ映画祭で僕が観た作品の中で、最も印象深い映画だった。

映画冒頭のパーティーがクレイジーだ。ローマのコロシアムが見渡せる場所に建つ高級アパートのバカでかいテラ

スで、セレブたちが集まって狂乱の宴に酔いしれている。翌日、アパートの持ち主である初老の作家ジェップ（トニー・セルヴィッロ）の元に、忘れられない初恋の人の訃報が届く。これをきっかけに長い間中断していた作家活動を再開しようと決意するジェップは、ローマの街を彷徨いながら、孤独と虚しさ、そして人生の意味を探し出す。

圧倒的な歴史と退廃的で爛熟の美のコントラストは、ローマならでは、いやイタリアならではの美意識だろうか。光と陰の強調された映像を眺めているだけでローマの魔宮に迷い込んだような錯覚を覚える。まるでカラヴァッジオの絵画のような、怪しく生々しい傑作だと、断言できる。ラストに一瞬だけ映る初恋の人、アナルイーザ・カパサの表情は驚くほど美しい。花の命は短く儚い。儚いがゆえに美しいのだろう。

本作は紛れもなく2013年を代表する映画の1本だった。「タイム・アウト」で第10位、「ガーディアン」では第2位、「サイト＆サウンド」でも、その年の映画第4位に選ばれている。

221

# イン・ザ・ヒーロー

IN THE HERO／2014年／日本／124分
監督：武正晴
出演：唐沢寿明、福士蒼汰、黒谷友香、寺島進
日本公開日：2014年9月6日

## 撮ってみたかった「映画の映画」

僕は、かねてから「映画の映画」を撮ってみたいと考えていた。例えば韓国映画の『映画は映画だ』を観た時の衝撃はとても大きかった。映画に対するリスペクトを維持しつつ、誰も観たことのない新しい主人公を作り上げていた。F・トリュフォーの『アメリカの夜』や深作欣二の『蒲田行進曲』は、「夢の工場」を舞台に、いつまでも色褪せない特別な物語を作り上げた。そんな映画のシナリオを書きたいと思い、親交のあった作家の水野敬也と共同でオリジナル・シナリオに取り組んだ。

戦隊モノと呼ばれるテレビ番組は数十年に渡って人気を得ているが、元仮面ライダーの俳優や元戦隊モノ俳優は顔を出して演じるが、仮面やコスチュームを被ったアクショ

ン俳優たちの存在は、誰も知らない。そんな彼等を主人公にした映画が『イン・ザ・ヒーロー』だ。「スーツアクター」と呼ばれるアクション・チームは千葉真一が主宰したＪＡＣが有名だけれど、他にも各地に小劇団や殺陣師が主催するワークショップはたくさんある。千葉真一の下で俳優修行を積んだ真田広之や堤真一、伊原剛志らは有名だけれど、表舞台に立てずに消えていったスーツ・アクターは無数にいるはずだ。

アクション・クラブを主宰する本城ワタル（唐沢寿明）は、ブルース・リーを師と仰ぐ、古参のスーツ・アクターだ。彼は、アクションのキレなら誰にも負けない実力の持ち主だが、40歳を超える年齢の今日まで、一度も「顔出し」で出演した経験がない。「いつかは俺も」と意気込んでいるが、いつも番組プロデューサーに裏切られてばかりいる。ある日、旧知のマネージャーの頼みで、アメリカ映画のオーディションを控える新人俳優一ノ瀬リョウを、鍛えて欲しいと預かる。そして、ワタルとリョウの二人三脚の訓練が始まるが、ワタルは、そのアメリカ映画の監督からとんでもないオファーを受け取る。それはとても危険なスタントだったが、ワタルの魂を揺すぶる挑戦的な殺陣だった……。

主演の本城ワタル役には、真っ先に唐沢寿明の顔が浮かんだが、駄目もとでオファーしてみると、嬉しいことにシナリオを気に入って、「俺の話だよ」と言って引き受けてくれた。彼自身、10代の頃からアクション俳優の経験を積んで、今日に至っている苦労人だった。彼は、率先して殺陣やアクションの訓練に参加して、映画さながらに若手を引っ張ってくれた。見せ場の「１００人斬り」では、松方弘樹氏が、自ら指定した衣装に身を包んで、唐沢とものの凄いスピードの殺陣を交わして周囲を驚かせていた。東宝スタジオに大掛かりなセットを組んで臨んだが、何より松方さんやベテラン殺陣師らの「活動屋魂」を垣間見れて、とても幸福な時間だった。

本城ワタルに、危険なスタントを命じるクレイジーな映画監督役は、友人の映画監督、イ・ジュニクが演じてくれた。彼は『王の男』や『空と風と星の詩人』の監督だけど、韓国映画監督協会の会長でもあった。僕の無理を聞いてくれて、東京に1週間滞在し、「狂った監督」を絶妙に演じてくれた。

本作は、オリジナル脚本の上、アクション狂いの男たちの物語だから、なかなか出資者が現れないと思っていたが、ガーデン・グループの蜜山根成氏と出会ったことから映画製作は一気に加速した。結果、東映、木下グループ、読売テレビ、中央映画貿易等と製作委員会を組成して完成に漕ぎつけた。

つい先日、中国人プロデューサーが、本作のリメイクを提案しに訪ねて来た。成立するかどうかは現時点で不明だが、中国にもそんな「活動屋」がいること自体が嬉しかった。そんなキッカケを作ってくれた蜜山氏にはとても感謝している。公開初日の「ぴあ出口調査」では久しぶりに満足度一位を獲得した。

# 2015年

223

## 涙するまで、生きる

Loin des hommes／2014年／仏／101分
監督・脚本：ダヴィド・オールフォフェン
出演：ヴィゴ・モーテンソン、レダ・カテイブ
日本公開日：2015年5月30日

ノーベル文学賞を受賞したアルベール・カミュの短編集「転落・追放と王国」の中の一編「客」を映画化した映画だ。ヴィゴ・モーテンセンが主演して話題を呼んだ。貧しいフランス人植民者の父を持ちアルジェリアで生まれ育ったカミュは、ふたつの民族の共存を望んでいた。彼はアルジェリア独立戦争の最中に、市民に停戦を呼びかけるが、裏切り者と罵られてしまい、口を閉ざしてしまう。カミュが、その直後に発表した本作は、彼の怒りと理想が込められている。監督を務めたダビド・オールホッフェンは、原作をうまく噛み砕き、さらに新たな視点を加えて現代的な映画にしている。

フランス統治下の1950年代のアルジェリア、ダリュ（ヴィゴ・モーテンセン）は人里離れた村で、子供達に勉強を教えている教師である。元軍人の彼は慎ましい生活を送っている。だが、殺人の容疑者であるアラブ人モハメド（レダ・カテブ）を町まで移送するように、憲兵から強要されたことから、彼の平穏な暮らしは乱される。

モハメドに復讐を誓うアラブ人に襲われ、レジスタンス活動をしているゲリラに囚われ、捕虜となり、そこをフランス軍にまた攻撃される。ダリュは、生き延びるために、

仕方なく銃を取って戦わなくてはならない……。

1999年まで「アルジェリア戦争」と公式に呼ぶことさえ認めず、長らくタブー視してきたフランスにとって、暗部とされる戦争の本質を検証するのは難しい作業だったはずだ。

「アルジェリア戦争」とは、150年以上に渡るフランスの支配から独立を勝ち取るために行われたアルジェリアの独立戦争を指すが、激しい戦闘は1954年から1962年まで続いた。フランス本土とフランス領であったアルジェリアの「内戦」であると同時に、アルジェリアでフランス本国と同等の権利を与えられていた「コロン」と呼ばれるヨーロッパ系植民者とベルベル人やアラブ系住民などの先住民との民族紛争、および親仏派と反仏派の先住民同士の紛争、かつフランス軍部とパリ中央政府との戦いでもあった。

アルジェリアの独立を望む人たちで、統一戦線を組むために革命委員会が結成され、それが後にアルジェリア民族解放戦線（FLN）と改名する。初代アルジェリア大統領に就任するベン・ベラも一員だった。FLNは激しいテロ活動を展開し、さらにフランス人入植者も報復テロを行い、多くの一般市民が犠牲になった。凄惨な戦いは、フランスが空挺部隊を送り込んで鎮圧に乗り出した後も続いた。レジスタンスの象徴だったドゴールが大統領になり、アルジェリア独立の機運は一気に高まるが、極右活動家や過激派の秘密軍事組織（OAS）が政治家や警察官僚を殺害するテロを活発化して、独立を妨害する。映画『ジャッカルの日』で描かれたように、1961年3月彼らはドゴール暗殺を計画するが失敗する。この事件で一気にOASとコロンへの支持は失墜した。1962年3月、フランス政府とFLNとの間で和平協定が成立して、戦争は終わった。

アルジェリアで生まれ育ったカミュの分身である、本作の主人公ダリュは、「アラブ人からはフランス人と呼ばれ、フランス人からはアラブ人と言われた」と語る。それぞれの違い、文化を受け入れて生きてきた彼にとって共存は実現可能であるように感じるのだが、現実はどんどん逸れていってしまう。

ダリュを演じたヴィゴ・モーテンセンはデンマーク人の父とアメリカ人の母の元にNYで生まれた。アルゼンチンやベネズエラで幼少期を過ごした名優は、英語、フランス語、スペイン語、デンマーク語、イタリア語に加え、ノルウェー語も話せるらしい。本作ではアラビア語にまで挑戦している。

　卒業論文で「アルジェリア戦争の必然的結果」を書いた僕が、ローマ映画祭で、この映画に共感を覚えたのは、至極当然な流れだった。

224

## セバスチャン・サルガド
### 地球へのラブレター

Le sel de la terre／2014年／仏＝伯／110分
監督：ヴィム・ヴェンダース、ジュリアーノ・リベイロ・サルガド
出演：セバスチャン・サルガド
日本公開日：2015年8月1日

ヴィム・ヴェンダースによる
驚きのドキュメントリー

ずっと彼のファンを公言していた。ブラジル人フォトグラファー、セバスティアン・サルガドの写真展をパリのヨーロッパ写真美術館に観にいった。パリの孫明淑さんが薦めてくれた写真展「ジェネシス」のスケールと構想力には圧倒された。そんなサルガドを、なんとヴィム・ヴェンダース監督がドキュメンタリー映画として撮影している!? 僕は、この映画を足掛け2年間追いかけ、やっとディールに漕ぎ着けた。

　映画は、サルガドのプライベートな生活風景を撮った息子のリベリオも加わって、ヴェンダースとの共同監督作品になった。

　とはいえ、自身も写真家であるヴェンダースは数多くのドキュメンタリー映画を、全く新しい技法で生み出してきたドキュメンタリー映画の大家であり、本作も彼ならではの捉え方でいくつかの驚きを作り出している。本作では、観客を巨大なスチール写真の中に入り込ませる様な没入感を演出し、写真に「溶け込んでいる」錯覚すら感じさせる。かつて『ピナ』で、ダンサーであるピナ・バウシュを3Dで撮影し、『ブエナヴィスタ・ソシアルクラブ』では、サウンドの中に音楽家の人生を感じさせる迫り方をみせた。

　本作は、セバスチャン・サルガドが命を賭けて取り組んだ超大作写真集「ジェネシス」がモチーフだが、彼は世界

中の未開の場所を求めてシベリアの大地からパプアニューギニアのジャングルまで旅している。

「光を操り世界を捉える人」がフォトブラファーの語源なら、サルガドは光だけでなく空や雲までも操る、まさに「神の目を持った男」だ。

ソウルで行われた個展で、初めてサルガドに会うことができた。彼は長い旅の果てに、地球の起源（ジェネシス）に目を向けるようになった、と会見で熱心に自然環境保護の必要性を説いていた。

僕等は日本での公開時に、「セバスチャン・サルガド地球へのラブレター」と副題をつけた。本作は渋谷ル・シネマ文化村で公開した。

225

# ローマに消えた男

Viva la liberta／2013年／伊／94分
監督：ロベルト・アンドー
出演：トニ・セルビッロ、バレリオ・マスタンドレア
日本公開日：2015年11月14日

イタリア映画の鬼才ロベルト・アンドーの映画。イタリア統一選挙を控えて、支持率が低迷している野党指導者エンリコ（トニー・セルヴィッロ）は、プレッシャーに耐えきれず突然、職務を投げ出して失踪してしまう。彼は、かつて恋した女性（ブルーノ・テデスキー）が暮らすパリへ向かう。隣の国の野党党首など誰も知らないフランスは、エンリコにとって都合のよい国だった。映画現場で働く彼女の側で生活しながら、エンリコは徐々に平常心を取り戻す。

一方、困った選挙参謀アンドレア（ヴァレリオ・マスタンドレア）は、エンリコの双子の兄で哲学教授のジョバンニを替え玉で起用する。心を病んで施設にいたジョバンニは、外の世界に触れてイキイキと回復していく。持ち前のウィットとユーモアに富んだ言葉で瞬く間に人気を得ていくジョバンニ。陰と陽のエンリコとジョバンニ、複雑な内面を抱えた二人の人物を演じたのは、『グレート・ビューティー　追憶のローマ』で存在感を証明した、イタリアの名優トニー・セルヴィッロだ。僕は2023年5月2日イタリア映画祭で来日したロベルト・アンドーとトニ・セルビッロに念願かなって逢えることが出来た。

ラストの余韻が、政治の虚しさを静かに語っているよう

だった。

226

# 禁じられた歌声

Timbuktu／2014年／仏＝モーリタニア／97分
監督・脚本：アブデラマン・シサコ
出演：イブラヒム・アメド・アカ・ピノ、トゥルゥ・キキ
日本公開日：2015年12月26日

マリ人監督アブデラマン・シサコがフランス映画の最高賞である、セザール賞で最優秀監督賞や作品賞をはじめ7部門で受賞したことは、ひとつの事件だった。映画はフランスとモーリタニアの合作だったので、アカデミー賞にはモーリタニア代表としてノミネートを果たした。

西アフリカ、マリ共和国の古都ティンブクトゥ近郊に暮らす音楽好きのキダーンは妻サティマや娘トーヤ、12歳の羊飼いイッサンと幸せな日々を過ごしている。ある日、イスラム過激派が街を占拠し、住民たちは音楽もタバコもサッカーも禁じられてしまう。住人の中にはささやかな抵抗をする者もいたが、キダーンは混乱を避けてティンブクトゥに逃避する。しかし、ある漁師がキダーンの牛を殺したのをきっかけに、彼らの運命は転落してしまう……。

少女トーヤを見染めたＩＳ（イスラム過激派組織）の若者が求婚すると、村の長老はなす術なく認めてしまう。両親の同意など無視し、〝信仰のある者は妻を娶る資格がある〟という酷い論理だ。

不倫した男女を石打ちで処刑するシーンは、目を覆いたくなるほど残酷だけれど、サッカーを禁じられた子供たちが、エアーサッカーに講じるユーモラスなシーンを挿入するあたり、計算された演出を感じる。

イスラム過激派の暴挙を身をもって体験した者にしか書けないシナリオだ。

# 2016年

227

## パコ・デ・ルシア 灼熱のギタリスト

Paco de Lucia：la busqueda／2014年／スペイン／90分
監督・脚本：クーロ・サンチェス／〈ドキュメンタリー〉
出演：パコ・デ・ルシア、チック・コリア
日本公開日：2016年7月23日

2014年に66歳で急逝した天才ギタリスト、パコ・デ・ルシアはフラメンコに革命を起こした男だ。

その超絶的な連弾きと類稀なテクニックで、ジャンルを超えて世界中の音楽ファンを魅了し続けた偉大なギタリストは、フラメンコにとどまらず、ジャズ、フュージョンへと活動の場を広げ、アル・ディ・メオラ、ジョン・マクラフリンと3人でアコースティック・ギターのみで世界ツアーを行なって、「スーパー・ギター・トリオ」の愛称で親しまれた。

本作は、7歳でギターを手にしてから最後のアルバムとなった〝Cancion Andalusa〟まで、60年間の軌跡を辿っている。

パコへのインタビューは2010年から2014年まで断続的に行われ、冒頭とラストのシーンは、マジョルカ島のパコの自宅で撮影された。滞在先のメキシコで心臓発作で急逝する直前まで回されてカメラには、今まで誰にも見せなかった彼の、人生、政治、芸術、孤独に対する深遠な思想が映し出されている。

ル・シネマ文化村で公開した。

228

## 海峡を超えた野球少年

Strangers on the Field／2014年／韓国／103分
監督：キム・ミョンジュン／〈ドキュメンタリー〉
日本公開日：2016年8月20日

直接配給していないが、配給調整と劇場営業などを手伝った。かつて韓国で開催されていた高校野球大会に、日本から在日コリアンチームが出場した記録がある。日本で野球を学んだ彼らの華麗なプレーは注目の的となり、その後の韓国野球のモデルとなった。韓国野球界の発展に貢献した人々の軌跡をたどったドキュメンタリー映画。日本の朝鮮学校を長期間取材、撮影した『ウリハッキョ』の監督、キム・ミョンジュンが製作した。

229

# 健さん

2016年／日本／95分
監督：日比遊一
出演：高倉健、マイケル・ダグラス、マーティン・スコセッシ
日本公開日：2016年8月20日

高倉健・主演作への想い、
そして、ドキュメンタリーへ

「さよなら、さよなら、さよなら」のフレーズで有名な映画評論家、淀川長治氏。彼が残した映画業界における功績は実に偉大だった。映画業界に真献した人物に「淀川長治賞」を授与する催しが、長きにわたって集英社「Roadshow」の主催で行われていた。光栄にも2007年、私が受賞の栄誉に与った時は、あまりの身の丈違いに大変恐縮した。授賞式には多くの映画関係者が招かれ、僕は受賞の喜びや日頃の感謝を述べたのだろうが、緊張のあまり何を話したか、全く覚えていない。

その授賞式で、集英社の山下社長にパーティー会場の端の方に立っていた渡辺さんを紹介された。妙齢の女性から、「折り入ってお話があるので、後日お時間を頂けませんか」と尋ねられた。何日か後、渡辺は私の事務所にいらして、毛筆で「御祝」と書かれた小箱を差し出された。小箱には1万円札の束が100枚入っていた。仰天する私に彼女はニコニコしながら、「高倉健さんからのお祝いです。このお金で健さんの新しい映画の企画を考えて下さい」と付け加えた。僕は箱を受け取らずに企画を考える事にした。

翌日から頭の中は、高倉健さんの新作映画の事で一杯になった。何を読んでも、何を観ても、健さんだったらどうだろうと想像するようになった。主演映画を片端から観て、書かれた本や評伝も随分読み漁った。

半年後、僕は大阪に「初恋の人、探します」というユニークな会を主催する、元気な主婦たちの記事から着想して、『心の島』という企画を考案した。

企画書からプロット、シナリオ、準備過程で渡辺さんに

は随分お世話になった。

大まかな予算を定め、共演者の打診を始めた。健さん主演の映画を最も多く監督している降旗康男監督がまず頭に浮かんだけれど、僕はあえてインディペンデントらしく違う監督を指名した。

ある日、健さんからの断りの手紙で全てはストップした。残念なことに、高倉健さんは2012年11月10日、84歳でこの世を去った。

それから4年後、僕は奇遇にも高倉健さんのドキュメンタリー映画の制作を提案された。

高倉健さんのインタビュー本を執筆した野地秩嘉さんのアイデアだった。彼の手元には貴重な肉声が残っていたが、録音素材だけで映画を構成するのは無理があった。僕は、渡辺さんに連絡してドキュメンタリー映画の制作協力をお願いした。監督には、ニューヨークで写真家として活躍する、日比遊一氏を起用した。彼自身、松田優作と深い縁があることから、映画に高い関心を示してくれた。結果、彼はニューヨークから東京に住まいを移して、作品に取り組んでくれた。僕たちは、健さんに近い人たち、中でも特に親しかった付き人の西村泰治、降旗康男、そして実妹の森敏子さんに協力を打診した。そして高倉健さんを看取った養女にも手紙を出し、「完成が楽しみです」という返事をもらった。

撮影を開始し、インタビューは順調に進んでいたが、東映から映像使用を拒否され、挙句に映画で使用していたスチールの差し替えを求められた。使用した遠藤努カメラマンの写真は、彼の著作物ではないという主張だった。結局、全写真を差し替えて再編集する工程を選んだ。映像も東映、東宝、松竹の映画は使用出来ず『ブラック・レイン』『ザ・ヤクザ』といったアメリカ映画から使用した。それでも企画に賛同した多くの映画人が協力してくれた。山田洋次、降旗康雄、沢島忠、マイケル・ダグラス、マーティン・スコセッシ、ポール・シュレイダー、ジョン・ウー、ウ・オソン、ヤン・デボン、梅宮辰夫、八名信夫、中野良子、川本三郎、立木義浩、そして読売新聞社最高顧問の老川祥一、実妹の森敏子といった人たちの肉声が高倉健という不世出のスターの人生を讃えている。数々の障害にも拘らず映画は完成し、モントリオール映画祭で最優秀ドキュメンタリー賞を受賞した。

230

## 弁護人

The Attorney／２０１３年／韓国／１２７分
監督・脚本：ヤン・ウソク
出演：ソン・ガンホ、イム・シワン、キム・ヨンエ
日本公開日：２０１６年11月12日

直接配給していないが、配給調整と劇場営業などを手伝った。韓国で１１００万人の観客動員を記録した大ヒット映画だ。名優ソン・ガンホが主人公の弁護士ソン・ウソクを熱演している。

不動産登記業務を専門にしている弁護士ソン・ウソク（ソン・ガンホ）は、高卒で弁護士になった努力家だが、金を貯めて家を買うことだけが目標の一匹狼だ。ある日、馴染のクッパ屋の息子・ジヌ（イム・シワン）が公安当局に突然逮捕される。取り調べ内容を不審に感じたウソクは、ジヌの無実を証明しようと立ち上がるが……。

１９７０～１９８０年代、軍事政権下の韓国では多くの学生や若者たちが不当逮捕、拘束され、スパイ容疑などをかけられる事件が多発していた。本作では、国家保安法違反の容疑をかけられ、不当逮捕された「釜林事件」とこの事件を機に人権派弁護士へと転身した故・盧武鉉元大統領の実話が基となっている。軍事政権の不条理にたった一人で立ち向かっていく姿を描いた本作は、重厚かつ骨太な社会派ヒューマンドラマだ。

民主化へと移り変わっていった激動の時代と政治の暗部に鋭く切り込んだ内容で、初監督作が絶賛を浴びることになったヤン・ウソクを日本に招いた。

彼は高麗大学で英文学と哲学を専攻した後、主に漫画の脚本で生計を立てていた。新宿で会食しながら、僕らは好きな映画に共通するヒューマニズムを確認して頷きあった。トーマス・モアが死に直面してもなお、自らの信念を貫く『わが命つきるとも』やフランク・キャプラの『スミス都へいく』の話題で大いに盛り上がった。

# ２０１７年

231

## 僕と世界の方程式

A Brilliant Young Mind／２０１４年／英／１１１分

監督：モーガン・マシューズ
出演：エイサ・バターフィールド、レイフ・スポール
日本公開日：２０１７年１月28日

イギリスの次世代を担うスター俳優、エイサ・バターフィールドが主演した映画だ。

自閉症スペクトラムと診断されて少年ネイサン（エイサ・バターフィールド）は、他人とうまく接することができない反面、数学に関しては飛び抜けた才能を持っている。母のジュリー（サリー・ホーキンス）は、彼の才能を伸ばそうと、数学教師マーティン（レイフ・スポール）に個人指導を依頼する。

指導の甲斐あり、ネイサンは国際数学オリンピックの代表に選ばれ、台北合宿に参加する。初めての海外で、中国チームの少女チャン・メイと親しくなったネイサンは、生まれて初めて人を思う〝切なさ〟や〝もどかしさ〟を知って動揺する。

周囲に心を閉ざして生きてきた少年が、類稀な才能で自ら道を開拓していく姿を描き、観る者に爽やかな感動を届けたハートフルなイギリス映画だ。

公開の数ヶ月前に、バターフィールドを名乗る、主演エイサ君の叔父さんから電話を貰った。彼は、イギリスに本社のある企業の日本法人に赴任しており、甥っ子の映画の日本公開をたいへん喜んでいた。

製作は、『リトル・ダンサー』や『レボリューショナリー・ロード／燃え尽きるまで』をプロデュースしたオリジン・ピクチャーズのデヴィッド・M・トンプソンが務めた。

232

# 世界にひとつの金メダル

Jappeloup／２０１３年／仏＝カナダ／１３０分
監督：クリスチャン・デュゲイ
出演：ギョーム・カネ、ダニエル・オートゥイユ
日本公開日：２０１７年６月17日

アミューズ・ソフト販売は、シネカノン映画の多くをＤＶＤ・ビデオ発売してくれた。その代表だった宮下さんは、２０１１年に独立して、株式会社パラディを立ち上げた。宮下さんから依頼され、配給した本作は実話をもとに製作され、フランスで２００万人の動員を果たした映

画だ。
1980年代初頭のフランス。子供の頃から父セルジュ（ダニエル・オートゥイユ）の指導の下で障害飛越競技に打ち込んできたピエール（ギヨーム・カネ）。彼は大人になり父の期待から逃げるように弁護士となり、競技から距離を置く。だが、あることをキッカケに幼い頃の情熱が蘇り、弁護士のキャリアを捨て、再び選手「ライダー」に挑戦する。それは気性の荒い若馬ジャップルーとの出会いでもあった……。
監督は『ココ・シャネル』のクリスチャン・デュゲイ。彼自身も馬術競技の元カナダ代表という異色のキャリアを持つ。日本に住む我々には解らない、乗馬文化の奥深さや醍醐味が詰まった映画だ。フランスのドルドーニュ地方、パリ郊外のフォンテーヌ地方の美しい田園風景が眩しい。

233

## 空と星の詩人 尹東柱の生涯

Dongju／2016年／韓国／110分
監督：イ・ジュニク
出演：カン・ハヌル、パク・チョンミン、キム・インウ
日本公開日：2017年7月22日

直接配給していないが、配給調整と劇場営業などを手伝った。韓国の国民詩人、尹東柱（ユン・ドンジュ）の短くも、悲しい生涯を描いた映画だ。渋谷円山町で韓国料理店を経営していたことがある。店名は、彼に対するオマージュから「空と風と星」と名付けた。

234

## バッカス・レディ

The Bacchus Lady／2016年／韓国／2016年／111分
監督：イ・ジェヨン
出演：ユン・ヨジョン、ユン・ゲサン、チョン・ムソン
日本公開日：2017年7月22日

直接配給していないが、配給調整と劇場営業などを手伝った。韓国人初のアカデミー賞助演女優賞を受賞したユン・ヨジョンが主演した、衝撃的な内容の映画だけど、どこと

なく長閑な雰囲気にあふれたコメディ映画になっている。イ・ジェヨン監督は、センスの良いセリフと軽快なテンポで、暗くなりがちな題材を明るくサバサバと演出して上手に見せている。『スキャンダル』や『情事』を演出した、フェミニストで有名な彼が、親交の深いユン・ヨジョンに対して送った、讃歌のようだった。

235

# 春の夢

A Quiet Dream／2016年／韓国／101分
監督・脚本：チャン・リュル
出演：ハン・イェリ、ヤン・イクチュン、ユン・ジョンビン
日本公開日：2017年7月22日

直接配給していないが、配給調整と劇場営業などを手伝った。中国朝鮮族のチャン・リュル監督はバイリンガルで、韓国と中国の二つの国で活躍する、貴重な監督だ。2016年に釜山映画祭でオープニング上映作に選ばれた。

236

# あの人に逢えるまで

Awaiting／2014年／韓国／28分
監督・脚本：カン・ジェギュ
出演：ムン・チェウォン、コ・ス、ソン・スク
日本公開日：2017年7月22日

28分しかない短編なのに、これほど沢山の情報と感情を湛えた映画はない。『シュリ』のカン・ジェギュ監督が、自身のライフワークでもある、南北分断の悲劇を、とてもシンプルな夫婦の物語として描いた秀作だ。

カン・ジェギュ映画の真髄ともいえる〝一途に思い続ける〟という精神性が、ここでも貫かれている。代表作『シュリ』は、アクション場面の派手さが前面に押し出されているけれど、実は南北分断の政治的背景によって想いを遂げられない男女の悲恋を描いた、韓国版「ロミオとジュリエット」と呼ばれた。老齢の男女による恋心の切ない物語だった『チャンス商会―初恋を探して』は勿論、初監督作の『銀杏のベッド』も、〝思い続ける〟男女の物語だった。

本作は短編とはいえ、カン・ジェギュの一貫した作家性が確認できる秀作だ。ムン・チェオンとコ・スが美男美女

の若々しい夫婦を演じている。彼らの若々しさと街並みの長閑な風景が、ラストシーンで胸に沁みる。

237

## わたしたち

The World of Us／2016年／韓国／94分
監督・脚本：ユン・ガウン
出演：チェ・スイン、ソン・ヘイン、イ・ソヨン
日本公開日：2017年9月23日

是枝裕和のファンを公言する女性監督、ユン・ガウンの映画は、ベルリン映画祭ジェネレーション部門に招待された作品だ。『オアシス』『シークレット・サンシャイン』の名匠イ・チャンドンが企画開発から関わり、ユン・ガウン自身の経験を元に映画化した本作は、誰もが通りすぎてきた子供の世界を通して、いじめやスクールカースト、家庭環境の格差など、現代が抱える社会問題を織り込みながら、他者との繋がりの中で生きる私たち全員に「人間関係」を問いかける。

小学校でいつもひとりぼっちの少女ソン（チェ・スイン）は、終業式の日に転校生のジア（ソル・ヘイン）と出会う。共働きの両親を持つソンと、裕福だけど問題を抱えるジアは、夏休みの間、毎日のように遊んで仲良くなるが、新学期が始まると、ジアはソンを遠ざけるようになる。ソンは勇気を振り絞ってジアとの関係を回復しようとするが……。

ベルリン映画祭を皮切りに、多くの国際映画祭に招かれ、東京フィルメックスでは観客賞を受賞した。フィルメックスで来日したユン・ガウンに是枝裕和を紹介したら、「一生、感謝します」とお礼された。今も是枝ファンは韓国で増殖中だ。

238

## リングサイド・ストーリー

2017年／日本／104分
監督：武正晴
出演：佐藤江梨子、瑛太、有薗芳記、田中要次

日本公開日：２０１７年10月14日

企画、脚本、制作した映画だ。

この映画は絶大な人気を誇る格闘技団体K‐1グループを主宰する矢吹満氏の全面支援で実現した。彼はプロレス団体レッスルワンも主宰する、まさに格闘スポーツのプロ経営者だ。

格闘技団体を舞台にドラマを考えていると言うと、ボクシング映画『百円の恋』で評価された武正晴は「プロ格闘家は知りませんが、格闘技団体で妻を働かせてタダで試合を観ようとした不届きな男を知っています」と、盟友である足立紳の逸話を披露した。僕たちは爆笑して、足立紳を映画にしようと思い付いた。彼は、自身でも『喜劇　愛妻物語』で自虐的な作品を監督している、究極のマゾ体質の男だ。

江ノ島カナコ（佐藤江梨子）の彼氏は、ヒモ同然の売れない役者の村上ヒデオ（瑛太）で、彼等は10年間同棲中だ。出会った頃、舞台袖で見たヒデオは輝いていて、7年前大河ドラマに出演した時は、いつかカンヌ映画祭に連れて行ってくれると信じていた。最近は相変わらずオーディションで落ち続け、マネージャー百木（近藤芳正）が決めたエロＶシネの大役さえ、撮影当日にドタキャンする始末。ある日、カナコは勤め先の弁当工場をクビになり生活は大ピンチ。プロレス好きだったヒデオは、贔屓のプロレス団代が人員募集している事を知り、彼女の就職を勝手にアシストする。しかし、新天地でイキイキと働き出した彼女に嫉妬したヒデオは、とんでもない事件を起こしてしまう……。

4年ぶりの映画主演の佐藤江梨子と、実力派俳優の瑛太を主演に迎えて、武藤敬司、武尊などのトップアスリートたちが共演した。ロックバンド、フラワーカンパニーズが「消えぞこない」という身も蓋もない現実を代弁するような主題歌を提供してくれた。コメディは脇で主役を支える俳優たちがキモだから、的確な演技が安心できる高橋和也、有薗芳記、田中要次、近藤芳正、余貴美子、角替和枝らに登板してもらった。

主人公ヒデオが飲み屋で有名監督に遭遇するシーンがあるが、武正晴に井筒和幸監督に登場してもらおうと提案したら、「それだけは勘弁してください」と断られた。全く違うタイプの有名監督、岩井俊二にカメオ出演をお願いしたら、彼は快く引き受けてくれ、本人役をさらっと演じた。

本作は釜山映画祭でワールドプレミアを上映した。

# 2018年

239

## ロープ　戦場の生命線

A Perfect Day／2015年／スペイン／106分
監督・脚本：フェルナンド・レオン・デ・アラノア
出演：ベニチオ・デル・トロ、ティム・ロビンス
日本公開日：2018年2月10日

英語、スペイン語、セルビア語、フランス語、ボスニア語と様々な言語が飛び交う映画だ。他言語の理由は、映画の登場人物が多国籍だから、そして彼等は国際援助活動家としてバルカン半島のある地域で、助けを必要としている人々のために働く、名もなき英雄たちだ。

1995年、停戦直後のバルカン半島。ある村で井戸に死体が投げ込まれ生活用水が汚染されてしまう。それは水の密売ビジネスを企む犯罪組織の仕業だった。国籍も年齢もバラバラの5人で構成される〝国境なき水と衛生管理団〟は、死体の引き上げを試みるが、運悪くロープが切れてしまう。彼等は、やもなく、武装集団が蔓延り、地雷があちこちに埋められた危険地帯を、一本のロープを求めて彷徨う羽目になる。

本作は、2015年のカンヌ映画祭「監督週間」で上映され、10分間に及ぶスタンディング・オベーションで迎えられ、絶賛された。

監督は、長編デビュー作『カット！』がゴヤ賞最優秀監督賞を受賞したフェルナンド・レオン・デ・アラノアだ。彼は、ウガンダ北部で、〝国境なき医師団〟についてドキュメンタリーを撮影したが、その時に見つけたバーで、ぬるい「Nile special」のビールを飲みながら、警備責任者からパウラ・ファアリアスの小説を受け取った。それが本作の出発点になっている。

出演は、チームのリーダー役マンブルに、『トラフィック』でアカデミー賞主演男優賞に輝く、ベニチオ・デル・トロ。同僚でベテラン職員ビーには『ショーシャンクの空に』のティム・ロビンス。本部から派遣された査察官カティアには『007慰めの報酬』のオルガ・キュリレンコ、そし

て新人職員ソフィーには『海の上のピアニスト』のメラニー・ティエリーなど、国際的な演技派たちが見事なアンサンブルを見せている。

240

## ベルリン・シンドローム

Berlin Syndrome／２０１６年／オーストラリア／１１６分
監督：ケイト・ショートランド
出演：テリーサ・パーマー
日本公開日：2018年4月7日

『アメリ』の劇場公開を通じて知り合った叶井俊太郎と一緒に働いていた時期がある。倉田真由美の「だめんず」のモデルのような破天荒な宣伝マンだ。あの名作『アメリ』もホラー映画だと勘違いして買ったと公言していた。彼が惚れ込んで買った映画が、この『ベルリン・シンドローム』だ。「これぞ監禁映画史上、最も危険な極限のハードコア・サスペンス・スリラー」らしい。

# ２０１９年

241

## あの日のオルガン

２０１８年／日本／１１９分
監督・脚本：平松恵美子
出演：戸田恵梨香、大原櫻子、佐久間由衣、三浦透子
日本公開日：２０１９年2月22日

太平洋戦争の真っ只中に保育園ごと疎開した、いわゆる疎開保育園の物語は今までに何度か映画化の試みがあった。１９７６年、大映で企画された時は「命を守る女たち」というタイトルだった。興行性が低いと上層部が嫌い立ち消えになった後、１９８０年には共同映画が映画化に名乗りを上げた。共同映画は作家の久保つぎこに依頼し、原作本「君たちは忘れない～疎開保育園物語～」の出版にまで漕ぎ着けたが、子役が見つからず断念した。三度目は今から6年前、シネマ東北の鳥居明夫が奔走して再度チャレンジした。プロットを平松恵美子に依頼したが、各所の協力が得られずまたしても頓挫してしまった。

物語は極めてシンプルだ。

太平洋戦争末期、警報が鳴っては防空壕に避難する生活の続く1944年。

国民学校の生徒は地方に疎開していたが、幼稚園は閉鎖され、保育所はほぼ放置された状態だった。このままでは空襲が始まると園児たちは、生き残れないかもしれない。幼い子供たちの安否を気遣った保育士たちは、親を説得して、埼玉県平野村（元蓮田市）に集団疎開することを決める。しかし、50人の子供たちを連れて辿り着いた寺は、ガラス戸さえないひどい荒れ寺だった。それから1年間、若い保育士たちの奮闘が始まる……。

2016年3月、僕は鳥居明夫氏から聞いた、疎開保育園の実話にとても感動し、是非やるべき企画だと彼を励ました。その勢いで製作を引き受けましょうと胸を叩いた訳だが、その後の道のりは決して平坦ではなかった。製作委員会が最も組成しにくい類の〝昔の暗くて地味な〟映画であり、有名監督やベストセラー小説でもないから、時代に逆行するような企画であることは明らかだった。結局、中央映画貿易、朝日新聞社、マンシーズ・エンターテイメントの他に、一口100万円の市民プロデューサーを募った。すると70人以上の方々や団体が名乗りを上げてくれた。

「さよなら、クロ」の縁で平松恵美子とは面識があり、僕は再会した時、改めてこの企画は彼女の為の企画だと確信した。

制作プロダクションには、ブースタープロジェクトに加わって貰い、三宅はるえプロデューサーを迎えた。

江東区にある戦災資料センターの資料を参考にシナリオ、美術、衣装、等を進めた。早乙女勝元氏が編集した「戦争と子どもたち」と「東京大空襲」は、僕らのバイブルになった。そして8月、大々的なオーディションを行い、疎開保育園の保母を演じてもらう若手俳優たちを募集した。優に1000人を超えるタレントや女優たちから応募があり、書類選考の末、350人と実際に会った。全員が自分の最も好きな童謡を歌ってくれ、東宝スタジオの会議室は連日盛り上がりを見せた。圧倒的に「もみじ」と「春が来た」が多かった。

結果11人の保母たちには、戸田恵梨香、大原櫻子、佐久間由衣、堀田真由、三浦透子、福地桃子、奥村佳恵、白石糸、長友春菜、平田舞、打越梨子が選ばれた。

僕が拘ったエンディング・ソングに、アン・サリーの「満月の夕」を採用してもらえたのは嬉しかった。新たに収録した彼女の優しい歌声が、生き残った子供たちの未来を祝福しているようだった。

242

# エマの瞳

Il colore nascosto delle cose／２０１７年／伊＝スイス／１１７分
監督・脚本：シルヴィオ・ソルディーニ
出演：ヴァレリア・ゴリノ、アドリアーノ・ジャンニーニ
日本公開日：２０１９年３月23日

２０００年に公開された『ベニスで恋して』で、世界的な成功を得て、日本でもその名を知られるようになった本作のシルビオ・ソルディーニは、数年前に視覚障害者の日常を追ったドキュメンタリー映画『多様な目』を撮影した。その経験を踏まえて視覚障害者の〝特別な日常〟を、恋愛という〝ありふれた日常〟に交差させることで、わたしたちにとって彼らが〝特別な存在〟ではないことを知らしめた。これまでの障害をあつかった映画とは違うものに仕上がっている。

本作は、現代人が病む〝心の盲目〟を批判するイタリアらしい映画だ。

身体的な盲目を病むエマと、〝心の盲目〟を病むテオ。盲目にも拘らず、充実した生活を送って社会貢献までしているエマ、一方のテオは、父に対する恨みを抱えながら実家にも帰らず、保守的な固定観念に縛られ、そこから脱皮することが出来ない。劇中、カメラワークも手伝い、植物や食べ物が際立って映し出される。手にとってその匂いをかぐエマの心に、色が浮かぶ。触る、嗅ぐ、心を使って世界と向き合うエマと出会って、テオは大切な何かに気付き、自分自身も変わっていく。

本作が、本質が見えない現代人を批判しながらも、都会を舞台にした大人のおとぎ話として、心地よいラブ・ストーリーに仕上がっているのは、間違いなくヴァレリア・ゴリノとアドリアーノ・ジャンニーニの好演によるものだ。真っ暗なテントの中、闇から聴こけるふたりのささやき、もれるキスとハグの音。微笑ましいラストシーンだった。『エマの瞳』は、２０１７年ヴェネチア映画祭で特別上映された後、イタリア全土で劇場公開され大きな話題を呼んだ。

## 2021年

243

# 記憶の戦争

Untold／2018年／韓国／79分
監督：イギル・ボラ〈ドキュメンタリー〉
日本公開日：2021年11月6日

長くタブー視されてきた
「ベトナム民間人虐殺」の記憶

韓国の女性監督イギル・ボラは、聾者である両親を温かい目で見つめた『きらめく拍手の音』を監督して高い評価を得た。その彼女が次に選んだ題材は、意外なほど硬派なモノだった。

イギル・ボラは、幼い頃から祖父がベトナム戦争に参戦した〝参戦勇士〟だと聞いて育った。祖父がベトナム参戦で得た報奨金で、我が家は潤い、彼女自身なに不自由なく暮らしてきた。ただ、30万人を超える参戦者たちが齎した富は、ベトナム人の血と涙と引き換えに手にした〝汚れた金〟ではないのか、そんな疑問から始まった探究の旅は、極めて硬質なドキュメンタリー映画へと繋がっていった。

長くタブー視されてきた「ベトナム民間人虐殺」の記憶について、イギル・ボラは当事者たちの生々しい証言の数々を引き出した。

僕は、この映画を2018年の釜山映画祭で観て衝撃を受けた。そして、この映画を作り上げた勇気ある映画監督や製作者、カメラマン、編集者、その全員が30代の女性たちだと知って、とても驚いた。

2018年4月、ソウルで開かれた市民平和法廷で一人のベトナム人女性、グエン・ティ・タンが証言した。彼女は「フォンニイ・フォンニャットの虐殺」の生存者で、8歳の時に韓国軍に家族を殺され孤児になった。彼女は、そのつらい記憶を思い出して、涙を浮かべる。その日、一体何が起こったのか……。

あの日の出来事を目撃したディン・コムは身振り手振りを交えて当時を再現する。あの日の後遺症で視力を失ったグエン・ラップはこれまで語ることのなかった記憶を絞り出すように話し始める。

本作は、ドキュメンタリー映画の聖地、東中野ポレポレ座で公開した。

現在、日本人の男性と結婚して福岡に暮らすイギル・ボラは、とても活動的で聡明な監督だ。まだ若干32歳の彼女の、これからの活躍を期待している。

# 2022年

244

## ひかり探して

The Day I Died: Unclosed Case／2020年／韓国／116分
監督：パク・チワン
出演：キム・ヘス、イ・ジョンウン
日本公開日：2022年1月15日

注目の女性監督、
パク・チワンのデビュー作

遺書を残して絶壁から消えた少女、人生の崖っぷちで事件を追跡する女性刑事、そして少女に関わる島の目撃者。本作は、絶望の淵で彼女たちが選んだ選択について描いた物語だ。

『パラサイト 半地下の家族』のアカデミー賞受賞を契機に、世界中から注目を集める韓国映画界において、女性監督や女性映画人たちの台頭に関心が集まっている。

原作小説と共に日本でもスマッシュヒットした『82年生まれ、キム・ジヨン』、数々の映画祭で絶賛された『はちどり』、そしてネットフリックスで依然高い人気を誇る「愛の不時着」、「椿の花咲く頃」などは、どれも女性が中心の物語であり、女性同士の連帯を描いた作品だった。

本作は、第10回ソウル国際女性映画祭で最優秀賞を受賞した新鋭パク・チワンが、初稿から8年を経過して完成させた待望の初監督作だ。繊細な女性心理を丁寧に描いたシナリオに心を動かされた女優たち、キム・ヘス、イ・ジョンウン、キム・ソンヨン、ムン・ジョンヒといった演技派が大挙結集した。特に韓国を代表する女優であるキム・ヘスは刑事ドラマの傑作として知られる「シグナル」の演技で百想芸術大賞の最優秀演技賞を受賞し、1000万人動員を記録した『10人の泥棒たち』の出演で国民的俳優の地位を確立した。

自らが信じていた人生が壊れてしまった中年女性を表現するために、ノーメイクに加えて疲労した表情で撮影に臨んだキム・ヘスは、「いくつかのシナリオの中で、まるで映画のように、本作が私の目に焼き付いた。ジャンルが何なのか、どんな役なのかを知る前に、私はこの映画への出演が運命だと感じた」と語っている。

「人と人の関わりが、生きる希望となる物語を描きたかった」と語るパク・チワンは、将来を嘱望されている女性監督の一人だ。

「パッチギ！」（井筒和幸）

# 自分の物語は、よく出来たコメディ・ドラマとして完結したいものだ。

李鳳宇

よくいくカフェで「パラサイト」舞台の打ち合わせ中、隣の女性たちの会話が気になった。黒いスーツに身を包んだ40代の女性が、向かい合っている30代女性と、彼女の母親らしき60代の女性に対して、強めの口調で話している。

「いいですか、今や顔とか容姿を気にするのは女性の方です。男性が気にするのは女性の年収です。90%が共働きだから、男性は扶養家族をふやす余裕がないんです」

母親は「そうなんですか〜」と寂しそう。スーツの40代「当然ですよ。アナタ趣味を訊かれたら何て答えますか?」。30代の娘「えー、と映画とかファッションに興味があります。」スーツの女性「趣味は決して『海外旅行』なんて答えないで下さい。浪費家だと思われます。適当に読書か映画鑑賞が一番です」。

真剣な表情で頷く母と娘。スーツの女性「どんな家庭を築きたいか、と訊かれたら温かいとか寄り添うとか言わないでね。アナタの為に美味しい肉じゃがを作ります、とかいつも美味しいご飯を用意します、とかお風呂と寝室をいつも綺麗にします、と具体的な事を言いなさい。男性は物理的で単純な結果を求めます」。母親「その通りですね。その通り」と頷く。

スーツの女性「それから猫好きとか犬好きを自分から絶対言わない」「デートは3回までにしなさい。3回会って結婚を言い出さない男はダメです」「三人位の人と会っただけで諦めてはダメです。向こうだって必死に探してるから、四人目以降が勝負だと考えて下さい。最初から素晴らしい人に会えるなんて思わない事」。母親「そうよ、その通りよ」

最後に、スーツの女性が「入会金は30万円、月会費が2万円。解約時は1ヶ月前に申請して下さい。成婚時に30万円の謝礼をいただきます」、と完璧だった。

会議そっちのけで、メモをする手が止まらない。こんな美味しい会話を聞いたら、すぐに物語を想像してしまう。これって職業病なんだろうか？　スーツの女性は結婚相談所の幹部だから、真木よう子が似合いそうだな、60代の母親役は高畑淳子あたりかな……。

今、韓国の巨匠監督が書いた幻のシナリオを映画化する計画が進行中だ。30代の男女が北の大地で出会って、恋に落ちる典型的なラブストーリーだが、強烈なキャラクターが新鮮な魅力を放っている。日本人監督が、この素材をどう料理して、どんな映画に仕上げるのか今から楽しみだ。やっぱり映画は、男と女の劇的な遭遇が心地よい。アリストテレスは、悲劇は英雄や神の失敗を描き、喜劇は庶民の生活を描くと定義したが、さしずめ今回は、どちらにもなり得るから興味深い。

関わった244本の映画を、手帳を見ながら記憶を辿って書いてみた。お陰で自分自身を俯瞰して見ることが出来た。これから自分自身が歩む物語が、喜劇になるか悲劇になるかは判らない。見方を変えればどちらにも見えるだろうが、あわよくばよく出来たコメディ・ドラマとして完結したいものだ。最後に、この本の編集に尽力してくれた小林淳一氏と生嶋マキ氏に心より感謝申し上げたい。

## 李鳳宇（リ・ボンウ）
**LEE BONG WOO**

1960年京都市生まれ。株式会社スモモCEO、マンシーズエンターテイメントCOO。1989年にシネカノンを設立し、『パッチギ！』、『シュリ』、『フラガール』など多くの作品を製作・配給する。その数は2023年6月現在、244本に及ぶ（本書にて全作品を紹介）。今年初めて舞台プロデュースに挑戦。その最初の公演が、ポン・ジュノ監督の『パラサイト半地下の家族』の世界初舞台となる。

編集＝小林淳一
企画・インタビュー執筆＝生嶋マキ
編集協力＝山本純子
装丁＝山城絵里砂

**LB**
**244＋1**
**ポン・ジュノ、ケン・ローチ、パク・チャヌクを発掘し、「月はどっちに出ている」「KT」「フラガール」を創った者として――。**

2023年6月5日　第1刷発行

著者　李鳳宇
発行人　田中保成
編集統括　溝樽欣二
印刷所　中央精版印刷株式会社
発行所　A PEOPLE株式会社
〒一六〇-〇〇一一
神奈川県川崎市麻生区上麻生
三-一五-一-三〇四
発売　ライスプレス株式会社
〒一五〇-〇〇四一
東京都渋谷区神南一-一一-五
JINNAN HOUSE 2F
電話　〇三-六七二一-〇五八六


ISBN978-4-909792-42-6
Printed in Japan